国家社会科学青年基金项目“日本禅僧‘脱佛入儒’历史过程研究”（12CSS004）

东北师范大学哲学社会科学优秀学术著作出版资助项目（2019 年度）

教育部人文社会科学重点研究基地重大项目“东亚世界与‘新文明体系’的形成研究”(20JJD770003)

中国历史研究院“韩东育工作室”研究项目（2021 年度）

东亚史学论丛

日本禅僧“脱佛入儒”历史过程研究

王明兵　著

中国社会科学出版社

图书在版编目(CIP)数据

日本禅僧"脱佛入儒"历史过程研究/王明兵著．—北京：中国社会科学出版社，2023.4

(东亚史学论丛)

ISBN 978-7-5203-0500-6

Ⅰ.①日… Ⅱ.①王… Ⅲ.①儒学—思想史—研究—日本 Ⅳ.①B313

中国国家版本馆 CIP 数据核字(2023)第 061095 号

出 版 人 赵剑英
责任编辑 张 湉
责任校对 姜志菊
责任印制 李寡寡

出 版 中国社会科学出版社
社 址 北京鼓楼西大街甲 158 号
邮 编 100720
网 址 http://www.csspw.cn
发 行 部 010-84083685
门 市 部 010-84029450
经 销 新华书店及其他书店

印刷装订 北京君升印刷有限公司
版 次 2023 年 4 月第 1 版
印 次 2023 年 4 月第 1 次印刷

开 本 710×1000 1/16
印 张 14.5
插 页 2
字 数 246 千字
定 价 98.00 元

凡购买中国社会科学出版社图书，如有质量问题请与本社营销中心联系调换
电话：010-84083683

序

韩东育

关于日本从中世向近世的过渡转型问题，以往研究多注目于幕府体制下的政治组织建设和权力转移、庄园经济体系中村落社会之形成和地方自治等政治经济方面。然而实际上，日本中世以佛教为主的思想形态向近世政治意识形态和学术思想的转变，乃根源于宋明新儒学的东传与冲击，尽管中日学界鲜有学者注意及之。这意味着，王明兵博士的专著《日本禅僧“脱佛入儒”历史过程研究》（下简称王著），将成为该研究领域的一部力作。

在学界，有关近世日本的认识，曾流传一个不乏极端的调侃式说法，即江户时代之前的日本不是日本，是中国；明治以后的日本也不是日本，是西方。尽管该说法不够学术，甚至有些浮夸和粗鄙，但却在一定程度上折射出江户时代在孕育日本文化、塑造日本形象以及决定日本历史走向等方面所具有的基础性地位。自古以来，日本就一直汲取中华文明这一既无法取代也无法回避的“他者”。孝德天皇主持的大化改新是日本学习和模仿中国的开始。日本在以唐制为模板建立和完善律令制、租庸调制、中央集权制的过程中，开始主动引进和学习中华文化，并自觉地介入以中国为中心的中华文化圈当中。

在前近代的东亚世界，支配该文化圈的意识形态被学界称为“华夷思想”。从大化革新开始，华夷观主要影响了日本社会的政治、文化层面，“衣冠唐制度，诗书汉文章”的景象也开始出现在公家和僧侣等知识人中间。由于公家较依附于政治，常随政争而命运浮沉不定，因而当时日本的国家意识形态和文化动向便主要体现在僧侣阶层的文化活动和价值取向上。日本历届王朝政府所派入华留学之人，大抵皆以僧人担当。大批禅僧入华留学，求法、求道，不仅是为学业，也不乏积累其个人政治影响力方面的考量。他们带回的也不仅止于佛教经典，还有为数众多的儒道及杂家典藏，那些留驻史册的遣隋使、遣唐使、遣宋使等留华学人荣归东瀛后，大多成为日本幕府的座上宾。当然，也不乏像兰溪道隆、兀安普宁、无学祖元和一山一宁等对日本的政治和佛教发展产生过重要影响的入日华僧。

随着入华留学活动的持续展开以及各类汉籍的大规模传入，日本中世末期的五山禅僧鲜明地呈现出一种“儒化”倾向。禅僧一改往昔专修禅业、打坐念佛的修行模式，研究汉典、吟诗作画、聚众论辩等也成为其禅修的作业方式。很多人在对儒学的理解、接受及其历史影响上，个体差异明显，如虎关师炼、雪村友梅、梦窗疏石、中岩圆月、义堂周信、绝海中津、歧阳方秀等禅僧都表现出了极大的儒学关心和相当不俗的汉学识见。研究者无论是将五山禅僧视为“大陆文化介绍者”、“宋学的传播者”，还是因其儒学色彩将其纳入“禅宗文化的一环”等把握，均折射出五山禅僧“习儒”的思想时态及其历史影响。

朱子学在五山禅林传播，首当其中的影响是对禅僧据以安身立命的佛教文化信念和精神信仰产生了正面的和直接的冲击。五山禅僧对“儒释”关系的处理方式，也就主要表现在起对宋明理学的不同理解和把握上。当五山禅僧信守的佛教教义和修行作为从禅僧们心理依托和信仰对象之最高点渐次而滑向“儒释”平视和“儒释一致”的思想轨道时，统治五山禅林的佛教意识形态也就开始退化和逐步解体的过程，同时也是儒学、尤其是朱子学在五山禅林崛起的过程。以出身相国寺的藤原惺窝、出身建仁寺的林罗山和出身妙心寺的山崎暗斋为代表的“排佛”思潮与“脱佛还俗”行为的发生，于是势成必然。

藤原惺窝脱下僧衣、换上具有儒家标识性特征的“深衣道服”，以朱熹之义注疏儒家经典、招徒讲学、传播儒学——这些不乏勇气的思想和行动，开启了王著所谓“脱佛入儒”的先河，也深深地影响了他的弟子林罗山。罗山不仅继承了藤原惺窝的儒学思想，还“青取之于蓝而胜于蓝”，开始有意朝“排佛”的方向行进。富有传奇色彩和个性强烈的山崎暗斋则从妙心寺逃离，作《辟异》对佛教进行批判，以表明其与佛教的决裂姿态。这一系列事件，后来被视为日本儒学从佛教中独立出来和日本朱子学兴起的重要标志。可以说，禅僧已主动放弃了其安身立命的佛教依托，而转归宋明新儒学；禅僧咬破其佛教母胎、寻求自我解放的这一“自残行为”本身，也体现出朱子学无论在政治秩序层面，还是社会伦理道德领域以及哲学形而上层面所具有的理论高度和社会整合意义。

然而，细究之或可发现，日本儒学者对“朱子学”的信仰也并非像他们本人所标榜的那么“纯粹”。其思想深处，其实均潜藏着日本的神道底色：藤原惺窝曾对《神代卷》进行过“理学化”解读且多有为神社立碑志铭的事迹，林罗山和山崎暗斋分别致力于创建“理当心地神道”和“垂加神道”。无论是林罗的“理当心地神道”，还是山崎暗斋的“垂加神道”，朱子学之“理”“心”“气”“神”等核心概念在其神道体系建构中，都得到了积极的利用。或许，进一步深挖后还会觉察，日本儒学者在将朱子学进行“工具化”利用的理性背后，还隐藏着一种意欲以日本“神道”对抗中华“道统”继而“去中国化”的“实用主义”思维模式和“民族主义”文化心态。藤原惺窝传播朱子学的同时总想着要日本“与中华抗衡”；林罗山也不自觉地以提高日本的“神国”地位为旨归；山崎暗斋则直陈“中国之名，各国自言”，并且狂言无禁，口无遮拦曰：“我神武之皇国也，犹彼唐尧之放勋也。”

将上述“脱佛入儒”之事实和思想发展过程稍作总结，似不难看到以下几个特点。其一，从文化传播学的角度来说，将宋明时期日本留学僧侣从中国带回日本的大量儒家经世典籍文献进行总结和传播儒学的五山禅僧，无疑是沟通“儒佛”之津梁；其二，从日本思想史研究的角度来说，日本中世到近世思想文化转型过程中从“脱佛”到“入儒”逆变轨迹，既是对禅宗“日本特色”的一种展现，又是儒学“日本化”的一大特色；其三，从东亚比较思想史学的角度看，日本朱子学者虽对朱子学有吸收、有借鉴，但是利用朱子学来复兴和创建日本神道的过程，却折射出日本汲取、扬弃中国文化的思维模式和民族文化形态与心态；其四，就对日本历史人物的个案研究而言，处于日本中世向近世过渡过程中的虎关师炼、中岩圆月、仲方圆伊、岐阳方秀、惟肖得巌、翱之彗凤、東沼周曮、季弘大叔、横川景三、景徐周麟、藤原惺窝、林罗山、山崎暗斋等思想者，不仅是日本思想史上的重要人物，也应该被视为中日思想交汇处的关节点。对这一点，学界应予以更多的关注。

日本中世向近世思想的过渡和转型，是一项复杂性的系统工程。就研究而言，值得深掘和深思处亦复不少。譬如：五山禅僧对儒家经典有极为深刻的理解和研究，但也有不少禅僧极为迷恋老庄、陶渊明等人物并受其影响，呈现出许多充满道家色彩的避世隐逸作品和思想，这是否意味着道家思想对日本文化也产生过不小的影响呢？江户初期的"排佛"问题一直贯穿于德川时代始终，而且还影响到明治初期的"神佛分离"和"废佛毁释"等历史事件，那么，对其具体情形是否应给予规律性的总结呢？日本朱子学作为中国朱子学在日本传播和流变之支脉，对它的把握即中日朱子学的比较，恐怕既要从文献和文化传播学的角度去理解，还应审视日本朱子学的畸变及其背后"去朱子学"的本土排异问题甚至"日本主义"问题。由于类似的问题贯穿于日本接纳中国文化之一部始终，所以，从实证和理论等多维度多视角进行全方位的深入研究，就显得十分必要了。这一方面是对王明兵博士寄予的期待，同时也希望能藉此机会与阶王著以入堂奥者共勉之。

目　录

序　章

一　“脱佛入儒”研究之缘起

虽然历史学“后见之明”的研究取向，加之“倒放电影式”的研究手法，往往会产生以今察古、以今度古的弊端，但该视角和方法产生的“问题意识”则对历史研究不乏一定的正面价值。“脱佛入儒”的提法就受该理论和方法之启迪。

福泽谕吉的“脱亚入欧”论，极为凝练地概括和阐明了日本近代化的过程、实质和意义。“脱亚入欧”的“亚”在福泽谕吉的论述中即是“亚细亚恶邻”之中国，“儒”之中国。日本思想史家丸山真男将日本江户政治思想的演变建构为一个作为德川政权意识形态的朱子学体系，被反朱子学的“古学派”（山鹿素行、伊藤仁斋、贝原益轩、荻生徂徕、太宰春台、海堡青陵等）和“国学派”（贺茂真渊、本居宣长）渐次取代，从而使得朱子学体系瓦解的过程。该过程，不仅是日本德川社会秩序和价值观念崩溃的过程，还是日本逐渐从传统走向“近代化”的过程。[①] 韩东育在其东京大学博士论文基础上修订出版的《日本近世新法家研究》[②] 大作中通过对徂徕学派的深入研究提出了日本近代化是一个“脱儒入法”的过程之新论。“脱儒”指的是徂徕学派对朱子学体系的擢剥和抽离，“入法”指的是徂徕学派以先秦法家思想为理论先导、对其“实学”进行重新诠释而具有了近代理性精神和启蒙意义。

受福泽谕吉“脱亚入欧”、韩东育“脱儒入法”等提法和研究的启发，

---

① 参见丸山真男《日本政治思想史研究》，（東京）東京大学出版会 1952 年版。

② 参见韩东育《日本近世新法家研究》，中华书局 2003 年版。

并沿此命题继续追溯和反思，引人深思和好奇的是：日本近世的“儒”又是怎么产生的？又是怎么一个存在形态？研究发现，日本近世初期的儒家藤原惺窝、林罗山、山崎暗斋最初都出身僧侣——藤原惺窝在相国寺、林罗山在建仁寺、山崎暗斋在妙心寺，尔后他们又都逃离禅院、脱离佛教，最后以儒者处世。日本儒学也自此在江户时代勃发而蔚然大兴。这一行为及其的展开，即是一个“脱佛入儒”的过程。

从思想史的角度而言，“脱佛入儒”本质上讨论的是儒和佛的关系问题。就“儒·佛”关系问题而论，并不是没有学者注意到，但在对日本中世五山禅僧和近世初期儒者的“儒·佛”关系进行论述时，大多以“儒佛一致”“佛儒合一”“儒佛兼涉”“以佛摄儒”“以儒摄佛”“儒佛互摄”等提法对其加以概括。这些对“儒·佛”关系的概括和把握，多数视角是单一、静态性的，缺乏一个动态的、多维的综合性视野。职是之故，在纵向性的日本历史脉络上，将“儒·佛”关系置于日本中世到近世这一过渡时期进行观察；在横向性的中日关系发展中，将其置于中日关系互动所带来的东亚变动之中加以阐述，给予该问题一个综合性的动态把握和理解是极有必要的。这既有纵向的历时性的对日本中世向近世思想过渡的把握，又有横向的共时性的中日关系及比较思想史学的视野，故能形成一种多维的立体透视空间。

事实上，日本禅僧“脱佛入儒”之历史过程，经历了中世由以公家、武家和僧侣阶层为主导的佛教文化向近世以儒学为宗的德川幕府意识形态转变的较长历史时期。由于这一过程既是中国佛教、儒学“日本化”的过程，也是中日佛教、儒学乃至整个中日历史和思想文化凸显分歧而走向不同道路的过程。因此，在对该问题的研究中，通常是借助近代化的诸种理论形态，以“传统与现代”和“民族·国家”理念来对其阐释：其一，在“传统与现代”的视角下，学者们认为从中国东传至日本的儒佛对于日本来说是“外来”文化，而日本本土“神道”乃日本“传统”，“脱佛入儒”只不过是日本利用“外来”儒佛之争来提升本土神道，进而达到复兴神道、国学的目的；其二，在“民族·国家”理论视域中，学者们认为日本中世向近世过渡时，僧侣阶层“脱佛入儒”、儒学成为德川幕府意识形态化的过程，是日本思想文化自身内部变革发展的过程。由于德川幕府的国家宗教祭祀与信仰仍为佛教、神道所占，故而儒学仅起了“形式”上的作用。以上理论固然有其说服力，但不经实证研究，恐怕总会让人产生疑虑。

理论需要事实来验证，故当检视“脱佛入儒”之历史过程时，发现诸如此类的问题，并没有得到很好的梳理和彻底的解答，譬如：其一，朱子学东传日本的具体时段、途经、文献、所涉宋明学者、僧侣以及日本来华留学僧的情况到底如何，影响如何？其二，中世末期五山禅僧对儒学持怎样一个看法？如何接受？“佛·儒”关系论的具体情形又是如何？与中国宋明时期的“三教合流”论有何关联？其三，藤原惺窝、林罗山、山崎暗斋接受朱子学、脱佛还俗、以儒者立场开坛讲学、传播朱子学，具体是怎么一个情形？其意义与影响如何？其四，“脱佛入儒”的藤原惺窝、林罗山、山崎暗斋为何最终都走向神道继而创立新神道流派，比如林罗山创立“理当心底神道”、山崎暗斋创立“垂加神道”？其思想嬗变形态如何？其五，如何认识和评价该过程中的“中国”要素和中国文化？等等，其实还有很多问题有待研究。

故而，本课题主要是以“脱佛入儒”之“儒·佛”关系为切入点来试图把握日本中世向近世思想文化形态的转变过程，即日本中世以佛教为主的思想形态如何转变为近世以儒学为政治意识形态或儒学、兵学、国学、神道等思想流派共存的“复数”性的思想局面？五山禅林的禅僧们研习儒学而形成的儒学文化氛围或知识体系具体是怎么一个情况？“脱佛入儒”后的儒学与日本固有神道是怎么样的一种思想关联和相处方式？

二　先贤学术研究成果之总结

以时代划分，针对该问题的基本研究情形可作如是之概观：江户时代，那波鲁堂的《学问源流》和原念斋的《先哲丛谈》对中世向近世过渡时段的思想人物生平事迹有了初步的记载；明治以降，大江文成的《本邦儒学考》、井上哲次郎的《日本朱子学派之哲学》《日本阳明学派之哲学》和《日本哲学史》三部曲与西村时彦的《日本宋学史》，将日本儒学的发展脉络与系统予以勾勒和整理；津田左右吉的《中国思想与日本》对中国思想影响日本的事实进行了简化、淡化甚至否认；“战后”铃木大拙、相良亨、永田广志、丸山真男、尾藤正英、源了圆、子安宣邦、黑住真、中村元、末木文美士等学者在其日本思想和佛教史的相关通论著作中对该问题都或多或少地有所论及；中国学者朱谦之、王守华、王家骅、卞崇道、黄心川、严绍璗、沈仁安、王中田、杨曾文、李甦平、李卓、刘金才、王新生、王青、韩东育、陈景彦、刘岳兵、龚颖、赵刚等在其相关论著中亦有部分涉及，但对其的专题性研究仍付之阙如。

该研究的学术史总结，主要集中于五山禅僧及相关的五山文学之研究，而对近世初期的藤原惺窝、林罗山、山崎暗斋等近世儒者的研究动态则针对具体问题进行了单独梳理。

（一）日本学界五山禅僧和五山文学之学术研究史

关于五山禅僧的学术研究史，较早可见的是由《五山文学新集》主编者玉村竹二撰写的《五山研究史概观》一文。[①] 早期对五山文学的研究甚为薄弱，除了上村观光编纂的《五山文学全集》和北村泽吉的《五山文学史稿》外，并未有太多可观者，而玉村竹二的《五山研究史概观》一文，偏重于方法论上的总结，认为五山文学研究的成绩主要是修史撰述、史料的收集与整理以及初步的考证与校订发行工作，学术的研究也仅在一些佛教史和禅宗史论述中被提及，并提出今后的研究首要是资料的整理和解读。其后，竹田和夫在其著《五山与中世的社会》之序章部分，对五山禅僧和五山文学有一个简明扼要的宏观性总结，并将其归纳为四个问题点：（1）五山禅僧作为幕府政治和外交顾问的禅僧形象；（2）五山文学与汉诗文之传承与创作；（3）五山禅僧的水墨山水画等艺术创作；（4）五山寺庙之建筑对日本建筑的影响。同时，竹田和夫也提到了以五山为中心的寺庙经济问题，[②] 而对五山寺庙经济问题的分析也正是竹田该著的主要内容。并且，他在该著之结语处对包括五山禅僧在内的禅宗史研究提出“研究课题之展望”：（1）教学史、宗派史、五山史；（2）个别寺院史；（3）个别禅僧传；（4）幕府政治史；（5）幕府经济之基础；（6）庄园经济；（7）外交之结构；（8）五山文化史；（9）与儒学的关系问题；（10）建筑史。[③] 就此，尽管竹田并没有进行具体而微的总结，但细读竹田此书，可根据其著的所引文献和参考书目，按图索骥，把该领域的代表性人物和论著搜寻出来，或可对五山禅僧的学术研究史有一个大体上的了解和把握。

就五山禅僧文献资料整理与研究而论，上村观光和玉村竹二既是该领

---

① 玉村竹二：《日本禅宗史論集（上）》，（京都）思文閣 1976 年版，第 751—764 頁。

② 竹田和夫：《五山と中世の社会》，（東京）同成社 2007 年版，第 1 頁。

③ 竹田和夫：《五山と中世の社会》，（東京）同成社 2007 年版，第 251 頁。

域的资料基础的奠基者，也是该领域的开创者。若从纵向的研究时限而言，根据该领域研究著作的出版情况，笔者以为大体上可以划分为三个时期：第一时期（1900—1945），以上村观光为代表对五山禅僧文集的整理，以及具有概述性质的“五山文学史”的出现；[①] 第二时期（1945—2000），以上村观光《五山文学全集（5 卷 + 别卷）》和玉村竹二《五山文学新集（6 卷 +2 别卷）》前后相继出版为标志，并由此带动的“禅林文学”之兴盛；[②] 第三时期（2000—　），除了对五山禅僧之汉诗文的持续关注和研究外，从政治外交、禅宗思想史、建筑艺术、辞书编纂等多个角度对五山禅僧及五山文化展开多样化的研究，各个领域均有不少代表作，甚至可以说是补白之作。[③]

为了对五山禅僧及五山文学所形成的研究领域有一个更为清楚的了

① 代表性的著述可参见上村观光《五山文學小史》，（東京）裳華房 1906 年版；上村觀光《五山詩僧傳》，（東京）民友社 1912 年版；上村觀光《禪林文藝史譚》，（東京）大鐙閣 1919 年版；粟野秀穂編《室町時代の研究》，（東京）星野書店 1923 年版；高橋俊乗《五山文學に見えたる村校に就いて》，［出版者不明］，1932 年版；今關天彭《五山中世の詩僧》，［出版者不明］，1934 年版；北村沢吉《五山文学史稿》，（東京）冨山房 1941 年版。

② 代表性的著述可参见玉村竹二《五山文學：大陸文化紹介者としての五山禪僧の活動》，（東京）至文堂 1955 年版；安良岡康作《岩波講座日本文学史：第 6 巻・五山文学》，（東京）岩波書店 1959 年版；上田茂敏編《義堂と絶海：五山文学の双璧》，（高知）義堂絶海銅像建設期成同盟会 1975 年版；蔭木英雄《五山詩史の研究》，（東京）笠間書院 1977 年版；玉村竹二《日本の禅語録・8・五山詩僧》，（東京）講談社 1978 年版；朝倉尚《禅林の文学：中国文学受容の様相》，（東京）清文堂出版 1985 年版；朝倉尚《就山永崇・宗山等貴：禅林の貴族化の様相》，（東京）清文堂出版 1990 年版；蔭木英雄《中世禅林詩史》，（東京）笠間書院 1994 年版；朝倉尚《抄物の世界と禅林の文学：中華若木詩抄・湯山聯句鈔の基礎的研究》，（東京）清文堂出版 1996 年版；中川徳之助《日本中世禅林文学論攷》，（東京）清文堂出版 1999 年版。

③ 代表性的著述可参见市木武雄編《五山文学用語辞典》，（東京）続群書類従完成会 2002 年版；千坂嵱峰《五山文学の世界：虎関師錬と中巌円月を中心に》，（東京）白帝社 2002 年版；兪慰慈《五山文學の研究》，（東京）汲古書院 2004 年版；朝倉尚《禅林の文学：詩会とその周辺》，（東京）清文堂出版 2004 年版；堀川貴司《五山文学研究：資料と論考》，（東京）笠間書院 2011 年版；赤尾栄慶編《建仁寺両足院聖教目録》［科学研究費補助金［基盤研究（B）］研究成果報告書（平成 19—22 年度）：建仁寺両足院に所蔵される五山文学関係典籍類の調査研究］，国立文化財機構京都国立博物館 2011 年版；城市真理子《室町水墨画と五山文学》，（京都）思文閣出版 2012 年版；小島毅監修，堀川貴司、浅見洋二編《蒼海に交わされる詩文》，（東京）汲古書院 2012 年版；小島毅監修，島尾新編《東アジア海域に漕ぎだす：東アジアのなかの五山文化》，（東京）東京大学出版会 2014 年版；市木武雄編《五山文学用語辞典》，（東京）八木書店 2014 年版；岩山泰三《一休詩の周辺：漢文世界と中世禅林》，（東京）勉誠出版 2015 年版；山藤夏郎《「他者」としての古典：中世禅林詩学論攷》，（東京）和泉書院 2015 年版；芳澤元《日本中世社会と禅林文芸》，（東京）吉川弘文館 2017 年版。

解，兹从对五山禅僧文献资料的整理和出版，五山禅僧传记及其相关工具书编纂，五山汉诗文之文学研究，日本禅宗史之研究，五山禅僧的政治文化外交活动，以及五山禅僧的文化艺术创作与活动之方面，再加分类，以窥五山禅僧及五山文化之内容和研究视域与方法之转变情形。由于大多数著作乃由作者已发表论文收录而成书出版，其虽在主体上并没有溢脱出五山禅僧与五山文学这一主题框架，但其研究并非凝聚于单一人物和问题，故其所论亦甚为庞杂和分散。因此对其学术研究史的整理方面，只能以著作为中心，无法兼顾尚未以著作形式呈现的论文，但在后续具体的研究中会以问题为中心对相关先行研究进行更具针对性的总结。

1. 关于五山禅僧资料的整理和出版

对五山禅僧文献的整理和出版，自20世纪初以来，尽管仍有个别寺庙和收藏家存有五山禅僧的经文、图册和墨宝未曾公开出版，但绝大部分的五山禅僧相关文献，历经百年，已出版齐备。其中，上村观光和玉村竹二集一生之力收集编纂的《五山文学全集》和《五山文学新集》及其作出的开创性研究，奠定了日本中世镰仓时代、南北朝时代、安土桃山时代以及江户初期的佛教史基础，甚至可以说是中世向近世过渡的历史文献基础。上村观光的《五山文学全集》最早可见者乃是1905年由六条活版制造所出版部发行的诗文集1和诗文集2,[①] 现今存量极少。1905—1915年上村观光又陆续以《五山文学全集》为名编辑出版了诗文部1—4。[②] 稍后，上村观光将收集到的五山禅僧的相关文集进一步整理，于1935—36年编纂出版了更为全面的5卷本的《五山文学全集》，由帝国教育出版会出版发行。[③] 1973年，上村观光又收集了一些五山禅僧的资料，附加索引和注解，增加《别卷》一卷，由思文阁出版。[④] 该版本乃是学界研究日本禅宗史和五山禅僧使用最为普遍的版本，1992年由思文阁再版发行。[⑤] 比起上村观光编纂出版的《五山文学全集》，玉村竹二费一身心血于1981年由东京大学出版会出版的8卷本的《五山文学新集（6卷和2别卷）》在对五山禅

① 上村觀光编:《五山文學全集》,（東京）六篠活版製造所出版部，1905年。

② 上村觀光编:《五山文學全集》（詩文部：第1輯；詩文部：第2輯；詩文部：第3輯；詩文部：第4輯）,（東京）裳華房1905—1915年版。

③ 上村觀光编:《五山文學全集（1—5卷）》,（東京）帝國教育會出版部，1935—1936年。

④ 上村観光编:《五山文學全集（第1—4卷、別卷）》,（京都）思文閣出版1973年版。

⑤ 上村観光编:《五山文學全集（第1—4卷、別卷）》,（京都）思文閣出版1992年版。

僧资料的收集和整理上更为全面。[①] 除此之外，考虑到上村观光的《五山文学全集》和玉村竹二的《五山文学新集》之内容繁杂，山岸德平从中选取了具有代表性的部分五山禅僧的汉诗编入《日本古典文学大系（89）》丛书之《五山文学集・江户汉诗集》，由岩波书店于1966年出版。[②] 1990年，岩波书店重新编辑《新日本古典文学大系（48）》之《五山文学集》，入矢义高重新选编了一些五山禅僧的汉文诗文，并对部分内容加以注释出版。[③] 由于岩波书店选编的《五山文学集》内容所限，基本上只是作为了解五山禅僧汉诗文情况而出版发行，故很少作为基本研究资料被研究者所用。

就资料的整理而论，由于不少五山禅僧的资料被部分寺院所收藏，先前并没有得到公开出版，所以对寺庙所藏资料的整理，现在也在陆续进行中。京都国立博物馆的赤尾荣庆就曾对建仁寺所藏五山文学相关资料进行了调查，[④] 但未曾出版。随着现在对史料电子化和数据库的建设工作的展开，有关五山禅僧的资料数字化也正在进行中。

2. 五山禅僧传记及其相关工具书编纂

由于五山禅僧人数众多，所留资料较为分散，且京都的寺庙也各自为政、各有所本，所以在上村观光和玉村竹二对其文集的整理工作未曾出版之前，京都五山禅僧群像和五山文学的整体面貌并没有一个清晰的图像。1912年，上村观光在对五山禅宗文集进行整理时，形成的《五山诗僧传》乃是第一本所留资料较为充分，并对各寺庙而言具有代表性的五山禅僧人物的介绍性传记。[⑤] 稍后，今关天彭也印制了自己所编写的对五山禅僧介绍性的小册子。[⑥] 而对五山禅僧之生平事迹进行较为系统性的整理者，当推玉村竹二。玉村竹二在上村观光工作的基础上，在整理《五山文学新集》之时，相继出版了《五山禅林宗派图》和《五山禅僧传记集成》这两

① 玉村竹二编：《五山文學新集（第1—6卷、別卷1—2）》，（東京）東京大學出版會1967—1981年版。

② 山岸德平校注：《日本古典文學大系・89・五山文學集・江戸漢詩集》，（東京）岩波書店1966年版。

③ 入矢義高校注：《新日本古典文学大系・48・五山文学集》，（東京）岩波書店1990年版。

④ 参见赤尾栄慶編《建仁寺両足院聖教目録》［科学研究費補助金［基盤研究（B）］研究成果報告書（平成19—22年度）：建仁寺両足院に所蔵される五山文学関係典籍類の調査研究］，国立文化財機構京都国立博物館2011年版。

⑤ 上村觀光：《五山詩僧傳》，（東京）民友社1912年版。

⑥ 今關天彭：《五山中世の詩僧》，［出版者不明］，1934年版。

大具有辞书性的工具书籍。[①]

与此同时，为了更好地理解五山禅僧汉文诗所引用和出现的古典用语，特别是佛教和中国经史用典，市木武雄编纂出版了《五山文学用语辞典》。[②] 另外，由于五山禅僧的相关资料，目前仍在京都寺庙时有出现，所以对新出现的一些五山禅僧相关资料的整理，也屡被一些从事古典文学研究者进行整理和补充，堀川贵司的《五山文学研究：资料与论考》一书对此多有涉猎。[③]

3. 五山文学方面的研究

最早将五山汉文诗纳入日本文学叙述的乃是编纂《五山文学全集》的上村观光。上村观光的《五山文学小史》[④] 勾勒出了整个五山文学研究的基本框架，也奠定了五山文学研究的基础。该著虽然篇幅不大，但内容却较为精粹。其后，五山文学研究的集大成者乃北村泽吉。1941 年出版的共 800 页的巨著《五山文学史稿》，[⑤] 奠定了五山文学之“文学史”的书写基础，第一次完成了对五山禅林文学创作者即禅僧的文学活动及其汉文诗的总结，具开创之功。在其之后，关于五山文学史的书写，由安良冈康作执笔而被纳入岩波讲座日本文学史第六卷的《五山文学》，作为日本文学史的重要构成部分，一直是了解五山文学的最好读本，因此受到学者和文学史家的关注。[⑥] 文学史的书写之外，最为出色的研究者是荫木英雄和朝仓尚。荫木英雄和朝仓尚这两位古典文学研究者的研究视域均集中于五山禅僧的汉文诗，不过稍有不同的是，荫木英雄较多从文学史的角度关注五山禅僧的汉文诗及其在日本汉文学史中的地位，主要有《五山诗史的研究》[⑦] 和《中世禅林诗史》；[⑧] 朝仓尚对五山禅僧汉文诗的研究焦点主要集中在对汉文诗的解读以及诗歌的传播形态上，同时也对五山禅僧的汉文诗受中国

---

① 玉村竹二：《五山禪林宗派圖》，（京都）思文閣 1985 年版；玉村竹二：《五山禪僧傳記集成》，（京都）思文閣 2003 年版。

② 市木武雄編：《五山文学用語辞典》，（東京）続群書類従完成会 2002 年版。

③ 堀川貴司：《五山文学研究：資料と論考》，（東京）笠間書院 2011 年版。

④ 上村觀光：《五山文學小史》，（東京）裳華房 1906 年版。

⑤ 北村澤吉：《五山文学史稿》，（東京）冨山房 1941 年版。

⑥ 安良岡康作：《岩波講座日本文学史：第 6 卷 · 五山文学》，（東京）岩波書店 1959 年版。

⑦ 蔭木英雄：《五山詩史の研究》，（東京）笠間書院 1977 年版。

⑧ 蔭木英雄：《中世禅林詩史》，（東京）笠間書院 1994 年版。

古典文学的影响有深入研究。[①]

除此之外，中川德之助的《日本中世禅林文学论考》[②]、岩山泰三的《一休诗的周边：汉文世界与禅林》[③]、山藤夏郎的《作为“他者”的古典：中世禅林诗学论考》[④] 均为新近出版的研究力作，特别是山藤夏郎的《作为“他者”的古典：中世禅林诗学论考》之作，从“传统”与“现代”的关系去反思“古典”在现当代的意义和价值，不惟对五山禅林的汉文诗有深入之研究，而且颇具思想史的价值和意义，极富有理论魅力。对于五山文学最为系统性的研究，当属俞慰慈的《五山文学之研究》。[⑤] 俞著在最大程度上梳理出了近百年五山文学研究的总体情况，尤其是第二部分《关于“五山文学”成立之诸问题的研究——五山诗僧及五山作品通览》对五山文学研究的作品与作者整理并加以分类论述，读此章即可明了五山文学研究之脉络、经纬与问题所在，以及五山文学研究在未来的可开拓方向。

4. 佛教禅宗史对五山禅僧的关注

几乎在所有的佛教史和禅宗史的著述中，镰仓佛教和五山禅僧都是无法绕行的研究对象，虽在篇幅内容和关注点上或有差异，但不可不提及。20 世纪前半期，除了一些介绍和概述性的佛教史之外，值得提及的是林岱云的《日本禅宗史》和村上专精的《禅宗史纲》。[⑥] 前著主要是从历史时序来叙述镰仓时期五山禅林的整体情况，特别是该著第二、三章部分以镰仓时期佛教的“立宗—守势”来划分和论述中世佛教；后著主要是以荣西、道元等名僧之人物为中心来论述禅宗之发展，鲜明地呈现出了曹洞宗、临济宗等禅宗的宗派系谱。

20 世纪后半期，佛教史家对五山禅僧的研究出现了专门化的发展趋向。其中，贡献最大的是玉村竹二。1955 年，玉村竹二出版的《五山文

---

① 朝倉尚的主要研究成果有：朝倉尚：《禅林の文学：中国文学受容の様相》，（東京）清文堂 1985 年版；朝倉尚：《就山永崇・宗山等貴：禅林の貴族化の様相》，（東京）清文堂出版 1990 年版；朝倉尚：《抄物の世界と禅林の文学：中華若木詩抄・湯山聯句鈔の基礎的研究》，（東京）清文堂出版 1996 年版；朝倉尚：《禅林の文学：詩会とその周辺》，（東京）清文堂 2004 年版。

② 中川德之助：《日本中世禅林文学論攷》，（東京）清文堂 1999 年版。

③ 岩山泰三：《一休詩の周辺：漢文世界と中世禅林》，（東京）勉誠出版 2015 年版。

④ 山藤夏郎：《「他者」としての古典：中世禅林詩学論攷》，（東京）和泉書院 2015 年版。

⑤ 兪慰慈：《五山文學の研究》，（東京）汲古書院 2004 年版。

⑥ 林岱雲：《日本禅宗史》，（東京）大東出版社 1938 年版；村上専精：《禅宗史綱》，（東京）富山房 1946 年版。

学：作为大陆文化介绍者的五山禅僧的活动》一书，[①] 篇幅虽不大，但极具概括性，一方面从禅宗史的角度提出了“五山派”及其更细的宗派划分，另一方面从文学史的角度提出并论述了作为“禅林文学”的“五山文学”的分类、要旨及表现手法。除此之外，玉村竹二对五山禅僧及日本禅宗史研究的代表作乃是煌煌三巨册的《日本禅宗史论集》[②]。由于玉村竹二的该部著作，每册达千页，内容无所不包：论文、杂感、讲座、解说、书评、后记、观感等皆收录其中，所以也使得对该著的阅读极富有挑战性。依笔者所见，该著作为工具书之使用，无疑是最好的选择。尤其是对一些具体问题的杂感和随笔，深见卓识与大家之功。

从佛教禅宗史书写的角度来看，在不少佛教史和禅宗史著述中，荻须纯道的《日本中世禅宗史》[③]、今枝爱真的《中世禅宗史之研究》[④] 以及竹贯元胜的三种禅宗史[⑤]对五山禅僧的研究最见功力，也最具启发意义。荻须纯道的《日本中世禅宗史》虽然出版于昭和年间（昭和 40 年，1965 年），所参考的资料也非全面，但该著却是玉村竹二于 1955 年出版《五山文学：作为大陆文化介绍者的五山禅僧的活动》之介绍五山禅僧和五山文学以来最为系统的一项研究成果。由于荻须纯道所依据的资料主要是镰仓和京都五山禅院以及花园大学所藏资料，所以除了一些概述性的论述外，其重心主要集中在对南浦绍明、宗峰妙超和关山慧玄三位禅僧的生平事迹及史籍考证方面。今枝爱真的《中世禅宗史之研究》于 1977 年出版，于今已有多次重版印刷（2001 年第 4 版）。该著最大的贡献是研究方法上的突破：不以传统僧侣人物为中心，而以僧团为焦点、采用社会学的方法考察僧团与镰仓室町武家之政治经济关系，进而探讨五山禅僧之僧侣阶层的政治官僚色彩及其在中世社会中的影响和作用问题。竹贯元胜的禅宗三部曲《日本禅宗史》《日本禅宗史研究》和《新日本禅宗史：时的权利者和

---

① 玉村竹二：《五山文學：大陸文化紹介者としての五山禪僧の活動》，（東京）至文堂 1955 年版。

② 玉村竹二：《日本禅宗史論集上》，（京都）思文閣 1976 年版；《日本禅宗史論集下之 1》，（京都）思文閣 1979 年版；《日本禅宗史論集下之 2》，（京都）思文閣 1981 年版。

③ 荻須純道：《日本中世禅宗史》，（東京）木耳社 1965 年版。

④ 今枝愛真：《中世禅宗史の研究》，（東京）東京大学出版会 1977 年版，2001 年第 4 刷。

⑤ 竹貫元勝的三种禅宗史研究分别是：竹貫元勝：《日本禅宗史》，（東京）大蔵出版 1989 年版；《日本禅宗史研究》，（東京）雄山閣出版 1993 年版；《新日本禅宗史：時の權力者と禅僧たち》，（東京）禅文化研究所 1999 年版。

禅僧们》，从研究视点和方法论上，基本上继承了今枝爱真所采用的社会学（社会政治权力）分析方法，但在研究的深度和广度上更有胜场。《日本禅宗史》一书，是对日本自镰仓至明治时期整个日本禅宗发展历程的一种体系性建构的尝试，试图摆脱佛教的“法系史”的书写方式，从现代史学、特别是社会史研究的视野去考察佛教禅宗教团的形式及其影响。《日本禅宗史研究》乃是在《日本禅宗史》一书整体框架与研究方法的观照下，侧重于对中世林下禅院、教团组织的形成与展开及其江户幕府的宗教管制下禅宗教团的存在形态的论述。《新日本禅宗史：时的权利者和禅僧们》主要着重于对禅僧行状和日记的论析。通过对禅僧行状与日记所记载的与源氏三代、织田信长、武田信玄以及德川家康的政治交往的禅僧活动，来揭示禅僧与政治权力之间的互动关系，从而理解禅僧在日本史上到底起到什么作用这一政教关系问题。

5. 五山禅僧的墨迹与艺术活动

从艺术史、特别是美术史的视角来研究五山禅僧的水墨山水画等艺术创作，乃是新近受新社会文化史影响的结果，成果虽不多，但实乃一新研究动向。

最早关注五山禅僧书法、绘画等艺术创作的学者，基本都是美术学家。五山禅僧书法、绘画主要收集在《日本美术全集》之类的艺术画集之中，[①] 基本停留在解说层面，尚缺乏深入的研究和分析。高桥范子的《在水墨画中游弋：禅僧们的风雅》[②] 是一部对五山禅僧水墨画作具有概说和介绍性质的著作，借此可大体了解五山禅僧创作的水墨山水画所透射出禅僧的风雅爱好和艺术活动。林温的《镰仓佛教绘画考：佛画“镰仓派”的成立与展开》[③] 一书对禅宗寺庙的佛教画像进行了极为精细的研究。该著之研究主要立足于建长寺、圆觉寺、富贺寺、药王寺、金刚寺、松尾寺以及长福寺所藏的佛画逸品，既而通过佛画以及水墨画的解读构建起佛画中

① 参见木下政雄編集《墨跡と禅宗絵画》（《日本美術全集：14・禅宗の美術》），（東京）学習研究社 1979 年版；山本勉責任編集，［山本勉ほか執筆］《運慶・快慶と中世寺院一》，（《日本美術全集：7・鎌倉・南北朝時代》），（東京）小学館 2013 年版；戸田禎佑、海老根聰郎、千野香織編《水墨画と中世絵巻》，（《日本美術全集：12・南北朝・室町の絵画》），（東京）講談社 1992 年版。

② 高橋範子：《水墨画にあそぶ：禅僧たちの風雅》，（東京）吉川弘文館 2005 年版。

③ 林温：《鎌倉仏教絵画考：仏画における「鎌倉派」の成立と展開》，（東京）中央公論美術 2010 年版。

的“镰仓派”。由于作者的论述主要是集中在各个寺庙的佛画藏品上，所以缺乏整体性的理论构建，至于能否构成佛画“镰仓派”则另当别论，但作者对佛画藏品的整理和分析，极为精深，鲜有出其右者。西尾贤隆的《中世禅僧的墨迹与日中交流》[①] 也是极见研究功力的一部力作。西尾该著并不着墨于禅僧的山水画卷之艺术学方面的分析，而是聚焦于水墨山水画之题跋方面。具体说来，由于一些禅僧的书法、绘画作品的题跋并不完全是由本人所作，而是请托当时元明时代，尤其是明朝的僧人、文士或是到达日本的渡来僧所题签，所以在这些书法绘画作品的题跋中，不仅潜藏着禅僧的艺术取向，还折射出中日佛教及艺术等多方面的文化交流课题。

另外，必须一提的是城市真理子的《室町水墨画与五山文学》[②]。该作既具有艺术史的分析旨趣，又具有科技史的取向。当然这也主要与作者美术学专业出身有关。从美术史的角度来说，作者分析了禅僧水墨山水画的内容、技法及其画赞和画题等方面的内容；从技术史的角度来说，作者解析了诗画轴的制作情况。

6. 从政治外交及“东亚史”的视域关注五山禅僧

在东亚史的视域中，从政治和外交关系的角度来看待五山禅僧的地位和历史作用问题，虽并不鲜见，但对其的论述却相对比较分散。比如在影响颇大的荒野泰典和村井章介所编纂的《亚洲与日本》丛书以及《对外关系丛书》中的不少地方都涉及禅僧在前近代的中国、日本、朝鲜以及琉球之东亚区域国际关系中的政治外交功能。荒野泰典在《近世日本与东亚》[③]和《近世日本的国际关系与言说》[④] 两著中，并没有过多论及五山禅僧的政治和外交问题，但在研究视域和理论方法上却包含了这一问题，而且对五山禅僧在前近代东亚区域国际关系中的角色和身份之认知颇具启发意义。田中健夫独撰或编著的一系列著作[⑤]在研究理论和方法上，非常具有

① 西尾賢隆：《中世禅僧の墨蹟と日中交流》，（東京）吉川弘文館 2011 年版。

② 城市真理子：《室町水墨画と五山文学》，（京都）思文閣 2012 年版。

③ 荒野泰典：《近世日本と東アジア》，（東京）東京大学出版会 1988 年版。

④ 荒野泰典編：《近世日本の国際関係と言説》，（東京）溪水社 2017 年版。

⑤ 参见田中健夫《中世海外交渉史の研究》，（東京）東京大学出版会 1959 年版；田中健夫《中世対外関係史》，（東京）東京大学出版会 1975 年版；田中健夫《対外関係と文化交流》，（東京）思文閣出版 1982 年版；田中健夫編《前近代の日本と東アジア》，（東京）吉川弘文館 1995 年版；田中健夫《前近代の国際交流と外交文書》，（東京）吉川弘文館 1996 年版；田中健夫《対外関係史研究のあゆみ》，（東京）吉川弘文館 2003 年版。

启发和参考价值。特别是田中健夫编著并加以注释的瑞溪周凤的《善邻国宝记》[①] 乃是研究前近代日本与东亚政治外交关系的必备之作。另外，不能不提的另一研究者是村井章介。村井章介著作等身，[②] 在其著中，有两本著作《东亚往还：汉诗与外交》和《东亚中的建长寺：宗教·政治·文化交织的禅的圣地》直接关涉到五山禅僧问题。《东亚往还：汉诗与外交》以解读禅僧的汉诗为基本切入点，去理解前近代中、日、朝和琉球僧侣之间的诗歌唱和与人情往来，深刻感悟到汉诗在前近代东亚世界交往中的媒介性和政治性特点。《东亚中的建长寺：宗教·政治·文化交织的禅的圣地》并非村井章介的专著，而是他为建长寺开山750年纪念展所编写的论文集。由兰溪道隆开山之建长寺乃临济宗的大本山，作为五山之重镇，从纵向日本历史发展脉络而言，对日本中世政治、宗教和文化产生了重要影响；从横向中日关系与文化交流的角度来看，建长寺无疑是禅宗传入日本、“日本化”的开始及延续，具有鲜明的个案特征。

将五山禅僧置于东亚史的宏观视域重新加以认识乃是新近颇受注目的研究动态和趋向之一，尤以小岛毅监修、岛尾新编纂的《东亚中的五山文化》的出版[③]为风向标。该作系小岛毅主编的东亚海域史研究书系之一，其基本视点是从东亚史特别是东亚海域史的视角去理清日本中世禅宗的形成、五山文化的基本结构和基本样态及其与日本文化的关系问题。全书由两部分构成：第一部分共三章，主要从宗教学的角度探讨五山禅林之形成与日本佛教之关系以及五山以“寺”为中心向五山“僧”为中心的佛教转向；第二部分由六章构成，主要是论述五山文化的基本构成和存在形式，比如五山汉文学与五山版本、五山禅僧的诗书画和茶艺等休闲艺术生活以及五山禅僧的思想，指出了五山文化在日本文化形成与发展中具有的重要地位，并称其为日本传统文化之“源流”。将五山文化视为日本传统文化之“源流”的这一评价，在对五山禅僧及五山文学的评价中，

① 瑞渓周鳳撰，田中健夫编：《新訂続善隣国宝記》，(東京) 集英社 1995 年版。

② 参见村井章介《アジアのなかの中世日本》，(東京) 校倉書房 1988 年版；村井章介《東アジア往還：漢詩と外交》，(東京) 朝日新聞社 1995 年版；村井章介《東アジアのなかの日本文化》，(東京) 放送大学教育振興会 2005 年版；村井章介《日本中世の異文化接触》，(東京) 東京大学出版会 2013 年版；村井章介編《東アジアのなかの建長寺：宗教·政治·文化が交叉する禅の聖地》，(東京) 勉誠出版 2014 年版。

③ 小島毅監修，島尾新编：《東アジア海域に漕ぎだす·東アジアのなかの五山文化》，(東京) 東京大学出版会 2014 年版。

殊为鲜见。[①]

7. 日本哲学史·思想史学对五山禅僧思想之研究

尽管明治时期日本学界以德国哲学为范本，开始日本的“哲学史”研究和撰述，但在为日本哲学史撰著立础的井上哲次郎的日本哲学三部曲《日本阳明学派之哲学》《日本古学派之哲学》和《日本朱子学派之哲学》中，[②] 基本上是否认日本中世有“哲学”和思想存在的，故五山禅僧和五山文学是不被纳入日本哲学和思想史的研究视域中的。在其看来，日本的哲学和思想发轫于江户时代，江户时代以前的文化基本上是一种呆板、枯燥、没有精神、没有趣味的训诂学式的知识，中世是“黑暗时代”。而在日本战后思想史学的研究中，以丸山真男为代表的思想史家从近代化论的视角考察日本的思想，这种研究也忽视了近世以前即中世五山禅僧和五山文学的思想发展，而直接将日本近代化的理性基础定位于江户时代的古学派即徂徕学派。就其实质而论，丸山真男的这一作法也并没有摆脱井上哲次郎对中世乃“黑暗时代”之认知，可以说丸山真男对日本思想史的解读一定程度上仍延续着井上哲次郎的作法。所以从“战前”和“战后”这百年来日本哲学史和思想史学研究的宏观态势来看，五山禅林和五山文学难以受到日本哲学家和思想史家的青睐和重视，自有其内在的学术理路和认知窠臼的限制。

如果说从日本哲学史和思想史学的角度完全没有对五山禅僧和五山文学予以关注，显然也不尽符合实情，不过为数不多，却是事实。屈指可数者有西村时彦的《日本宋学史》[③]、高田真治的《日本儒学史》[④]、和岛芳男的《日本宋学史的研究》[⑤] 和《中世的儒学》[⑥] 以及久须本文雄的《日本中世禅林的儒学》[⑦]。出版于1909年的西村时彦的《日本宋学史》，乃是日本最早的一部日本儒学史的著作。该著虽然内容并不繁多，但基本呈现

---

① 小島毅監修，島尾新編：《東アジア海域に漕ぎだす・東アジアのなかの五山文化》，（東京）東京大学出版会2014年版，第121頁。

② 参见井上哲次郎《日本陽明学派の哲学》，（東京）富山房1900年版；井上哲次郎《日本古学派之哲学》，（東京）富山房1902年版；井上哲次郎《日本朱子学派之哲学》，（東京）富山房1905年版。

③ 天囚西村時彦：《日本宋学史》，（大阪）杉本梁江堂1909年版。

④ 高田真治：《日本儒学史》，（東京）地人書館1921年版。

⑤ 和島芳男：《日本宋学史の研究》，（東京）吉川弘文館1962年版。

⑥ 和島芳男：《中世の儒学》，（東京）吉川弘文館1965年版，1997年再版。

⑦ 久須本文雄：《日本中世禅林の儒学》，（東京）山喜房仏書林1992年版。

出了儒学传至日本的一个发展和演变过程。由于儒学著作最早是由禅僧传入并带至日本的，故西村时彦在描述儒学传入日本的最初情形时，除了论述北条氏的文教政策和主张，还论述到了五山禅林禅僧们的儒学接受情形，特别提及了中岩圆月对朱子学的尊崇。高田真治的《日本儒学史》作为当时“大观日本文化史”丛书之一种，1921 年由地人书馆印制发行。该著在描述日本儒学的发展脉络时，首次将五山文学纳入日本儒学史的视野予以论述，遗憾的是内容非常有限。与此相类似的另一本日本儒学史的著述是足利衍述的宏著《镰仓室町时代之儒教》。[①] 该著主要是对镰仓室町时期的公家贵族所受儒学之影响展开论述，在第四章禅门的儒教部分，提出了朱子学的接受与传布最初主要得力于禅僧的文教活动。从作者对金泽文库和足利学校的考察可知，最初以训诂经学为主的儒学在日本的流传主要受朝廷公家等权贵阶层主导。

从思想史角度、特别是儒学的角度论述五山禅僧的思想和五山文学的学者并不为多。和岛芳男对五山禅僧的思想给予了不少关注，对其的研究也用力颇深，代表性的著作是《日本宋学史的研究》和《中世的儒学》。在《日本宋学史的研究》一书中，第二编“宋学的受容”第一章“丛林的宋学”部分主要针对的就是五山禅林的儒学接受情况，着墨较多的是虎关师炼、义堂周信以及岐阳方秀。由于受到资料方面的限制，故其也只能做到概述性的介绍。稍后出版的《中世的儒学》一书，其论述框架和大体内容似乎并没有超过前著《日本宋学史的研究》。该著对五山禅林的儒学的论述仍限制在第二章中，不过与前著以人物介绍不同的是，作者从思想和文化转变的角度注意到了五山禅林的“贵族趣味”。由于研究中世日本儒学的著作可谓是少得可怜，故和岛芳男的《中世的儒学》之作在出版发行三十余年后又再版（初版于 1965 年，再版于 1997 年）。

专门针对五山禅僧的儒学进行研究的专著，仅见的是久须本文雄的《日本中世禅林的儒学》。该著出版于 1992 年，比起井上哲次郎、西村时彦、高田真治、足利衍述与和岛芳男的日本儒学史论述，相对比较新颖，但就写法和利用的资料来讲则略显陈旧和保守。其所利用的资料，花园大学多有收藏，而该类资料基本都收录在上村观光的《五山文学集》和玉村

① 足利衍述：《鎌倉室町時代之儒教》，（東京）日本古典全集刊行会 1932 年版。

竹二的《五山文学新集》中。在写作上，作者也仅把具有代表性的五山禅僧的思想内容进行了一些初步的概括，在论述的深度上似也有更多可供深入论析的地方。不过，其概述和介绍的也算比较全面，不失为是一本很好的五山禅僧思想的入门书。但基本的论述和方法并没有超过1932年出版的足利衍述的宏著《镰仓室町时代之儒教》。①

另外，值得一提的是，千坂嵃峰之著《五山文学的世界：以虎关师炼与中岩圆月为中心》② 虽看似是对五山禅僧虎关师炼与中岩圆月文学创作方面的研究，但所收论文主要是对虎关师炼和中岩圆月汉文诗及其思想观念方面的论述。虽以文学为题，但偏重在思想方面，有数篇论述是试图以“时”为切入点，通过一些汉文诗来分析虎关师炼和中岩圆月的历史观和政治思想。

（二）中国学界对五山文学及儒学的研究情况

中国学界对五山禅僧和五山文学的研究，虽然比起日本学界的研究来，起步较晚，积累也极为有限。但目前也有学者开始关注五山禅僧和五山文学在古代中日文化交流中的作用。

就对五山禅僧和五山文学资料的整理与校勘而论，着力攻坚者是张俊哲。从张俊哲在《日语学习与研究》发表的《五山文学的研究与别集的校注》一文可知，他目前正在从事“日本五山文学别集的校注与研究”（国家社会科学基金重大项目15ZDB089）。③ 这是国内学者首次对日本五山文学资料的一项基础性研究工作，乐观其成。除此之外，对五山禅僧相关的资料性工作，还有江静所编著的《日藏宋元禅僧墨迹选编》④ 一书。该书出版后，受到了国内学者的高度关注，也颇受好评。⑤ 该书从美术史和图像史的角度进行研究，为理解日本五山禅僧和中日文化交流提供了非常翔实和生动的实物图像。

具体针对五山文学的研究论著，已有突破。共有两部著作直接是针对五山文学进行的集中性研究，分别是张晓希主编的《五山文学与中国文

① 足利衍述：《鎌倉室町時代之儒教》，（東京）日本古典全集刊行会1932年版。

② 千坂嵃峰：《五山文学の世界：虎関師錬と中巌円月を中心に》，（東京）白帝社2002年版。

③ 参见张哲俊《五山文学的研究与别集的校注》，《日语学习与研究》2017年第2期。

④ 江静编著：《日藏宋元禅僧墨迹选编》，西南师范大学出版社2014年版。

⑤ 参见王晓平《墨迹与心迹：〈日藏宋元禅僧墨迹选编〉断想》，《古典文学知识》2016年第6期。

学》和聂友军主编的《取醇集：日本五山文学研究》。[①] 张晓希主编的《五山文学与中国文学》一书旨在理清五山文学与中国文学的关系问题。[②] 而聂友军主编的《取醇集：日本五山文学研究》并不完全以禅僧为中心，涉及面更广一些，文学和史学都有部分的含括，分别以西湖·水墨、贵妃·牡丹、国交·文献、文人·意象、东渡·东归、文化·情怀之关键词和立意为论述鹄的，尽可能全面地展示出五山禅僧的文学创造和文化活动。

由于该问题关涉到日本儒学方面的研究，所以中国学界自20世纪以来的代表性的日本儒学研究不能不提及。李卓的《"儒教国家"日本的实像——社会史视野的文化考察》乃是关涉到日本"儒教"时不得不提的一部体系宏伟之大作。[③] 该著旨在对日本国家与社会中的"儒教"现象进行深入研究，且又入选了中国"国家哲学社会科学成果文库"，从某种意义上来说该著代表了中国学界对日本"儒教"研究的最高成就。[④] 而由陈景彦和王玉强合著之《江户时代日本对中国儒学的吸收与改造》[⑤] 一书，是近些年直接对日本江户儒学为题进行研究的力作之一。

就禅僧人物史研究的角度来看，策彦周良是国内明清中日文化交流史研究领域着重关注的人物之一。在陈小法的《明代中日文化交流史研究》和朱莉丽的《行观中国——日本使节眼中的明代社会》这两部著作中[⑥]都用不少笔墨对策彦周良及其《初渡集》进行了研究，且两者的研究均极具水准，但研究的视角又所不同。陈小法从中日"书籍之路"与文化传播的视角，采用实证的手法，凸显出了策彦周良及其《初渡集》在明代中日文化交流中的重要作用。朱莉丽主要以策彦周良的《初渡集》为分析对象，

---

① 张晓希等：《五山文学与中国文学》，中央编译出版社2014年版；聂友军主编：《取醇集：日本五山文学研究》，上海交通大学出版社2015年版。

② 参见黄杭西《立体·还原·跨越——张晓希教授的新著〈五山文学与中国文学〉》，《世界文化》2014年第8期。

③ 李卓：《"儒教国家"日本的实像——社会史视野的文化考察》，北京大学出版社2013年版。

④ 参见王金林《首部探究日本社会深层的历史专著——读李卓〈"儒教国家"日本的实像——社会史视野的文化考察〉》，《东北亚学刊》2015年第6期；王慧荣《一部日本社会史研究的力作——评〈"儒教国家"日本的实像〉》，《日本研究》2014年第1期。

⑤ 陈景彦、王玉强：《江户时代日本对中国儒学的吸收与改造》，社会科学文献出版社2014年版。

⑥ 陈小法：《明代中日文化交流史研究》，商务印书馆2011年版；朱莉丽：《行观中国——日本使节眼中的明代社会》，复旦大学出版社2013年版。

采用文本分析，并参照明代史料，“从周边看中国”的视角出发，呈现出异域日僧眼中的明代中国形象。任萍所著的《多元文化身份的禅者：日本中世五山僧绝海中津研究》[①] 可谓是国内学界对五山禅僧觉海中津研究的唯一一本专著。该著共有五章，前两章主要是历史背景和学术研究史的叙述，第三四五章是对绝海中津研究的主体论述部分，其中分别从绝海中津的诗文创作、求法与禅法修炼以及政治参与三方面对其进行了较为详尽的研究。其研究也大体呈现出了绝海中津作为五山禅林极具代表性的特征。

三　研究的理论和方法问题

日本思想史的研究，不惟中国学界较为薄弱，即便在日本，也并非显学。黑住真曾在为韩东育东京大学博士论文基础上修订出版的《日本近世新法家研究》所写的序言中，就禁不住地以韩东育所研究的徂徕学派为例慨叹日本思想及日本思想研究之窘况：“徂徕学派思想的意义，不惟中国，即使在日本，除部分知识人外，也并非所有人都有太多的了解。所以对于投入如此气力而进行的这项研究，其意义，也许未必能获得人们的充分理解。”[②] 丸山真男还将日本思想研究的薄弱上升到日本的“思想”在历史上所占地位及其状态之认知：“在日本，虽然有研究儒学史或佛教史的传统，但对于追溯时代的知性构造、世界观的发展和历史性关联的研究却非常贫乏，至少没有形成研究的传统。……虽然日本思想论和日本精神论从江户时代的‘国学’到今日不断以各种变奏曲或变种形态表现出来，但日本思想史的概括性研究，与日本史及日本文化史的研究相比，也还是显得非常贫乏。这象征了日本的‘思想’在历史上所占的地位及其状态。”[③] 而且，“在今日的大学里，思想史理论的讲座少得可怜。过去，我（丸山真男）在东京大学担任东洋政治思想史的讲座，但在我所了解的范围内，除东大外，设有同名讲座的国立大学几乎没有。担当日

① 任萍：《多元文化身份的禅者：日本中世五山僧绝海中津研究》，浙江大学出版社 2015 年版。

② 黑住真：《〈日本近世新法家研究〉序言》，载韩东育《日本近世新法家研究》，中华书局 2003 年版，第 5 页。

③ ［日］丸山真男：《日本的思想》，区建英、刘岳兵译，生活·读书·新知三联书店 2009 年版，第 1—3 页。

本政治思想史的学者虽有若干人，但实际上都被编入了政治学或政治史讲座中”①。

按照丸山真男对思想史的理解，大致可将其为三种类型：教义史（History of Doctrine）、观念的历史（History of Ideas）和范畴的历史。教义史和观念史，不难理解，而对于第三种类型“范畴的历史”，丸山真男并没有标明其英文书写方式，认为“‘范畴的历史’就是以某个特定时代为对象，总体地把握其政治、社会、人间、文学、艺术等各领域出现的思维方式，及其相互的关联和与社会政治状况的关联。也就是说，综合性地把握时代精神的整体结构，从而解明其历史的发展状况”②。

在其具体的思想史研究过程中，“思想史也是由历史的考证严密地确定的。在斟酌资料和操作资料方面，它与一般历史学具有共同特点。……伪书的出现本身具有思想的意义。因此思想史把象征性之物也作为一种证据来对待，而且重视把象征之物的实在意义作为对象来研究。这样在判断资料价值之点上，思想史不一定与事实史相同，但它也是受历史的考证制约的。在这方面，它与脱离历史的文脉，用历史的素材来展开自己思想的做法有明显的不同。从这个意义上看，笔者认为，思想史研究者或思想史家的工作，正好介于把过去的思想当作素材来发挥自己主张的‘思想论’与一般的历史叙述之间”③。

作为思想史研究者，按照丸山真男的定义或者说是期许，应该呈现出这样的状态：“埋没于历史中时表现得傲慢，从历史中脱出时表现得谦逊。一方面是严守历史的拘束性，另一方面是自己对历史的能动工作（所谓‘对历史’，并不能误解为对现代，这是指自己对历史对象的能动工作）。在受历史制约的同时，积极对历史对象发挥能动作用，在这种辨证的紧张关系中再现过去的思想。”④ 特别值得警惕和自我约束的是：“如果神经质地注目于其歪曲和变质的尺度，日本的思想也许在某种意义上被全部描写

① ［日］丸山真男：《日本的思想》，区建英、刘岳兵译，生活·读书·新知三联书店2009年版，第75页。

② ［日］丸山真男：《日本的思想》，区建英、刘岳兵译，生活·读书·新知三联书店2009年版，第79页。

③ ［日］丸山真男：《日本的思想》，区建英、刘岳兵译，生活·读书·新知三联书店2009年版，第90—91页。

④ ［日］丸山真男：《日本的思想》，区建英、刘岳兵译，生活·读书·新知三联书店2009年版，第93页。

成对原物的歪曲和误解的历史。”[①] 丸山真男对日本思想史理论和方法的综括，极富有启发意义。

在本课题中，笔者会特别对东亚比较思想史学方法、文化传播理论、阐释学的理论、近代化和民族主义理论有较多的参照，并以此为理论向度对具体的史料和研究过程有所呼应，但在具体的研究过程中，并不对这些理论进行具体的说明和阐发。

（一）东亚比较思想史学的方法

与中西比较史学之两条平行线之发展道路不同的是，东亚比较更为切实可行。因为在东亚视域内，中国与朝鲜、韩国、日本、越南都以共同的历史和文化基础作为不言自明的前提。这一共同的前提基础有汉字文化圈、儒教文化圈、佛教文化圈、中华文化圈等不同的称呼。这些因侧重点不同而出现的差异性称呼，只是表明原生于中国的“轴心期”的先秦经典以及汉唐“中国化”的佛学乃是西方文化未曾进入的前近代中朝日越之东亚世界的共同的经典基础，朝鲜、韩国、日本和越南各国思想文化的创新和发展均是在这些共同经典基础上的创造和发展，也即是“中心—边缘”和“源—流”的一种文化形态。只不过是因各国所处之地理、风土、国情、民情以及历史走向之不同，呈现出了共性基础上的差异形态。所以这也是东亚比较思想史学得以成立和大有可为的原因。日本五山禅僧的佛学、儒学以及“脱佛入儒”后的藤原惺窝、林罗山、山崎暗斋对佛教、儒学的认知都需要在东亚思想视域之内通过比较来察其因袭沿革和创造发明。东亚比较思想史学的研究方法要求做好两方面的工作：一是文献方面的对接，即通过所依据文本的比较，理清其话语来源，这其实是为了通过文本对接来溯其思想来源，察其流变；二是考其思想流变之因果关系、诱发因素及其对该思想体系形成之作用；三是进一步思考该思想在日本思想史上之地位和影响；四是将该思想人物或其思想再置于东亚思想之大视野，通过与同类型或同时段其他思想人物及其思想形态进行比较，捕捉其思想特色或特质。

（二）文化传播理论

文化的传播主要体现的是一种授受关系能力，即文化母本的辐射能力和接受者对文化母本的解读和吸纳能力。按照文化传播理论来说，一种文

① ［日］丸山真男：《日本的思想》，区建英、刘岳兵译，生活·读书·新知三联书店 2009 年版，第 93 页。

化或思想观念能够传播到其他地域、民族中去，要求该文化形态和思想观念其自身必须是一种极具有生命力和传播力的思想文化形态。而对接受方来说，能够接受外来文化，至少是发现该外来文化具有益处、且全方位或在某种程度或层面上比自身文化要优越。在其接受的过程中，其认知和接受也会出现一种在具有选择性的基础上，由表及里、由浅入深的过程。其选择性会受到接受者自身文化背景和文化心态的制约和影响，或是全盘接受，或是全盘接受后的排异，或是部分接受部分排异，情况比较复杂。就其接受的实质来说，对文化和思想观念接受的过程，本身也即是一个自我创造和蜕变甚至是异化的过程。就此，丸山真男在对待“外来文化”的研究时，特别指出：“当某某观念从其产生到文化移到别的文化中的时候，自然要发生变化。因此，如果光从如何变形、如何误解的观念来看问题，自然可以说全部都是误解和歪曲。不用说，这种认识的重要性不可否定。但问题不仅仅在于有否‘误解’，而且在于要弄清其‘误解’是否能解决问题，是否具有多产性。”[①] 禅宗和朱子学在日本的传播及其被接受、发生异变的过程，可谓是文化传播理论的最佳典范。

（三）阐释学的理论

阐释学的理论，极为复杂和繁复。既涉及对文本资料的整理和注解，又涉及对文本意义的多维理解和解释，在不同学科和不同视角的参照下，同一对象或文本会因为理解者的立场和关注点的不同而产生多种含义。阐释学在文学批评和分析哲学领域被广泛应用。本课题涉及五山禅僧和近世思想家的文本资料、活动情况及其历史影响，若对其研究角度和立场不同，则对其的解释自然会有差别。特别是对五山禅僧儒学思想和近世思想家思想的解释，在对其予以不同的理论体系之建构或所涉及核心概念的理解与把握时，会有多种解释的可能性存在。阐释学主张的文本、分析、多元视角、多维空间等概念对思想家思想作品和文本的解读和把握极富有启发意义。

（四）近代化论和民族主义

自丸山真男以近代化为视角开创了日本思想史的解释范式以来，无论是遵从者也好，还是批评者也罢，近代化的理论一直贯穿于日本思想史研究始终。近代化理论和日本思想史的研究范式，亦有太多的研究和批判。

① ［日］丸山真男：《日本的思想》，区建英、刘岳兵译，生活·读书·新知三联书店 2009 年版，第 93 页。

一般认为，民族国家理论滥觞于西方，但是在具体的研究中，我们会发现在前近代的东亚世界，“民族国家”观念已经有非常突出的表现，不少的思想家都对其进行过研究和讨论。最为明显的则是日本的“中国/华夷”论述，藤原惺窝、林罗山都论述过“日本乃神国”这样的议题，山崎暗斋及其门下更是以“中国/华夷”之论述为其显著特色。那么，如何认识在西方民族国家观念还未曾进入东亚以来即前近代的东亚世界所产生的“民族国家”之论述？这些民族观念是否也意味着未经西力之冲击，前近代东亚世界的“华夷秩序”“朝贡体系”会自我解体？[①] 所以在此课题的研究中，对“民族国家”和“中国”论述会有所关照，但鉴于在前近代的东亚世界中，“民族国家”这一现代政治观念还未大行其道之事实，故仍以历史实证为主要的研究手法，注重文献资料的多样性和丰富性，论从史出，以实证研究为上，理清楚前近代东亚世界的“民族主义”话语形态、历史真实及其影响。

① 参见韩东育《“华夷秩序”的东亚构架与自解体内情》，《东北师大学报》2008 年第 1 期。

第一章　禅僧的“唐土”心态与儒学知识体系

在前近代的东亚世界中，不论是日本派遣至中国的遣隋使、遣唐使、遣宋史、遣明使等使华僧侣，还是从中国弘法或出游至日本的渡日僧，[①]都对中日政治、经济、文化等交流贡献巨大。日本史家西嶋定生提出的构筑东亚世界体系的汉字、律令制、儒学和佛教这四大核心要素都与禅僧有关。[②]从某种意义上可以说，前近代的东亚世界体系是以佛教和禅僧为媒介统合而成的。概而言之，禅僧在前近代的东亚世界，至少扮演了这样四种历史角色：一是文化的传播者，二是政治外交官的角色，三是经济商贸活动者，四是东亚海域的探险者。其中，政治交往和文化传播是其最主要的历史贡献。禅僧的文化传播及其对华认知与儒学东传至日本互为表里，亦为五山禅僧的“习儒”提供了一个知识平台或思想背景。

第一节　禅僧的“唐土”心态

大化改新，除了促使日本建立和完善了律令制度、中央集权体制、租庸调经济形态等显在文明进步外，其文化史和思想史意义却少有史学家注意及之。该意义可表述为：日本开始在真正意义上为中华文化所倾倒，从而主动而自觉地投入到了以中国为中心的中华文化圈当中。操纵和支配这

---

① 对于曾经活跃于中日和东亚海域之间的僧侣，因言及的视角不同，对其的称呼也有不同，除了遣隋使、遣唐使、遣宋史、遣明使、入华僧、留学僧、渡日僧等具体的称呼外，还可将其统称为渡航僧。参见榎本涉《南宋・元代日中渡航僧伝記集成：附江戸時代における僧伝集積過程の研究》，（東京）勉誠出版2013年版。

② ［日］西嶋定生：《东亚世界的形成》，载刘俊文《日本学者研究中国史论著选译》第二卷，中华书局1993年版，第88—92页。

一文化圈的意识形态被学界称为“华夷秩序”。自此，主要影响于日本社会的政治、文化阶层、且从中生发出来的“衣冠唐制度，诗书汉文章”景观开始展现于以公家和僧侣为主的掌握日本文化命运的知识人中间。而且，这种“崇华”观念，在日本当时的各个阶层具有相当的普遍性。

在大化改新后数百年的时间里，日本僧侣对“中国”充满了憧憬和期望。然而，由于公家依附于政治，常随政争而命运浮沉不定，因而日本的国家意识形态和文化动向便主要体现在僧侣阶层的文化活动和价值取向上。

事实上，这种情形与禅僧自始至终担当着从中国输入文化的主体性工作密不可分。日本历届王朝政府所派入华留学之人，大抵皆以僧人担当，留驻史册的遣隋使、遣唐使等留华学人荣归东瀛后，无一不成为政府的座上宾。圣德太子曾四次（公元600年、607年、608年、614年）向隋朝派遣使节；从公元7世纪初至公元9世纪末约两个半世纪中，奈良平安朝向唐朝派遣使节亦达十几次之多，所涌现出来的那些屡屡被人们所提及的如小野妹子、吉备真备、惠齐、惠日等人物，可以说都是政府中的股肱之臣，其言行也影响或左右着朝廷的内外政策和对外舆论。以致着华服、习唐语、从事诗词创作在明治维新前一直是日本社会的流行风尚。春屋妙葩就曾作诗云：“踢衣香暖瑶花雪，禅馆定深蓬岛春，盛化何舫今视古，吾门宗祖大唐人。”① 时至德川，就连曾于1368年杀害明使节五人的怀良亲王还都禁不住地言道：“吾国虽处扶桑东，未尝不慕中国。”② “吾国虽夷，僻在扶桑，未尝不慕中国之化。”③

落后文明对先进文明的向慕及追随，应该说是人类文明发展史上具有规律性的常态现象。由于对中华之风的无限崇尚，中国的一切对于日本来说都显得尤为华贵和高雅，自然有着非比寻常的吸引力。中国被视为“巡礼圣地”，乃“巡礼、求道、求法”者所梦寐以求的天堂宝地。正如西冈虎之助所直陈的那样：“历来入唐求法意识，从很久以前我国佛教界就形成一种惰性，与彼土社会动静如何无关，与彼土佛教界盛衰如何无关。无论出身如何卑贱，只要是匍匐于三宝之前的佛教徒，都以渡唐巡礼寻迹，

① 春屋妙葩：《云门一曲》，湯谷稔編《日明勘合貿易史料》，（東京）国書刊行会1983年版，第9頁。

② 《明史》卷三二二《日本传》，中华书局1974年版，第8342页。

③ 《明太祖实录》卷五十，洪武二年庚寅朔条，台湾中央研究院历史语言研究所1968年版。

将佛教典籍带回日本，视为一生体面而憧憬之。"[①] 所以，那些来华者，不仅将来华本身当作一生无比的荣耀，来华之后更将所见所闻尽心记载、誊帖甚至模仿。曾两度来华入宋的禅僧奝然的表现尤为典型。其在渡海入宋前就曾表达过这样的心情："奝然有心愿，如来可证明。奝然天禄以降，有心渡海。本朝久停方贡之使而不遣，入唐间待商贾之客而得渡。今遇其便，欲遂此志。奝然愿先参五台山，欲逢文殊菩萨之即身；愿次谒中天竺，欲礼释迦之遗迹。"[②] 其所为者："居东大寺，学三论，又受密乘于元杲，永观元年秋入宋。东大寺送书青龙寺，比睿山寄天台山，然持二书着宋地，太宗太平兴国八年也。巡礼胜地历观明师。遂于汴都西华门外启圣禅院礼优填第二模像，乃雇佛工张荣模刻而得之。太宗诏问我皇系历祚，然答词详备。雍熙三年上台州郑仁德船归，永延元年也。然得大藏五千四十八卷，及十六罗汉画像，其优填模像见在嵯峨清凉院。"[③] 在奝然的眼中，中国是"礼、法、道"的发祥地，国中的一切皆纯真而纯粹、神圣不可疑，就连佛像的规格、尺度、造型和艺术似乎都是神圣不可更易之物，皆须倾情记诵、了然于胸为是。归国后，还心怀中国之情，意欲再次来华寻道求法："十余年间有心渡海，盖历观名山巡礼圣迹谒。嗟乎！日斯迈月斯征，壮齿不居，垦志难遂。适逢客商将归艎，奝然乡土非不怀，尚寄心于台岭之月；波浪非不畏，偏任身于清凉之云。"[④] 对此，中国的史书也有相类似的记载："后数十年，仁德还。奝然遣其弟子喜因奉表来谢曰：'日本国东大寺大朝法济大师赐紫沙门奝然启：伤鳞入梦，不忘汉主之恩；枯骨合欢，犹亢魏氏之故；虽云羊僧之拙，谁忍鸿霈之诚？奝然诚惶诚恐，顿首顿首，死罪。'"[⑤] 而且，有此意愿与眷挂之念者，在数个世纪的日本社会中，可谓比比皆是，九渊龙深亦谓："本朝宝德乙酉，余徒国信使，入大明国，逾百越历三吾，大江之南北，长淮之东西，行不辍足者，殆七千里。遂达燕之北京，而遭时盛期，礼乐繁焕，人物秀整，实莫媿于汉唐文化，于是乎，晨而谒贵仕达官，暮而接名缁英衲，殆获酬平素之

① 西冈虎之助：《日本と呉越との交渉》，《西冈虎之助著作集》第三卷《文化の研究》，（東京）三一書房 1984 年版，第 220 頁。

② 奝然：《本朝文粹》，《新日本古典文学大系·27·本朝文粹》，（東京）岩波書店 1992 年版，第 67 頁。

③ 佛書刊行會：《大日本佛教全書》第一〇卷，（東京）佛書刊行會 1913 年版，第 193 頁。

④ 《扶桑略记》，《新订增补国史大系·12》，（東京）吉川弘文馆 1999 年版，第 251 頁。

⑤ 脱脱等：《宋史》卷二百五十，中华书局 1977 年版，第 14135 页。

志也。”①

如果说那些来华留学僧的记载还有着强烈的个人感情色彩或存有“感恩”情怀的话，那么日本在向中央皇朝递交文书时刻意使用当时之中国皇帝年号，似乎亦表现出日本政府对中央王朝的敬畏和尊崇之意来。在相当长的一段时间内，在以中国文化为主导的汉文化圈中，外交文书的起草、誊就、年号等都用中国历代皇帝纪年。由于宋明之际，鼎朝易代，频仍迭出，给隶属于中原王朝的周边附属国所致中华皇朝的文书称谓造成了诸多麻烦。因为称谓年号的更易，显示着对中华天朝是否认可和尊奉的态度。对此，室町幕府还有过一番争论：“彼国以吾国将相为王，盖推尊之义，不必厌之。今表中自称王，则此用彼国之封也，无乃不可乎，又用臣字非也，不得已则日本国之下如常当书官位，其下氏与讳之间书朝臣二字可乎。盖此方公卿恒例，则臣字属于吾皇而已，可以避臣于外国之嫌也。又近时遣大明表末书彼国年号，或非乎，吾国年号，多载于唐书、玉海等书，彼方博物君子，当知此国中古别有年号，然则义当用此国年号。不然，总不书年号，帷书甲子乎？此两国上古无年号时之例也。凡两国通好之义，非林下可得而议者；若国王通信。则书当于朝廷，代言之乎。近者，大将军为利国故，窃通书信，大抵以僧为使，其书亦出于僧中尔。大外记清三位业中近代博学之士也，与予从游者三十余年矣，以向所谓年号及朝臣二事告之，三位以为是，且记于此，以谕亦日预此事者云。”② 尽管明清鼎革，昔日的华夏之治被清朝“蛮夷”所替代，然而，只要统治着曾经的这方热土，那么，对“中华”的尊奉也就决不会因易主而有所怠慢或有些微的不敬。

大体说来，在明治维新以前，日本历代政权都把中国视为“天朝”“皇朝”，对其敬畏和尊崇之心，尽管因时不同而略具摆动，但在根本上未曾有多么大的改变。而且，社会各个阶层的对华态度也都几乎步调一致，呈现出惊人的相似性。故而，对中国器物、制度、思想和精神文化的汲取便显现得纯粹和纯真。更有甚者，为求得中国文人为其文集作一序或一跋，历经几番人情托转而不疲，例如为完成五山文学的开山鼻祖梦窗疏石

① 《禿尾长柄录》，湯谷稔編《日明勘合貿易史料》，（東京）国書刊行会 1983 年版，第 163 頁。

② 瑞田中健夫編：《善隣国宝記・新訂続善隣国宝記》，（東京）集英社 1995 年版，第 114 頁。

之宿愿，义堂周信几次托绝海中津请明初大儒宋濂为其润笔题名。[①] 当时的日本知识人以获得中国士人为其著述的序跋视为一生最大的荣光，寸兰隐馨为曾留学中国的东福寺僧翱之慧凤所著《竹居清事》以求前监察御史张势之为其题跋，东归光松于 1483 年入明时为圆庵桂悟的语录以求“中宪大夫、四川按查副使、四明黄隆”为其作序，四明居士张迪为其题跋……[②]诸如此类的记载，比比皆是。因为“对于当时的禅僧来说，达到能够作出和中国人几乎一样的纯粹的诗文的境地，却是无上的希望和夸耀”[③]。诸类记载于今读来，可遥想弥漫于当时日本社会中的那种“崇慕中华”的情愫和历史场景，不过此情只能成追忆。

大批禅僧入华留学，求法、求道，不仅是为学业，而且回国时亦是满载而归。他们带回的不仅止于佛教经典，而且还有为数甚多的儒道及杂家典藏，如俊芿归国所带“律宗经书三百二十七卷，天台章疏七百一十六卷，华严章疏百七十五卷，儒书二百五十六卷，杂书四百六十三卷，凡二千一百三卷，其余图画碑帖器物等甚多”[④]。其对日本产生最大影响的文化性事件，则是将宋代释界之“五山十刹”制度迻易于日本禅林。他们模仿宋制，在日本的镰仓及京都也设立了五山十刹。宋之五山是径山（杭州）、灵隐（杭州）、天童（明州）、净慈（杭州）、育王（明州），十刹是中竺（杭州）、道场（朝州）、蒋山（建康）、万寿（苏州）、雪窦（明州）、江心（温州）、雪峰（福州）、双林（婺州）、虎丘（苏州）、国情（台州）。而在日本则为：镰仓五山：建长、圆觉、寿福、净智、净妙；关东十刹：禅兴、瑞泉、东胜、万寿、东渐、万福、大庆、兴圣、法泉、长乐；京都五山：南禅、天龙、相国、建仁、东福；京都十刹：等持、临川、真如、安国、安幢、普门、广觉、妙光、大得、龙翔。大批寺院的建置，使得佛教界的学术风貌，为之一变，思想争鸣，亦蔚然成风，僧侣慕华入宋更是极一时之盛。据辻善之助的研究和统计，从孝宗乾道三年（1167）至恭宗德祐元年（1275）共计 108 年的时间内，行迹被记录在案的入宋禅僧达 57

---

① 《空华日用工夫略集》，湯谷稔编《日明勘合貿易史料》，（東京）国書刊行会 1983 年版，第 67 頁。

② 《善邻国宝记》，湯谷稔编《日明勘合貿易史料》，（東京）国書刊行会 1983 年版，第 362—363 頁。

③ ［日］木宫泰彦：《日中文化交流史》，胡锡年译，商务印书馆 1980 年版，第 491 页。

④ 佛書刊行會：《大日本佛教全書》，（東京）佛書刊行會 1913 年版，第 202—203 頁。

名。[①] 另据俞慰慈的估算，自镰仓（1191 年）至江户初（1620 年）这 429 年的时间内，颇为活跃的 669 名禅僧中，有 188 名禅僧，约占总数的 28% 有来华留学经历。[②] 伴随着规模庞大的留学活动的持续展开以及各类书籍的传入，五山禅僧一改往昔专修佛业、打坐念禅的修道模式，习儒、研究汉典、吟诗作画、聚众论辩等诸种修业方式在禅僧的日常课业中位居同等，如虎关师炼、雪村友梅、梦窗疏石、中岩圆月、义堂周信、绝海中津、歧阳方秀、云章和惟肖等禅僧都表现出了极大的儒学关心和不浅的汉学识见。故而，“五山文化运动”可理解为是从镰仓至江户初期五山禅僧模仿宋之“五山十刹”建制而兴起的汉文化运动。

第二节　入日华僧情况

在自有文献记载的南北朝至明一千多年的中日交流史中，中日之间的朝贡、佛法传播、汉字文化圈、儒教文化圈、勘合贸易甚至是战争和冲突，禅僧在其中即便不为主体，至少也发挥了相当的历史作用。佛法传播与弘扬自不待言，本就是禅僧的本职工作，但作为外交官的禅僧的政治行为，对前近代的东亚世界之形成、冲突和裂变等影响极大，这一点在从事古代中日关系研究者的论述中，得到了充分的证明。可以说只要是从事古代中日关系或日朝关系的研究著作，禅僧的政治外交活动均为其论述的重点。[③] 从佛教这个重要视角去看待前近代的中日交流问题，受到不少学者的关注，亦有不少力作涌现。[④] 就从单个禅僧人物的视角去理解前近代东亚关系问题，既有历史人物研究的意义，又有关系史的关照，乃是现今国内从事中日关系研究的新热点，[⑤] 而日本学界对成寻的研究比较多

---

① 辻善之助：《海外交通史話》，(東京) 内外書籍 1930 年版，第 142—145 頁。

② 俞慰慈：《五山文学の研究》，(東京) 汲古書院 2004 年版，第 181 頁。

③ 这一方面，从事前近代东亚国际关系研究的西嶋定生、宫崎市定、荒野泰典、田中健夫、村井章介等学者均有极为出色的研究。

④ 参见西尾賢隆《中世の日中交流と禅宗》，(東京) 吉川弘文館 1999 年版；新川登亀男《日本古代の対外交渉と仏教：アジアの中の政治文化》，(東京) 吉川弘文館 1999 年版；河上麻由子《古代アジア世界の対外交渉と仏教》，(東京) 山川出版社 2011 年版；手島崇裕《平安時代の対外関係と仏教》，(東京) 校倉書房 2014 年版。

⑤ 主要有郝祥满：《奝然与宋初的中日佛法交流》，商务印书馆 2012 年版；江静：《赴日宋僧无学祖元研究》，商务印书馆 2012 年版；陈小法：《明代中日文化交流史研究》，商务印书馆 2012 年版。

一些。[①] 新近，为中日之间的禅僧研究，特别是资料整理方面作出重要贡献的是榎本涉。榎本涉所著的《南宋・元代日中渡航僧传记集成》[②] 基本上将宋元时期载于史册的106位禅僧的传记资料进行了整理，所依据的资料不仅有人们较为熟悉的《大正藏》《大日本佛教全书》《国史大系》等资料，还利用到了建仁寺、南禅寺、正仓院所藏的孤本和善本资料，为中日关系史上的禅僧研究奠基了资料基础。

由于在此只涉及入日的临济宗禅僧对五山文化之形成和影响，所以参考已有的研究成果，将入日华僧辑录，成表如下。

表1-1　　入日华僧略表[③]

序号	僧名	出生地	生卒年	入日时间（年）	住持寺庙	所依文献
1	寂圆	不详	1207—1299	1228	越前宝庆寺、妙法寺	《宝庆由绪记》《延宝传灯录》
2	兰溪道隆	西蜀	1213—1278	1246	常乐寺、建长寺、建仁寺、禅兴寺、寿福寺	《大觉禅师语录》大觉开山塔铭》《圣一国师年谱》《元亨释书》《本朝高僧传》
3	义翁绍仁	西蜀	不详—1281	1246	建仁寺、建长寺	《佛源禅师语录》《本朝高僧传》《延宝传灯录》《扶桑五山记》
4	龙江应宣	漳州	不详	1246	净妙寺	《佛源禅师语录》《一山国师语录》《念大休禅师语录》《南院国师规庵和尚行状》
5	法平	不详	不详	1246	不详	《大圆禅师语录》
6	了然法明	高丽	不详—1267	1247	出羽玉泉寺	《诸宗义轨》《本朝高僧传》《洞上联登录》
7	兀安普宁	西蜀	1197—1276	1260	建长寺	《兀安禅师语录》《东严安禅师行实》《佛国国师语录》《圣一国师年谱》《碧山日录》

① 参见森公章《成尋と参天台五臺山記の研究》，（東京）吉川弘文館2013年版；水口幹記《渡航僧成尋、雨を祈る：『僧伝』が語る異文化の交錯》，（東京）勉誠出版2013年版。

② 榎本涉：《南宋・元代日中渡航僧伝記集成：附江戸時代における僧伝集積過程の研究》，（東京）勉誠出版2013年版。

③ 参见村井章介《東アジア往還：漢詩と外交》，（東京）朝日新聞社1995年版，第49—53頁；木宮泰彦《日華文化交流史》，（東京）富山房1987年版，第388、432頁。

续表

序号	僧名	出生地	生卒年	入日时间（年）	住持寺庙	所依文献
8	古涧世泉	不详	不详	1260	不详	《佛光国师语录》
9	大休正念	温州	1215—1289	1269	净智寺、建长寺、寿福寺、圆觉寺	《念大休禅师语录》《佛源禅师语录》《法海禅师行状记》《一山国师语录》
10	西涧子云	台州	1349—1306	1271	圆觉寺、建长寺	《大通禅师行实》《佛源禅师语录》《一山国禅师语录》《圣一国师语录》《元亨释书》
11	无学祖元	明州	1226—1286	1279	建长寺、圆觉寺	《佛光国师语录》《无学禅师语录》《佛光国师塔铭》《圣一国师年谱》《元亨释书》
12	镜堂觉圆	西蜀	1244—1306	1279	禅兴寺、净智寺、圆觉寺、建长寺、建仁寺	《大圆国师语录》《大圆禅师传》《佛光国师语录》《一山国师语录》《大鉴禅师语录》
13	梵光一镜	不详	不详	1279	不详	《佛光国师语录》
14	不味一真	不详	不详	1279	不详	《佛光国师语录》
15	一山一宁	台州	1247—1317	1299	建长寺、圆觉寺、净智寺、南禅寺	《一山国师语录》《一山国师行状》《梦窗国师年谱》《海藏和尚纪年录》《济北集》
16	石梁仁恭	台州	1266—1334	1299	信浓慈云寺、圣福寺、建仁寺、寿福寺	《雪村大和尚行道记》《禅居集》《清拙和尚语录》《明极和尚语录》
17	东里德会	明州	不详—1318	1308	禅兴寺、建长寺	《本朝高僧传》《延宝传灯录》《扶桑五山记》
18	东明慧日	明州	1273—1340	1308	禅兴寺、圆觉寺、建长寺、万寿寺、东胜寺、寿福寺、净妙寺	《东明和尚语录》《东明和尚塔铭》《天柱集》《中岩圆月自历谱》《东海一沤集》《空华集》
19	灵山道隐	杭州	1255—1325	1319	建长寺、圆觉寺	《中岩圆月自历谱》《东海一沤集》《本朝高僧传》《延宝传灯录》《扶桑五山记》
20	清拙正澄	福州	1274—1339	1326	建长寺、净智寺、圆觉寺、建仁寺、南禅寺	《清拙和尚语录》《清拙大鉴禅师塔铭》《古先和尚行状》《东海一沤集》《本朝高僧传》

续表

序号	僧名	出生地	生卒年	入日时间（年）	住持寺庙	所依文献
21	玉涧坚瑶	不详	不详	1326	不详	《清拙和尚语录》
22	玉田永琪	不详	不详	1326	不详	《清拙和尚语录》《清拙大鉴禅师塔铭》《本朝高僧传》
23	明极楚俊	明州	1262—1336	1329	净妙寺、南禅寺、建仁寺	《明极和尚语录》《明极俊大和尚塔铭》《竺仙大和尚语录》《东归集》《东海一沤集》
24	竺仙梵仟	明州	1292—1348	1329	净妙寺、净智寺、南禅寺、真如寺、建长寺	《竺仙大和尚语录》《天柱集》《竺仙和尚行道记》《东归集》《东海一沤集
25	懒牛希融	台州	不详—1337	1329	不详	《明极和尚沧海余波序》《东海一沤集》《禅居集》《天柱集》
26	东陵永兴	明州	不详—1365	1351	天龙寺、南禅寺、圆觉寺、建长寺	《兴东陵日本录》《佛光国师语录》《东海一沤集》《钝铁集序》
27	道元文信	不详	不详	1351	不详	《空华日用功夫略集》《空华集》《峨眉鸦臭集》
28	聪庵明德	西蜀	1306—1402	1368	骏河乘光寺	《乘光寺寺产明细账》
29	做牛慧仁	西蜀	不详—1329	不详	信浓安乐寺	《安乐寺藏顶像（木像）铭》

第三节　禅僧的儒学知识接受
——汉籍问题

作为历史文化和意识形态之载体的汉籍，对东亚地区的政治制度、意识形态、人文艺术以及历史走向产生了重要影响。倘若抛却作为文化载体的汉籍，东亚世界的朝鲜、日本、越南的国家历史文化会是怎么一个状态，实难想象。

汉籍问题，较早就成为东亚学界共同关心的领域之一。就日本学界对其的研究而言，主要集中在两大方面：一是汉籍在日本的流布和现今的保存情况，日本的国家图书馆或各个大学图书馆基本上都已编制出了所藏汉籍目录；[①] 二是具体到对日本历史上不同时间段不同人物不同汉籍的接受及其产生影响的个案和具体化研究，尤其以大庭修和水口干记的研究最富创见。[②] 中国学界对日本汉籍的研究，严绍璗和王勇贡献卓著。[③] 新近，王勇对中日文化交流上的汉籍传播问题以“书籍之路”加以概括的提法，颇引人注目。[④]

由于本章涉及儒家典籍对五山禅僧的影响，故借鉴和参考已有的文献资料和研究成果，对其进行总结，希望以此呈现出五山禅僧阅读汉籍和儒家经典的基本情形，对五山禅僧的儒学基础及其认知能有一个大致的把握。

五山禅僧本质上仍不出佛家之囿。他们虽以念颂佛经为主，但此一时期的禅僧也购买和阅读佛教之外的典籍。依照经史子集之四部分类，佛教典籍归于子部中的释家类。依据佛教对典籍的划分，典籍又分为内典和外典。佛教相关典籍为内典，佛教以外的典籍为外典。通过对五山禅僧文集的梳理，我们可以把握到五山禅僧对外典的一个阅读情况。

---

① 参见京都大學文學部編《京都大學文學部漢籍分類目録》，（京都）京都大學文學部 1959 年版；東洋学文献センター連絡協議会編《漢籍叢書所在目録》，（東京）東洋文庫 1966 年版；東北大学附属図書館編《東北大學所藏和漢書古典分類目録》，東北大学附属図書館 1974—1982 年版；東洋学インフォメーションセンター編《日本における漢籍の蒐集：漢籍関係目録集成》，（東京）汲古書院 1982 年版；国立国会図書館図書部編《國立國会圖書館漢籍目録》，（東京）紀伊國屋書店 1987 年版；東京大学総合図書館編《東京大學總合圖書館漢籍目録》，（東京）東京大学総合図書館 1995 年版；天理図書館編《漢籍と日本人：中国古典籍の伝来と受容（開館 83 周年記念展）》，（東京）天理大学出版部 2013 年版。

② 参见大庭脩《江戸時代における中国文化受容の研究》，（京都）同朋舎出版 1984 年版；大庭脩《漢籍輸入の文化史：聖徳太子から吉宗へ》，（東京）研文出版 1997 年版；水口幹記《日本古代漢籍受容の史的研究》，（東京）汲古書院 2005 年版；水口幹記《古代日本と中国文化：受容と選択》，（東京）塙書房 2014 年版；另外，该领域的研究也可参见王小林《日本古代文献の漢籍受容に関する研究》，（大阪）和泉書院 2011 年版；神鷹徳治、静永健編《旧鈔本の世界：漢籍受容のタイムカプセル》，（東京）勉誠出版 2011 年版。

③ 参见王勇、大庭修主编《中日文化交流史大系 9：典籍卷》，杭州人民出版社 1996 年版；严绍璗《汉籍在日本的流布研究》，江苏古籍出版社 1992 年版；严绍璗编著《日藏汉籍善本书录》，中华书局 2007 年版。

④ 王勇：《中日“书籍之路”研究》北京图书馆出版社 2003 年版；王勇：《书籍之路与文化交流》，上海辞书出版社 2009 年版；王勇：《东亚坐标中的书籍之路研究》，中国书籍出版社 2013 年版。

表 1－2　　五山禅僧文集所见汉籍①

序号	作者	文集	所出
1	黄潜	黄潜卿文集	卧云日件录　康正三年九月十五日
2	虞集	道园学古录	蔗轩日录　文明十八年正月二十日
3	赖长	大雅集	蕉窗夜话
4	元好问	中州集	蕉窗夜话
5		渔梁集	蕉窗夜话　蠡测集
6	程钜夫	程雪楼文集	阴凉轩日录　长亨三年五月七日
7	萨都剌	新芳萨夫天锡杂诗妙选稿全集	蠡测集
8	王沂	王徵士诗集	阴凉轩日录　长亨三年正月二十八
9	蒋易	皇元风雅集	卧云日件录　亨德二年七月十七日
10	高耻传	群书够炫	卧云日件录　封面书拔
11		元诗体要	蕉窗夜话
12	宋濂	潜溪集	蔗轩日录
13	宋濂	宋学士文集	蔗轩日录
14	宋濂	续文萃	阴凉轩日录
15	宋濂	宋景濂文释	慈照院三十三回忌升座散说
16	宋濂	萝山集	卧云日件录
17	贝瓊	清江贝先生文集	卧云日件录
18		皇明诗选	蠡测集
19	张楷	皤田稿	蔗轩日录　文明十八年七月八日
20	金湜	皇华集	蔗轩日录　文明十八年正月二十八日
21	王兴	和梅花诗序	蔗轩日录　文明十八年四月三日
22		大明珠玉草贴	蔗轩日录　文明十八年十一月十二日
23		凯哥歌唱集	蔗轩日录　文明十八年十月十八日

那么，禅僧阅读的汉籍儒书到底从何而得呢？

禅僧对汉籍的获得，有两方面的途径：一是从中国购买，二是借阅。从中国购买汉籍，主要是由出使中国的遣华僧担任，或者通过朝贡贸易购买或索求。伊地知季安的《汉学纪渊》记载，明极俊苭“其归则多购儒书

① 参见郑梁生《元明时代东传日本的文献》，（台北）文史哲出版社 1984 年版，第 122—123 页。

二百五十六卷回于我朝。乃顺德弟建历元年，而宁宗嘉定四年刘爚刊行四书之也。……据是观之，四书之类入本邦。盖应始乎俊芿所带回之儒书也。书竢博识尔。”①

禅僧从中国带回儒教汉典的事情，不乏少见，辨圆圆尔就带回去不少。据《普门院经论章疏语录儒书等目录》所记辨圆圆尔所带典籍：

> 周易二卷；同音义一卷；易总说二册；易集解八册；纂图互注周易一册；尚书一册；毛诗一册；礼记三册；春秋五册；周礼二册；孟子二册；吕氏诗记五册；论语精义；孟子精义三册；无垢先生中庸说二册；晦庵集注孟子三册；论语直解一册；直解道德经三册；毛诗句解三册；尚书正义一册；毛诗三册；胡文定春秋解四册；五先生语二册；晦庵大学一册；大公家经一册；黄石公素书一册；小字孝经一卷；百家姓一卷；九经直音一册；晦庵中庸或问七册；晦庵大学或问三册；三注三册；连相注千字文一册；庄子疏十卷；六臣注文选二十一册；杨子三册；文中子三册；韩子一册；事物丛林十册；方舆胜览九册；汉携二册；帝王年运三册；招运图一册；注坡图二册；东坡长短句一册；诗律捷径二册；笔书决一册；诚齐先生四六四册；启答矜式八册；万金齐宝三册；圣贤事实二册；帝王事实二册；三历会同三册；京本三历会同一册；连珠集一册；搜神秘览三册；宾客接谈一册；合璧诗学二册；四眼杂字二册；小文字四册；说文十二册；尔雅兼义三册；玉篇五册；广韵五册；校正韵略二册；韵关二册；韵略二册；白氏六贴八册；历代职源一部十册；白氏文集十一册；韩文十一册不全；柳文九册不全；老子一部二册；庄子一部缺；太平御览一部；毛诗注疏七册；合璧诗八册；周礼三册；积玉三册；礼记五册；孟子二册；周易二册；注论语并孝经一卷；礼书三册；杨子二册；注蒙求一册；文中子一册；荀子一册；鲁论二册；轩书三册；大学一册；注千字文一册；大明录三册；玉篇广韵各四卷；语真寺诗一卷。②

有史记载的策彦周良也带回了大量的文集，可总结如下：

① 伊地知季安：《漢學紀源》（薩藩叢書，第2编），（鹿児島）薩藩叢書刊行会1909年版，第19頁。

② 郑梁生：《元明时代东传日本的文献》，（台北）文史哲出版社1984年版，第96—100页。

表 1－3　　　　　　　　　　　策彦周良所带书籍①

序号	时间	书　名	数量	所得方式
1	嘉靖十八年七月四日	听雨纪谈	一册	谢国经赠
2	嘉靖十八年七月四日	医林集	十册	不详
3	嘉靖十八年七月八日	继杜愚得	八册	以扇、刀换得
4	嘉靖十八年七月九日	鹤林玉露	三册	银二匁购得
5	嘉靖十八年七月十八日	白沙先生诗序	三册	钓云赠
6	嘉靖十八年七月二十七日	李白集	三册	张古岩赠
7	嘉靖十八年七月二十七日	文锦	二册	张古岩兄赠
8	嘉靖十八年润七月一日	古文大全	二册	柯雨窗赠
9	嘉靖十八年润七月二十五日	九华山志	二册	钱龙泉赠
10	嘉靖十八年八月十三日	升菴诗稿	一册	周莲湖赠
11	嘉靖十八年八月十六日	三场文选	三册	范蔡圆赠
12	嘉靖十八年八月二十二日	文章规范	二册	金南石赠
13	嘉靖十八年十二月十日	张文潜集	四册	刘宗仁赠
14	嘉靖十九年四月十八日	注道德经	一册	邓通事赠
15	嘉靖十九年八月十六日	文献通考	一部	银九匁购得
16	嘉靖十九年十月十五日	剪灯新语话	二册	不详
17	嘉靖二十七年八月五日	本草	十册	银十两七分购得
18	嘉靖二十八年八月十六日	奇效良方	一部	银七匁购得

另外，禅僧在明代中日朝贡和勘合贸易活动中，所获汉籍的情况，也被记录在案。在瑞溪周凤所撰著的《善邻国宝记》中，有史料显示当时日本从明廷所获汉籍的情况。不妨辑录如下：

其一：

上表

日本国王臣源　日本国王印也　谨表

大明皇帝陛下

① 参见郑梁生《元明时代东传日本的文献》，（台北）文史哲出版社 1984 年版，第 102—103 页；陈小法《入明僧策彦周良与中日"书籍之路"》，王勇等《中日"书籍之路"研究》，图书馆出版社 2003 年版，第 42—61 页；陈小法《日本入明僧携回的中国物品——以策彦周良为例》，《甘肃社会科学》2010 年第 5 期。

永乐年间多有此赐记之，又书籍焚于兵火，盖一秦也。弊邑所须二物为急。谨录奏上，伏望俞容，书目列于左方：

佛祖统记全部　三宝感应录全部

教乘法数全部　法苑珠林全部

宾退录全部　　免圆册全部

遯斋贤览全部　类说全部

百川学海全部　北堂书抄全部

石湖集全部　老学庵笔记全部

右咨

礼部

日本国王印也

成化十一年八月二十八日　日本国①

其二：

宣德日字号勘合底薄一扇、本字号勘合八十四道，齐缴还纳，书籍、铜钱仰之上国，其来久矣，今求二物，伏希

奏达，以满所欲，书目见于左方。永乐年间，多给铜钱，仅无此举，故公库索然，何以利民，钦待周急。

教乘法数全部　　三宝感应录全部

宾退录全部　　北堂书抄全部

免圆册全部　　史韵全部

歌诗押韵全部　　诚斋集全部

张浮休画墁集全部　遯斋贤览全部

石湖集全部　　类说全部

挥尘录全部附后录十一局、第三录全局、余录一局

百川学海全部　　老学庵笔记全部

右咨

礼部

天顺八年九月十三日　日本国②

① 瑞溪周鳳撰，田中健夫編：《新訂続善隣国宝記》，（東京）集英社1995年版，第200頁。

② 瑞溪周鳳撰，田中健夫編：《新訂続善隣国宝記》，（東京）集英社1995年版，第234頁。

其三：

> 禅师行状云：凡无书不读，且无不抄、纂之名刻诸集，无虑二百卷，撮大藏七千卷之要，以作七卷，则厥他抄之书岂可胜数哉。然欠此一件则何哉？想是际。禅师之在日，而厥集未流海东欤。抑又藏之公库，以不施民间而已，否则岂漏禅师之书纲哉。凡今学者薄于责己，以厚责人，我恐后生晚辈之者效侍童鞶，故记圣经存于本朝之证，以应或人之需。云尔。①

对于日本禅僧极为重视中国书籍而欲获得书籍之情况，明代时人郑若曾也注意到了，而且还了解到禅僧对书籍种类的好恶和索求程度。其记载到日本禅僧对于“古书五经则重《书》《礼》，而忽《易》《诗》《春秋》。四书则重《论语》《学》《庸》，而恶《孟子》。重佛经，无道经。若古医书，每见必买，重医固也”②。郑若曾对入华僧的购书活动及其所好书籍种类的观察，极富有启发意义。比如观察到日本人于《四书》重《论语》《大学》和《中庸》，而厌恶《孟子》。为何厌恶《孟子》，郑若曾没有作出分析，如果他知道日本人讨厌《孟子》是因为《孟子》的“易姓革命”和日本天皇之“万世一系”不相兼容，那么他可能会大书特书一笔。这从另一侧面也可能反映出明代知识分子对日本的政治和历史情况的把握也着实有限。

上述为日本禅僧直接参与并可以获得儒家典籍之情况和途径的分析与总结。那么，禅僧是否可以借阅当时比较有名的足利学校和金泽文库的藏书呢？这一发问，似为废话。因为金泽文库就是因为北条氏在金泽寺大量典藏书籍而得名。禅僧当然可以阅读。

对于足利学校和金泽文库藏书之宏富，明代的中国人并非不曾知晓：“中国书籍流彼多珍藏山城，大和下野文库及相模金泽文库，以为聚书之渊薮。”③ 下野文库即足利学校，足利学校处下野国，故也称下野文库。

创建于镰仓时期的足利学校，被称为日本最早的高等学府。虽在明治废藩置县时期被迫关闭，但其在日本镰仓时期的文教贡献和历史影响，无

① 瑞渓周鳳撰，田中健夫编：《新訂続善隣国宝記》，（東京）集英社 1995 年版，第 244 頁。
② （明）郑若曾：《筹海图编》卷二，中华书局 2007 年版，第 200 页。
③ （明）郑舜功：《日本一鉴》卷四，1939 年影印本。

法漠然视之。尤其是现存的《周易本义》《尚书正义》《春秋左传》等宋明刻本，价值难估，不仅是“日本之国宝”，亦可谓是东亚共同的汉文化财富。现不妨根据郑梁生先生的总结，将足利学校所藏儒教典籍择录如下，以窥镰仓以降日本接受宋明新儒学之书籍基础。

表 1－4　　足利学校所藏相关典籍①（约 1439—1466 年传入汉籍）

序号	作者	书名
1	宋朱熹	周易本义
2	宋董楷	周易传义附录
3	宋李中正	泰轩周易传
4	元胡方平	易学启蒙通释
5	元胡一桂	易学蒙启易传
6	元董真卿	周易会通
7	宋蔡沈	书经集注
8	明永乐敕撰	书经大全
9	宋朱熹	诗集传
10	元李公凯	毛诗句解
11	宋胡安国	春秋传
12	宋林尧叟	春秋左传直解
13	宋朱申	春秋左传句解
14	明永乐敕撰	春秋大全
15	元陈澔	礼记集注　文公家礼纂互集注
16	元程复兴	四书章图通义
17	宋真德秀	大学衍义
18	明陈祚	小学书解
19	宋朱熹	延平问答
20	明永乐敕撰	性理大全

表 1－5　　足利学校所藏相关典籍（约 1596—1615 年传入汉籍）

序号	版本	书名	册数	遗存
1	宋椠本	周易注疏	十三册	存

① 参见郑梁生《元明时代东传日本的文献》，（台北）文史哲出版社 1984 年版，第 112—115 页。

续表

序号	版本	书名	册数	遗存
2	宋椠本	周易会通	八册	亡
3	宋椠本	毛诗注疏	三十册	存
4	宋椠本	诗集传	二册	存　缺本
5	宋椠本	礼记正义	三十五册	存
6	宋椠本	尚书正义	八册	存
7	宋椠本	周礼郑注	二册	存
8	元椠本	礼记集说	五册	存
9	唐刊本	文公家礼纂互集注	一册	亡
10	宋椠本	春秋左氏传	十册	亡
11	明刊本	大学衍义	十册	存
12	唐刊本	礼部韵略	三册	亡
13	元椠本	十八史略	二册	存
14	宋椠本	春秋左氏传注疏	二十五册	存
15	明刊本	史记索隐	一册	存
16	明刊本	后汉书	二十册	存
17	明刊本	续通鉴纲目	十三册	存
18	唐刊本	小学书解	四册	
19	明刊本	增广注释音辩唐柳先生集	五册	存
20	古活字体	庄子虞齐口义	八册	存
21	宋椠本	六朝注文选	二十一册	存
22	明刊本	唐诗正声	四册	存

金泽文库是镰仓时期另一所不能不提及的藏书阁，建立于1247—1276年。金泽文库由好学向上、嗞爱汉籍之武将北条实时在金泽称名寺创建文库而定名。北条实时师从文学大家清源教义修习儒学，收集儒书，充实书库，一时名扬天下，学僧汇聚于此，历经几代，规模宏巨，堪为当时日本之最。然而随着北条氏的衰落，文库虽由称名寺管理，但其藏书损坏散佚严重，不少流落他处。

根据相关研究，我们亦可大致了解到金泽文库曾藏儒家相关汉籍之情况。

表 1－6　　金泽文库藏相关汉籍①

序号	版本	书名	册数	所藏
1	宋椠本	春秋谷梁传集解		蜂须贺侯爵家收藏
2		集韵	九册	图书寮收藏
3		春秋公羊传正义		见于《罗山文集》卷五十
4	宋椠本	尚书正义	十七册	图书寮收藏
5	宋椠本	论语注疏	五册	图书寮收藏
6	宋椠本	荀子		求古堂旧藏
7		小学		见于新井白石《退思录》
8		后汉书		见于大森金五郎《金泽文库沿革》
9	宋椠本	南史	一册	称名寺收藏
10	宋椠本	太平寰宇记	二十五册	图书寮收藏
11	宋椠本	南华真经注疏	二页	称名寺收藏
12	宋椠本	诸病源候论		怀仙阁藏
13	宋椠本	太平圣惠方	四十六册	尾张德川侯爵家收藏
14	宋椠本	杨氏家藏方	七册	图书寮收藏
15	宋椠本	初学记	十册	图书寮收藏
16	宋椠本	锦绣万花谷零本/卷目	四册/一卷	求古楼/静冈县龙潭寺收藏
17	宋椠本	昌黎先生文集		崇兰馆收藏
18	宋椠本	柳文	一册	静嘉堂文库收藏
19	宋椠本	王文公文集	十八册	图书寮收藏
20	宋椠本	崔舍人玉堂类稿附西垣类稿	八册	图书寮收藏
21	宋椠本	大藏经	全	称名寺收藏
22	宋椠本	世说新语		图书寮收藏
23	宋椠本	新编类要图书注本草		聿修堂收
24	宋椠本	备急千金方要		上杉伯爵家收藏
25	宋椠本	处台秘药方	十一册	图书寮收藏
26	宋椠本	太平御览	百十四册	图书寮收藏
27	宋椠本	画一元龟	十八册	图书寮收藏

① 参见郑梁生《元明时代东传日本的文献》，（台北）文史哲出版社 1984 年版，第 119—121 页。

续表

序号	版本	书名	册数	所藏
28	宋椠本	宋景文集	六册	图书寮收藏
29	宋椠本	东坡集	十七册	图书寮收藏
30	宋椠本	六臣诗文选	二十一册	足利学校收藏
31	宋椠本	大藏经残本	四百六十贴	称名寺收藏
32	宋椠本	科注法华经	六册	称名寺收藏
33	宋椠本	大慈恩寺三藏法师传	八贴	称名寺收藏
34	宋椠本	弘明集		称名寺收藏
35	宋椠本	重编天台诸文类集	二册	称名寺收藏
36		明儒愿文集	一册	称名寺收藏

综上所述可见，中世的汉籍留布以及禅僧的汉籍阅读，已经为禅僧提供了一个非佛典的儒家知识文化空间。在这一汉籍和儒家典籍的知识载体导引下，禅僧对儒家典籍的接受甚至以儒家汉籍为中心的知识体系已经初步成形。

第四节　五山禅僧的涉儒

五山禅僧除了佛典之外的汉籍阅读，范围极其广泛，经史子集皆有涉及，特别是诗歌文集，可谓是禅僧的最爱。翻检《五山文学全集》可知，禅僧们从先秦诸子到汉晋唐宋诗文以及流行的小品文，均有非同一般的爱好和广泛的阅读。在此根据五山禅僧文集中所涉中国典籍，稍加总结，以窥其对儒家经典的阅读和理解。

表 1－7　　五山禅僧所涉儒学简况

序号	僧名	关涉儒学内容	所依文献
1	虎关师炼	诗经、尚书、周易、春秋、中庸、论语、孟子、荀子、二程、朱子学	《东海一謳集》
2	雪村友梅	尚书、大学、论语、孟子、周敦颐	《岷峨集》
3	梦窗疏石	诗经、尚书、周易、大学、中庸、论语、孟子	《梦窗语录》、《梦中问答集》
4	中岩圆月	孟子、荀子、扬子、周易、礼记、二程、中庸、论语、朱子学、仁义、性情、方圆	《东海一謳集》、《空华集》
5	义堂周信	孝经、诗经、尚书、春秋、礼记、大学、中庸、论语、孟子	《空华集》

续表

序号	僧名	关涉儒学内容	所依文献
6	绝海中津	诗经、尚书、周易、春秋、礼记、大学、中庸、论语、孟子、荀子	《绝海语录》、《蕉坚集》
7	仲方圆伊	中庸	《懒室漫稿》
8	岐阳方秀	周易、大学、论语	《不二遗稿》
9	惟肖得严	大学、论语	《东海橘华集》
10	东沼周曮	中庸、论语、孟子	《东沼和尚语录》、《流水集》
11	云章一庆	大学、论语、朱子学	《云章和尚行状》、《云桃抄》
12	翱之惠凤	二程、周易、中庸、论语、	《竹居清事》、《竹居西游集》
13	季弘大叔	尚书、周易、大学、中庸、论语、孟子	《蔗轩日录》、《蔗轩遗稿》
14	桃源瑞仙	诗经、尚书、春秋、周易	《百衲襖》、《蕉雨稿》
15	横川景三	诗经、尚书、易经、中庸、论语	《補庵集》、《補庵京华续集》、《小補东游续集》
16	了庵桂悟	阳明学	《东福了庵和尚语录》
17	景徐周麟	诗经、易经、论语	《翰林葫芦集》
18	月舟寿桂	周易、大学、论语	《幻云文集》、《幻云诗稿》
19	策彦周良	周易、论语	《初渡集》
20	桂庵玄树	大学、论语、中庸、孟子	《岛阴集》
21	文之玄昌	周易、大学、中庸、论语、孟子	《南浦文集》

从五山禅僧的文集所涉及的儒家典籍来看，禅僧们对儒家的四书五经都已有相当的了解和阅读，而且从其文集中，还可以看到禅僧对儒家思想认识不乏深刻和独到之处。

第二章　入日华僧与中世政教关系

——以一山一宁为中心

入日华僧带给日本的影响，无论是在政治方面，还是在思想文化领域，意义重大。就此方面的研究，中日学者均有不俗的表现。由于中日学界在古代中日关系史研究领域，较少受到政治和民族主义情绪之影响，而且主要的研究方法大都基于史实考证和脉络梳理，所以对其的认知和评价以正面居多。就总体而言，虽然入日华僧人数不为多，但影响之大，诚为共识。就其入日华僧之事实的梳理与史实之重建，因资料寡少，且不少藏于中日地方志、文人笔录和一些寺庙，故入日华僧的不少问题，尚有待于新的史料之发现。

在 13—17 世纪的东亚海域素有"禅僧时代"之说，入日华僧达数百人之巨。在至日本的华僧中，兰溪道隆、兀安普宁、无学祖元以及一山一宁等名僧乃是研究前近代尤其是中世中日关系屡被提及的人物。如果从入日华僧的影响方面而论，一山一宁的存在或许最具有典型性，故对其的研究也相对较多一些。[①] 基于学界的已有研究，在此基于中日两国史料对一

① 由于一山一宁系元日交流史上不可不提及的重要人物，故国内不少学者对其予以了关注，且对其的研究基本上理清了一山一宁之人物事迹及其在中日文化交流史上的重要作用。参见毛德传《元国信使一山一宁东渡初探》，《史学集刊》1983 年第 6 期；包江雁《"宋地万人杰本朝一国师"——高僧一山一宁访日事迹考略》，《浙江海洋学院学报》（人文科学版）2001 年第 3 期；朱颖、陶和平《试论一山一宁赴日在中日关系发展史中的作用和意义》，《日本研究》2003 年第 2 期；郧军涛《高僧一山一宁东渡日本与元代的中日文化交流》，《陇东学院学报》（社会科学版）2004 年第 3 期；方匡水《一山一宁书学渊源探析》，《大舞台》2012 年第 4 期；黄夏年《从一山一宁到一国一宁》，《世界宗教研究》2014 年第 2 期；霍耀林《一山一宁在日本的交游情况——以武家、公家以及其他僧人为中心》，《黑龙江史志》2014 年第 5 期；姚文清《论元代禅僧一山一宁出使日本及其影响》，《福建师大福清分校学报》2016 年第 4 期；汪徐莹《一山一宁的身份认同与日本建构的"中国"》，《日语学习与研究》2017 年第 4 期；楼筱环、张家成《元代普陀山高僧一山一宁》，宗教文化出版社 2009 年版；释觉多《赴日元使一山一宁禅师及其禅法》，宗教文化出版社 2013 年版。对一山一宁之研究情况的综合性把握，可参见霍耀林《一山一宁研究述评》，载《人间生活文化研究》2015 年刊。

山一宁的记载，试对一山一宁之思想再加以探研，主要是从政教关系之视域对其在五山禅林之影响进行考量，以一窥入日华僧在日本中世禅林之地位与生存处境。

第一节　日本对一山一宁的认知变迁

一山一宁于大德三年（日本正安元年，1299年）初至日本时，北条贞时将其视为“元寇”之“间谍”，软禁于伊豆（今静冈县）之修善寺。如果从日本的角度来看，这一做法也未尝没有一定的道理，毕竟元朝征伐日本之“蒙古来袭”的恐惧和痛感并没消失，而且一山一宁赴日确实携带着元朝的政治使命。元成宗孛儿只斤·铁穆耳命江浙释教总统妙慈弘济大师、补陀僧一山一宁携诏书出使日本。诏书曰：“有司凑陈，向者世祖高皇帝尝遣补陀禅僧如智及王积翁等两奉玺书通好日本，咸以中途有阻而还。爰自朕临御以来，绥怀诸国，薄海内外，靡有瑕遗，日本之好，宜复通问。今如智已老，补陀僧一山道行素高，可令往谕，附商舶以行，庶可必达。朕特从其请，盖欲成先帝遗意耳！至于惇好息民之事，王其审图之。”①

从此诏书可见，对于与日本之通好，元世祖忽必烈曾派如智和王积翁出使过日本，但中途遇阻，未能成行。成宗登基临政以来，心怀海外，放眼诸国，欲与周围诸国有所交好。故此次派遣道行甚深之补陀僧一山一宁携带诏书，搭乘商船，前往日本，以传达成宗欲与日本交好之意。一山一宁受中央朝廷之派遣，携带成宗之国书，所以亦不难判断出这是一次具有蒙古朝廷意志的国家政治行为。但当一山一宁至日本时，北条贞时基于一种“政治意图”和国家行为，将其视为刺探日本情报之“间谍”，收监软禁至伊豆修善寺。如果了解到元朝曾于1274年、1281年两次远征日本，“蒙古袭来”给日本带来的冲击和影响，那么对北条贞时软禁具有官方政治背景入境的一山一宁，便不致那么诧异，或许能多一分理解。

尽管北条贞时将一山一宁软禁至伊豆的修善寺，但从一山一宁的日本弟子虎关师炼对其师入境日本时的轰动场面和壮观景象之记载，即可了解到一山一宁禅风与道行之高：“伏念堂上和尚（一山一宁）往己亥岁，自

---

① （明）宋濂等：《元史卷二十》（第二册），中华书局1976年版，第2页。

大元国来我和域，象架侨寓于京师。京之士庶，奔波瞻礼，腾沓系途，惟恐其后。公卿大臣，未必希倾于禅学，逮问师之西来，皆曰：大元名衲过于都下，我辈盖偷眼其德貌乎？花轩玉骢，嘶鹫鳍驰，尽出于城之郊，见者如睹，京洛一时之壮观也。某时怀一香，虽众伍而展拜，当时人甚多矣，如今事已久矣。料想师之不必记焉。”① 虎关师炼是一山一宁的高足，尽管虎关师炼的笔法难免有夸张之嫌，不过元成宗能将一山一宁选为一国之使节，并委以与日本冰释前嫌且通好之大任，亦可推测出一山一宁非泛泛之辈。一山一宁在软禁于伊豆修善寺之时，朝乾夕惕，宵衣旰食，虔诚礼佛，诵经修行。一山一宁的行为，也改变了北条贞时对其刺探军情、劝降日本的认知，遂迎接一山一宁至镰仓，出任建长寺第九代主持。其秉承兰溪道隆、兀安普宁、无学祖元、清拙正澄等禅师之佛统，开坛授法，传灯兴禅，遂使得建长寺居镰仓五山之首。值得注意的是，北条氏恭迎一山一宁担任镰仓建长寺之住持，亦有其政治上的考量。经承久之乱而手握权柄的北条氏，政治根基并非牢固，尤其对京都公家的控制心余力绌，有所不逮。公家等贵族大多依赖于天台宗和真言宗等旧佛教，而一山一宁所弘法的乃是极具革新气象和民众欢迎的禅宗。北条氏以宋之新起而传来的禅宗为宗教依托，势与京都公家之天台和真言之贵族旧佛教相抗争，以强化自身的政教基础。

一山一宁掌管建长寺：“十方无壁落，四面亦无门，弹指一下云：者里入得，别是乾坤。据室，拈柱杖。里者道得也打，道不得也打。百炼之金，更需入火。”② “毕竟太平时世，说甚干戈。所以山僧，万里西来，只为素面相呈，更无劳攘。然虽如是，卓一下云：将次身心奉尘刹，是则名为报佛恩。”③ 与其说一山一宁在日已将元成宗之与日交好之国家使命抛之云霄之外，莫不如说一山一宁以自己的修行与佛法，完成了中日交好的历史使命。一山一宁修建寺庙，且以德行威仪感化他人，在建长寺三年，“别是乾坤”，其才学和修为受到了日本朝野王公贵族和僧俗信众的信赖与尊重。

① 虎関師錬：《济北集》卷十二，上村観光编《五山文學全集》第一卷，（京都）思文閣出版 1992 年版，第 143—145 頁。

② 侍者了真等编：《一山国师妙慈弘济大师语录》卷上，佛陀教育基金会：《大正新修大正藏》第 80 册，（台北）财团法人佛陀教育基金会出版 1990 年版，第 313 页。

③ 侍者了真等编：《一山国师妙慈弘济大师语录》卷上，（台北）财团法人佛陀教育基金会出版 1990 年版，第 314 页。

于是乎，一山一宁，声名日隆，受邀讲法和主持开建寺庙之开山者络绎不绝。比如深受北条氏信任的郡守金剌满贞曾就邀请一山一宁为慈云新寺开山讲座，以弘佛法。即便与北条氏有隙而不和的后宇多天皇也仰慕一山一宁之道风，极力邀请一山一宁至京都弘法作讲。[①] 或许鉴于北条氏与后宇多天皇之关系不睦，一山一宁在北条贞时去世后才至京都，出任南禅寺住持。后宇多天皇也是亲自至南禅寺，为一山一宁建造慈济庵，一山一宁作偈以谢之：“结庵聊为养哀残，敢望黄明顾野菅。陋巷士民瞻宝杖，近邻儿女觌尧颜。和融阳绚生寒谷，赫奕衣冠耀掩关。感荷睿恩三祝愿，福同东海寿南山。”一山一宁的谢诗虽然写得有点谄媚，但毕竟感恩的是天皇。一山一宁主持南禅寺，勤劬勉力，日操夜劳，积劳成疾，病魔侵身，遂隐遁越州。后宇多天皇下书慰瑜：“南禅长老一山禅师：朕闻之道价久矣，所以下诏关东，以官差请来也。一得会晤，宛如获司南之车也，慕德钦风。三阅青黄，而闻有心退席，而数数理行装也。去年亲谒宝刹，为勾之也。近者亦听打拼行李，书以慰瑜，公乃屈蒲轮来，诺许朕意。不料，暗里出城，远涉山川矣。若得回来再相见，必许随自便，养病庵中。追于怀琏之古风也，何须更归东关矣。直绕燕居南禅东堂，使小师等，如元安著，有何不可。宁又有魔贼之扰乎？大都公长化此方，广结四众之缘，则朕所愿者也。宜快归来也。”[②]

或许正是感念于后宇多上皇之盛意，一山一宁于正和四年（1315 年）返回南禅寺慈恩庵。在一山一宁辞世之文保元年（1317 年）的两年间，后宇多上皇多次赴南禅寺慈恩庵看望并问道于一山一宁。一山一宁在临终之际，也是手书遗表，对后宇多上皇之关照感激涕零：“顿首。法皇陛下圣驾幸本山，实淄门观光也。不幸卧疾数日，百体举而不仁，不能再瞻望龙颜，大变时至，幻质将摧，僭摅忠情，入无生三味耳！……横行一世，佛祖饮七。箭既离铉，虚空落地。”[③] 后宇多上皇见其遗表，悲痛欲绝，敕令将一山一宁藏于龟山法皇陵侧，亲赐“法雨”之额，并题其像赞曰：“内充而道机，外发而德仪。竹篦横挥兮，威风动沙界。金欗斜塔兮，慈云覆

① 侍者了真等编：《一山国师妙慈弘济大师语录》卷上，（台北）财团法人佛陀教育基金会出版 1990 年版，第 321 页。

② 師蠻：《本朝高僧伝》卷二十三，仏書刊行会编纂：《大日本仏教全》（第 102 册—本朝高僧伝），（東京）名著普及会 1979 年版，第 332 頁。

③ 侍者了真等编：《一山国师妙慈弘济大师语录》卷上，（台北）财团法人佛陀教育基金会出版 1990 年版，第 332 页。

坤维。拓开人天区域，培破佛祖藩篱。宋地万人杰，本朝一国师。"[①] 一山一宁本为元成宗派遣至日本的使臣，但在后宇多天皇看来，一山一宁非"元寇"之臣，而是宋地之人杰，德行高迈，佛法无垠，至日本长居，俨然已是日本一国之"国师"。

后宇多天皇将一山一宁葬于龟山法皇陵侧，且钦定为"国师"的作法，无疑具有多方面的政治和宗教意涵。倘若考虑到中世的日本政教不分，天皇、朝廷、幕府、王公贵族均以佛教寺庙和庄园为依托，对佛教势力的接纳甚至可以说是笼络，乃是政治安定的重要条件之一。一山一宁至日本，先是被北条氏接纳。在北条氏接纳的同时，基于一山一宁对日本佛教势力的影响，后宇多天皇亦积极多方联络一山一宁。北条氏逝世后，后宇多上皇更是倾尽全力，力邀一山一宁入住皇家贵族之南禅寺。后宇多天皇对一山一宁的尊敬，除了本身对一山一宁佛法道行之尊崇外，很难说没有收拢政治、强化佛教势力之政治上的考量。而且，后宇多天皇本是天台宗、真言宗等旧佛教势力的代表和最高权力之"法皇"，而接纳并引一山一宁之禅宗新佛教势力为知己，更是绝大的政治和宗教之大手笔。引一山一宁之禅宗新佛教势力入怀，后宇多天皇遂亦成禅宗新佛教之代言人，以此敉平新旧佛教之冲突，也强化其政治势力。对于一山一宁来说，"法不依国不立"之政治良训，使其在加强自我佛法道行修为之同时，与北条氏和后宇多天皇的政治联营，一方面强化了自身的政治和宗教地位，另一方面也利于弘法和佛教之传播。一山一宁和北条氏与后宇多天皇的联营，可谓是一场空前的政治与宗教两方利益雨露均沾的"双赢"行为。

第二节　一山一宁的灯传法脉与禅法思想

佛教中国化的一大表现即是传灯之史的构筑，易言之，就是寻根溯源，理清传承法嗣，构建其师传法脉，所谓"师唱谁家曲，宗风嗣阿谁"即是此表征。一山一宁之师承法脉，在其自身的偈颂和语录中，多有述及。偈颂《痴绝祖翁》载："离蜀已领列祖业，到南深中曹源毒。但余穷相一双手，惯向诸方妙搜抉。法性海宽波澜阔，一生秒转风雷舌。始自秀

① 侍者了真等编：《一山国师妙慈弘济大师语录》卷上，（台北）财团法人佛陀教育基金会出版1990年版，第333页。

水至陵宵，五十余年兴巨擘。当机妙用诣晴法，触破砂盆恣除灭。行婴儿行无少缺，一片身心坚似铁。王臣多居弟子列，老去为人尤直截。我惭庸味嗣余烈，西往玉山心屡折。”① 在《住日本国相模州巨福山建长兴国禅寺语录》曰：“此香无些子气息，且要炙地熏天，供养前往大汤庆元府阿育王山广利禅寺顽极老和尚，用酬法乳之恩。”② 由此可知，一山一宁的授业恩师乃是阿育王寺的顽极行弥。而顽极行弥是临济宗虎丘绍隆师门痴绝道冲的弟子，属曹源法系一脉。易言之，一山一宁乃是临济宗杨岐派第十世法脉之嗣。其灯传法系清楚明了：菩提达摩——慧可——僧璨——道信——弘忍——慧能——南岳怀让——马祖道一——黄檗希运——临济义玄——兴化存将——南苑慧嵎——风穴延沼——首山省念——汾阳善昭——石霜楚圆——杨岐方会——白云守端——五祖法演——圆悟克勤——虎丘绍隆——应庵昙华——密庵咸杰——曹源道生——痴绝道冲——顽极行弥——一山一宁。③

从禅宗传灯谱系观之，一山一宁处临济宗杨岐派法统。虽禅宗各派在启门、参禅和传法方式上，各有不同，但在大的统系上并没有超越禅宗的思想和参禅法门。就一山一宁之杨岐派来说，其参禅与传法方式仍在临济宗“四宾主”“四照用”和“门庭施舍”之方便法门上。由于一山一宁的影响，远远超过其流传的文字记载，故对其禅法思想的把握，似不易得出一些较为全面和细致的看法。因此，只能根据《一山国师妙慈弘济大事语录》之相关记载，尽可能大致地概括出一山一宁的一些禅法思想和参禅原则。

（1）正见。正见乃是佛之八正道的基础，是对所有参禅者最低限度的要求。一山一宁要求门弟子在学佛参禅时，要持有正见，万不可“认驴作马”，是非混淆。按其记载：“今朝七月五，一雨洗绊暑。禅声古树头，蛩韵清莎下。达摩只道个不识，老卢只道个不会。是汝诸人聚头商量，恣意妄想。拍膝云：且莫认驴作马。”“一叶落天下秋，一尘起大地收。释迦老子不晓事，只管说黄道黑。达摩大师不安分，来游赤县神州。将军射得蓝

① 侍者了真等编：《一山国师妙慈弘济大师语录》卷上，（台北）财团法人佛陀教育基金会出版 1990 年版，第 328 页。

② 侍者了真等编：《一山国师妙慈弘济大师语录》卷上，（台北）财团法人佛陀教育基金会出版 1990 年版，第 314 页。

③ 参见释觉多《赴日元使一山一宁禅师及其禅法》，宗教文化出版社 2013 年版，第 77 页。

田虎，细看原来是石头。”[①] 从此两教人参禅悟道之例观之，一山一宁对学佛参禅之第一要求即是学佛者要具有真正的见解和辨别能力，千万不可认石为虎、认驴作马，而要持有真正之正见。只有持有正见，方可以法修行，了解世间之因果缘起，避免邪思、邪见和邪说之惑。

（2）人人具佛性思想。人人皆具佛性思想，虽是佛教弘法的基本说教，但如何能证明人人皆具佛性，即佛性如何可能之命题，却是各个佛家分判高下的一大评判标准。一山一宁大致亦是按照禅宗比喻之说教手法，要参禅者自信本具佛性，可无需外求。“闰七月旦，谢檀那赠给庄田并祈雨，上堂。者片田地人人有分，须得契券分明，方可下无明种，结三毒果，更得慈云密布，甘泽普洽，根茎大小，悉得蒙润，然后成熟。可以济彼饥虚，咸令饱足。所以古者道：心地含诸种，普雨悉皆萌，顿悟花情已，菩提果自成。福山（一山一宁）与么道，莫有知惭识愧么？如无，三年一闰，五年再闰。”[②] 从此说法可知，一山一宁用“者片田地人人有分”之比喻来暗示人人皆有佛性、人人皆可成佛。

（3）即心即佛，破邪显正。在思考“如何是佛”“如何能使此心明了”之问题上，一山一宁强调“举心即错，动念即乖”，从即错即乖之思维心性层面破除障道因缘。一山一宁曾在祖印寺冬至上堂云：“晷连推移，日南长至，三家村里烂牛屎，动地放光。十字街头垃圾堆，演大法义。何以见得？不见道，是法住法位。”[③] 而且，在开启弟子、说法时，一山一宁继承了临济宗“呵佛骂祖”、杀活自在等方便法门，通过对佛祖之批判，以达到开启众弟子开悟成道之目的。“佛生日，上堂。指天指地，露丑举止，唯吾独尊，旁若无人。二千年前，不可放过。二千年后，放过不可。下座，诣大佛殿，更与验过。”“佛涅槃，上堂。摩胸告众，嵩刀之刃岂可剸洪钟，桴示双趺强弩之末不能穿鲁蒿。实则是，宝陀（一山一宁）今日且作死马医。拈起佛子云：紫金光聚，白毫相辉，从教万古风吹。”[④] 一山

---

① 侍者了真等编：《一山国师妙慈弘济大师语录》卷上，（台北）财团法人佛陀教育基金会出版1990年版，第316页。

② 侍者了真等编：《一山国师妙慈弘济大师语录》卷上，（台北）财团法人佛陀教育基金会出版1990年版，第316页。

③ 侍者了真等编：《一山国师妙慈弘济大师语录》卷上，（台北）财团法人佛陀教育基金会出版1990年版，第324页。

④ 侍者了真等编：《一山国师妙慈弘济大师语录》卷上，（台北）财团法人佛陀教育基金会出版1990年版，第312—313页。

一宁对于佛陀之智慧与功德并没有歌功颂德，相反却认为佛陀指天指地、唯我独尊之行为举止，乃是一种旁若无人、自高自大的表现。对于一些弥勒佛和释迦佛，一山一宁也给予了批评：“十五日已前，外不放入；十五日已后，内不放出；正当十五日，不出不入，非内非外。释迦、弥勒恶口阐提；文殊、普贤屠儿魁脍。”① 呵佛骂祖、骂菩萨、谩骂师傅之行为，在禅宗世界中不乏鲜见。佛、菩萨、祖师不过仅仅是个假名而已，不能当成一成不变的真实存在，佛在本质上所追求的乃是缘起性空，参悟诸法实相，理清诸法本空方为参禅悟道。

（4）道在目前，修行不离世间。佛教修行，虽追求出世间，但禅僧却在世间修行，故修行无需离开世间而追求出世间。而且在禅宗看来，担水砍柴、吃饭睡觉、宾客往还、送往迎来，皆是禅道。日常生活，处处可藉事练心，时时可用功办道。世间之事，一切皆可明心见性、顿悟成道。在看待心外之声色问题上，多有一山一宁之公案。“恁么说话，何异将油洗皂，只如节逢元夕，是处管弦拂月，灯火烧空。衲僧家，到眼是色，入耳成声，毕竟是法耶？离法耶？江南地暖，塞北天寒。”“云门示众云：闻声悟道，见色明心。观世音菩萨将钱买胡饼，放下手却是馒头。竖其佛子云：者个是色？击佛云：者个是声？道作么悟？心作么生明？掷拂于后云：莫教错认定盘星。”② 出世间离不开入世与尘世，佛国净土也是相对于尘世凡间而存在。对于色、声、道、明、悟等佛教教义，凡间夫子与入门僧众难免寻不着入门门径，就如同胡饼和馒头是截然不同之物一样。但对于悟道之菩萨而言，早已摒除二元对立之成见，见物、闻声，事事已圆通无碍。倘若无法分辨之，便可能陷入虚妄颠倒之弊障而无法解脱。

大而言之，一山一宁对参学者的教学和开悟方法，并没有溢脱出临济禅法的特点。关于临济宗禅法的特点，前贤亦有相当的概括：“临济宗者，大机大用，脱笼络，出窠臼，虎啸龙奔，星驰电激。转天关，斡地轴，负冲天意气，用格外提持，卷舒擒纵，杀活自在。是故示三玄三要、四宾主、四料捡、金刚王宝剑、距地狮子、探竿影草、一喝不作一喝用、一喝

① 侍者了真等编：《一山国师妙慈弘济大师语录》卷上，（台北）财团法人佛陀教育基金会出版1990年版，第315页。

② 侍者了真等编：《一山国师妙慈弘济大师语录》卷上，（台北）财团法人佛陀教育基金会出版1990年版，第312页。

分宾主、照用一时行。”[①] “临济家风，全机大用，棒喝齐施，虎骤龙奔，星驰电掣，负冲天意气，用格外提持。卷舒纵擒，杀活自在。扫除情见，迥脱廉纤。以无位真人为宗，或喝或棒，或竖拂明之。”[②] 对于一山一宁之施教方式，灵石如芝曾概括道：“我一山稣尚传顽翁不传之秘，倡道扶桑，大用峻机，若震霆击。”[③] 关于照用问题，一山一宁曾开示道：“一喝分宾主，照用一时行。喝一喝云：那个是主？那个是宾？作么生照？作么生用？拈拄杖安左边云：宾中有主，主中有宾。拈向中间云：者里见得，宾主混融，照用历落。靠杖云：安旧处著，不得动著。”[④] 而一山一宁对自己的开示方式也有充分的自信，认为自己“别有一路子”：“祖佛行不到处，道不及处，新鳌峰（一山一宁）要举步踏著，开口道著。何故？别有一路子，遂升座。祝圣！罢！问答不录。”[⑤] 对于何谓“别有一野路子”，在一山一宁的语录中，并没有具体的阐释和说明，但从其一些具体实例可对一山一宁“别有一野路子”的禅法有所感悟：“昔日，临济、韶阳、汾阳、大阳各有三句，发明宗要。瑞鹿（一山一宁）却有四句，今日举似诸人。拈拄仗，卓一下云：第一句，又卓云：第二句，又卓云：第三句，又卓云：第四句。一句具四句，四句只一句，不是唐言，亦非梵语。自然句句朝宗，机机相赴，石火光中定主宾，百战场中有文物。掷下云：发机须是千钧弩。”[⑥] 在此，一山一宁对临济宗的义玄、文偃、善昭、警玄以三句教开示诸僧有所体察，而他自己以“四句”阐发禅理要义，这或许就是一山一宁的“别一野路子”。

一山一宁的弘法，基本上也是采取禅宗不立文字、以心传心的做法，或许这与参悟者的佛教经典掌握有关。一山一宁在主持建长寺时，曾对《因看经》表达过这样的看法：“药山不许僧看经，平白遭人检点。福山

① 智昭：《人天眼目》卷二《临济门庭》，佛陀教育基金会：《大正新修大正藏》第48册，（台北）财团法人佛陀教育基金会出版1990年版，第311页。

② 性统：《三山来禅师五家宗旨纂要》，《新纂续藏经》第65册，第255页。

③ 侍者了真等编：《一山国师妙慈弘济大师语录》卷上，（台北）财团法人佛陀教育基金会出版1990年版，第312页。

④ 侍者了真等编：《一山国师妙慈弘济大师语录》卷上，（台北）财团法人佛陀教育基金会出版1990年版，第313页。

⑤ 侍者了真等编：《一山国师妙慈弘济大师语录》卷上，（台北）财团法人佛陀教育基金会出版1990年版，第312页。

⑥ 侍者了真等编：《一山国师妙慈弘济大师语录》卷上，（台北）财团法人佛陀教育基金会出版1990年版，第318页。

（一山一宁）普请僧看经，特地检点他人。道路各别，养家一般。拈拄仗，卓一个云：个里不开缁素眼，牛皮端的也须穿。”[①] 一山一宁在主持南禅寺期间，就《谢大众看藏经》开示为：“三秋景残，千林萧瑟。回雁嗈嗈，吟虫啧啧。的的诸佛玄言，明明西祖消息。直下会得，正是认落叶作黄金。离此别求，又成弃珍珠而寻砂砾。者里两重铁壁相似，须是一一拶透始得。且道，拶透后如何？卓拈柱杖云：铁壁铁壁。”[②] 从这两则施教开示实例来看，一山一宁对经教虽不完全排斥，但也不拘泥于经教，更多的则是要求僧众去聆听心灵的佛音，既不受限于声和色，又要在声和色中寻找佛陀之真音、真谛。

一山一宁在日本所传禅学及由此而形成的禅宗派别，称为“一山派”。一山一宁较为有名的授业弟子主要有：雪村友梅、无相良真、东林友丘、无著良缘、无获良钦、石梁仁恭等。虎关师炼曾侍于一山一宁，所以虎关师炼也算作一山一宁的弟子，且是其中才学最高，亦最为出名，对日本五山禅林影响最大者。对于一山一宁最为著名的两个弟子雪村友梅和虎关师炼，根据是否入华留学之情况，可将其视为“入华游学派”和“本土派”。雪村友梅在华长达22年之久，除向各个高僧名衲学禅问道外，更多时候是与士大夫交往，尤其是他师从著名书法大家赵孟頫学习书法。其多有绘画留世，但诗文创作及语录保存并不多，故对其的研究也数量有限。与雪村友梅相比较，虎关师炼并不曾入华留学，是地地道道的“本土派”，但虎关师炼侍侧于一山一宁之际，向一山一宁问学求道最多：“师（一山一宁）孤坐一榻，不须诵偈，新到远来，出入无间，人便于请参。禅策中无索引，仅事苑而已。往往漫下雌黄者多，江湖患之。及师至理阙疑，然言语不通，乃课觚牍，只字片句，朝咨慕询。师道韵柔婉，执翰酬之，教乘诸部，儒道百家，稗官小说，乡谈俚语，出入泛滥，辄累数副，是以学者推博古。又善鲁公屋漏之法，携纸帛乞拂写者，铁阃或可折矣。”[③]

---

① 侍者了真等编：《一山国师妙慈弘济大师语录》卷上，（台北）财团法人佛陀教育基金会出版1990年版，第314页。

② 侍者了真等编：《一山国师妙慈弘济大师语录》卷上，（台北）财团法人佛陀教育基金会出版1990年版，第321页。

③ 侍者了真等编：《一山国师妙慈弘济大师语录》卷上，（台北）财团法人佛陀教育基金会出版1990年版，第332页。

第三节　佛法作为武器：政治应对

一山一宁在日本的成功，虽依托于自身的佛法修为，但与当时之权柄人物北条氏和权威象征后宇多天皇的交往并得其两者之支持关联甚深。不依国主，则法事难立，自道安以降，就被视为佛之政教关系的不二法门，一直为众僧所秉持。一山一宁出使日本，本受元成宗政治诏令而行，但其在日本谪居期间，与北条氏和后宇多上皇的交往，为其在佛教界的立足提供了政治保障。比如正安元年（1299 年）建长寺开堂升座时，一山一宁即拈香为天皇祝寿："拈香。此香至尊至贵，为瑞为祥。本一真以化育群灵，根至妙而出生万物。恭为祝延今上皇帝圣恭万岁万岁万万岁。恭愿金轮永御，揭中天日月之明。玉烛常调，同大地山河之寿。次拈香。本根秀异，枝叶繁昌。沛膏泽于天潢，布清阴于东国。奉为吏部亲王征夷大将军泊文武官僚同增禄算，伏愿乃心王室益懋维城之功，弘护佛乘不妄灵山之记。次拈香。灵根深固，间气清明。垂恩荫于四方，继芬芳于万世。奉为大檀越相模太守增禄算，伏愿道同佛祖，以深慈拯济黎元；德合乾坤，以至仁镇隆社稷。此拈香。此香无些子气息，且要炙地熏天。供养前往大唐庆元府阿育王山利禅寺顽极老和尚，用酬法乳之恩。"① 一山一宁在正安四年（1302 年）圆觉寺开堂升座时，亦拈香祝圣："此一瓣香，恭为祝延今上皇帝，圣恭万岁万岁万万岁。陛下恭愿，一人端拱，四海隆平，寿考万年，子孙千亿。又拈香云：此香奉为征夷大将军。伏愿寀增禄算，益懋功勋，沛雨露于苍生，固藩垣于东国。又拈香云：此香奉为本寺大檀那。伏愿寿山福海增固增深，德本道芽愈坚愈茂。佐皇猷于有永，隆佛法于无穷。"②

对于佛法与日本政治的关系问题，一山一宁有一个基本的态度："灵山佛法付王臣，今日扶桑话又新。一道恩光遍尘刹，东溟天晓涌金轮。"③ 故当北条贞时邀请他开坛弘法时，他对北条贞时倾心感谢："于无为中示有为，建立无边胜妙事。幻成宝殿极严丽，摧残光明耀心目。地藏大士恒

① 侍者了真等编：《一山国师妙慈弘济大师语录》卷上，（台北）财团法人佛陀教育基金会出版 1990 年版，第 314 页。

② 侍者了真等编：《一山国师妙慈弘济大师语录》卷上，（台北）财团法人佛陀教育基金会出版 1990 年版，第 317—318 页。

③ 侍者了真等编：《一山国师妙慈弘济大师语录》卷上，（台北）财团法人佛陀教育基金会出版 1990 年版，第 314 页。

端居，金锡灵珠度群品。于一身中显千身，千身还于一身摄。非色非相非虚空，非大非小非差别。光如帝网相交罗，重重涉入无回互。亦知五部大乘典，无说无闻无所证。而于无闻无证中，显示无作功德力。普令正法常流衍，救世护国悉安宁，名门福庆陪绵绵，德泽滂流遍区宇。”①

简言之，一山一宁作为入日华僧的典型代表，一方面与日本宫廷政治关系密切，另一方面凭借其过人的才华和较高的修为，受到了日本佛教界的认可和遵奉，且言传身教、培养的弟子也对日本中世佛教发展产生了重要影响。一山一宁的身世浮沉，既体现出了元日交流的低迷情形，也反映了日本宫廷政治与佛教势力相争相斗之景象。

---

① 侍者了真等编：《一山国师妙慈弘济大师语录》卷上，佛陀教育基金会：《大正新修大正藏》第 80 册，（台北）财团法人佛陀教育基金会出版 1990 年版，第 316—317 页。

第三章　一山一宁之后：虎关师炼的儒学思想

虎关师炼虽和一山一宁无直接的师承关系，但虎关师炼自言师事于一山一宁。究其实际，虎关师炼思想之诸多方面受到一山一宁的影响。特别是虎关师炼所完成的第一部日本僧传作品——《元亨释书》，颇受一山一宁之启发。

一山一宁在圆觉寺担任住持期间，虎关师炼经常随侍在旁，记其事迹云：“师孤坐一榻，不须通谒，新到远来，出入无间，人便于参请。禅策中无索隐，仅事苑而已，往往漫下雌黄者多，江湖患之。及师至理阙疑，然言语不通，乃课觚牍，只字片句，朝咨暮询。师道韵柔婉，执乘诸部，儒道百家，稗官小说，乡谈俚语，出入泛滥，辄累数幅，是以学者推博古。又善鲁公屋漏之法，携纸帛乞拂写者，铁阃或可折矣。”① 对一山一宁传播朱子学之事，虎关师炼言道：“某（虎关师炼自称）智薄识谫，没见程杨之易说，不能尽解，老师（一山一宁）宏材博学，赖以愚所疑。合程杨之说，深考静究，必有所解，其他日再来伏受咳唾万幸。”② 基于此，中国的日本史家朱谦之指出：“宋学的研究，可以说是从一山开始，自此以后禅僧无不兼儒，蔚成禅学与儒学之一大合流，禅儒合一，参禅者无不倾心宋学。”③

虎关师炼乃是理解五山禅林儒学不可绕行的重要人物之一。就中日学界对虎关师炼的研究而论，相关的论文数量大为可观，但大多集中在汉文

---

① 侍者了真等编：《一山国师妙慈弘济大师语录》卷上，佛陀教育基金会：《大正新修大正藏》第 80 册，（台北）财团法人佛陀教育基金会出版 1990 年版，第 332 页。

② 《海藏和尚〔虎關〕紀年録》，塙保己一編，続群書類従完成会校：《続群書類従》第 9 輯（下），（東京）続群書類従完成会 1927—1933 年版，第 464 頁。

③ 朱谦之：《日本的朱子学》，人民出版社 2000 年版，第 46 页。

学和诗学方面，其他方面虽有涉及，但对其的研究程度则相对有限。[①]之所以如此，主要原因或可能是虎关师炼的作品，诗话居多，且大多是诗文集。由于文献之限，本章也仅针对学界鲜少涉及的虎关师炼的儒学认知及其儒佛关系论述，略加研探。

第一节　虎关师炼对儒家经典的认知

虎关师炼自幼聪颖过人，手不释卷，博闻强识，十岁即有“文殊童

① 对于虎关师炼的研究，中日学界均有不少研究成果，而且中日学界对其研究的着力点基本都集中在文学方面。不过，日本学界也有数篇论文对虎关师炼的宗教思想进行了探讨，可参见田中一松《虎関師錬賛文殊騎獅像》，《国華（852）》1963年7月；石川力山《元亨釈書と虎関師錬》，《印度學佛教學研究21（2）》1973年；ささきともこ《虎関師錬の詩的基盤（〈特集〉日本文学史における漢文学II）》，《日本文学28（7）》1979年；久須本文雄《虎関師錬の儒道観》，《禅文化研究所紀要（11）》1979年6月；ささきともこ《『元亨釈書』達磨伝について》，《日本文学33（12）》1984年；比留間健一《虎関師錬の韓愈評価について：韓愈の排仏への態度を中心に》，《上智大学国文学論集19》1986年1月；千葉正《虎関師錬における密教理解》，《宗学研究（38）》1996年3月；海老根聡郎《海蔵院蔵虎関師錬像》，《國華（1218）》1997年4月；野尻（藤田）かおる《『元亨釈書』と葉貫先生の思い出：虎関師錬が採った拓本（葉貫磨哉先生追悼号）》，《駒澤史学58》2002年3月；祁晓明《日本詩話における陶淵明論について——虎関師錬の陶淵明批判》，《大阪大学言語文化学12》2003年；太田亨《「蒼生」語について——虎関師錬の「詩話」を中心に（六朝詩の語彙および表現技巧の研究）》，《中国古典文学研究》2003年12月；直井誠《虎関師錬の中国書法受容とその展開——『済北集』所見の書法観》，《中京国文学（23）》2004年；石塚薫《『元亨釈書』に関する一考察：平安期往生伝から鎌倉期高僧伝への展開》，《佛教大學大學院紀要33》2005年；市川浩史《「円爾弁円」像の形成——円爾弁円と虎関師錬をめぐって（特集中世の禅を読む——円爾弁円とその周辺）》，《季刊日本思想史（68）》2006年；長谷川端《虎関師錬と高師直・河津氏明》，《中京大学文学部紀要（41）》2006年；小嶋明紀子《虎関師錬の賦をめぐって》，《日本漢文学研究2》2007年；千葉正《虎関師錬の密教観再考——『仏語心論』を中心として（第9回学術大会紀要）》，《宗学研究（50）》2008年4月；菊地大樹《虎関師錬の歴史的位置》，《仏教史学研究51（2）》2009年；和田有希子《禅僧と「怪異」——虎関師錬と『元亨釈書』の成立》，《禪學研究（87）》2009年；胡照汀《虎関師錬の『済北詩話』について（日本文学のなかの〈中国〉）——（東アジアの文学圏）》，《アジア遊学（197）》2016年第6期；佐藤秀孝《一山一寧の伝記史料：虎関師錬撰『一山国師行状』の訳註》，《駒沢大学仏教学部研究紀要（75）》2017年；山崎淳《相応寺創建説話における「河陽」と『元亨釈書』（中世小特集）》，《語文（158）》2017年。中国学界对虎关师炼的研究，主要集中在对其诗学思想的探讨上，参见马歌东《论虎关师炼陶渊明“傲吏说”》，《陕西师范大学学报》2006年第3期；郑利锋《虎关师炼称孔子“诗人”删〈诗〉辨》，《社会科学评论》2007年第6期；王辉《宋代诗话与虎关师炼的诗学思想》，《求索》2013年第1期；聂友军《虎关师炼〈济北集〉所见中国观念》，《日语学习与研究》2016年第1期；朱志鹏《虎关师炼与〈济北集〉赋篇研究》，硕士学位论文，浙江工商大学，2013年；穆松《虎关师炼的诗学思想研究——以〈济北诗话〉为中心》，硕士学位论文，南昌大学，2017年。

子”之称。从文集所涉书目以及文章中的典故引用来看，虎关师炼的知识广博程度，可冠盖五山禅林。中岩圆月曾在所著的《东海一沤集》之《与虎关师炼》中对其有如是的评价：“微达圣域，度越古今，强记精知，且善著述，凡吾西方经籍五千余轴，莫不究其奥。”[①]《续群书类丛·二三二卷》之《海藏和尚纪年录》对其贯通儒释道三教之修养亦给予了极高的评价：“况乎我门认一机一境以为禅者乎，师（虎关师炼）为儒亦得，为道亦得，为教亦得，为禅亦得，如斯而所遇，斯乘何，往而不可乎哉。”[②] 虎关师炼佛学方面的修养，此不言及。就其对儒家典籍的涉猎和研读而论，基本上覆盖了儒家的五经等相关著述，且有不少的洞见和卓识。

从虎关师炼所著《诗话》来看，《诗经》应是他用力最勤的儒家经典之一。虎关师炼对《诗经》之作者为周公还是孔子、历代之《诗经》注疏以及流衍均有发言。关于《诗经》的作者问题，虎关师炼肯定孔子之删诗而定《诗经》的观点。最有意思的是，虎关师炼提出“孔子乃诗人”之论断，认为如果孔子不是诗人、不懂诗，怎么能删改《诗经》呢？“古言者，周公惟作鸱鸮，七月二诗。孔子不作诗，只删诗而已。汉魏以降，人情浮矫多作诗矣。两诸乎？”“子曰：不然。周公二诗者见于诗经者乎耳。意周公世，岂唯二篇而已乎。孔子诗虽不见，我知其为诗人矣。何者以其删手也。方今世人不能作诗者，焉能得删诗乎。若又不作诗者。假有删，其编宁行行世乎。今见三百篇，为万代诗法。是知仲尼为诗人也。只其诗不传世者，恐秦火耶。周公单二亦秦火也耳。不则何啻二篇而止乎。”[③] 对于《尚书》中的伦理与正义问题，虎关师炼认为作为儒家经典的《尚书》提倡并规定了儒家君子之善恶以及家庭的伦理本位，之所以在《尚书》的理解上出现问题，很大程度上或可归结于历代注疏者穿凿附会的不实之论：“仕廉诰曰：父子兄弟，罪不相及，况在群臣，君子之善善也长，恶恶也短，恶恶止其身，善善及子孙”，“纣政之三九者基于此乎（中略），然后世之酷虐者，斯言之弊也”，“盖自社戮而之孥戮，自孥戮而之三族，自三

---

① 中巌圓月：《東海一漚集》二，玉村竹二编《五山文学新集》第四卷，（東京）東京大学出版会1970年版，第384頁。

② 《海藏和尚〔虎關〕紀年録》，塙保己一编，続群書類従完成会校：《続群書類従》第9輯（下），（東京）続群書類従完成会1927—1933年版，第464頁。

③ 虎關師錬：《濟北集》卷十一，上村観光编《五山文學全集》第一卷，（京都）思文閣出版1992年版，第228頁。

族而之九族，然则言者可不慎乎"，"况安国注自顺正乎，颖达为诬横讬郑氏，为穿凿，不足为正义也。"[①]

对于《春秋左传》，虎关师炼以为它虽然文辞富瞻，但其"法律"不严，这也是引发诸多争议的原因："春秋左氏传，文辞富瞻，为学者所重，而其法律不严，往往作议者在焉。我于晋事见之矣。"[②]《论语》虽贵为经典，但也存在小的方面的问题："吾谓，论语不经圣删，诸徒交记。其文大醇而小疵。然则鲁人誇国而矫圣言乎。若又孔子一时之戏谑，而赝徒暗识不简牍耶。"[③] 在诸多儒者当中，孟子乃是虎关师炼最为推崇的圣贤。孟子之所以受其推崇，是因为孟子"救世思君"，最具王者情怀和社会关怀："大贤之教，救世思君者，如孟子者鲜矣。为人师者，可不为执轨格乎。"当然，孟子虽是圣贤，但也并非完人，其对君子、法和道的论述，还是有所欠缺的："盖君子之心，忍其未见，不能忍其见也。予谓：孟子之论未尽矣"、"孟子只言法而不言道矣。……夫道者法之本也，法者道之枝也。世宁有伤本而保枝之理乎哉。""予反复孟子之言也，七篇之中多言道矣。特此章先法后道者盖有激乎。"[④] 尤其值得注意的是，虎关师炼对荀子给予了足够的重视和相当高的评价，这一点难能可贵。对于《荀子》中的信陵君，其评价道："呜呼，信陵君无知也。无知者不为君子。……信陵君者，骄者也。骄者，不为君子。……无知而骄，君子不齿矣。信陵只是乱世一侠者也而已"，故"荀子比并而连事于汤武者，为殷周诸君子羞之。"[⑤] 对于唐宋诸家对荀子评价甚低的作法，虎关师炼颇为不满，以为荀子至少在个人品格方面是远胜于唐宋诸儒的："唐宋诸儒剽窃吾教而立言者，皆不及吾况者远矣。"[⑥]

---

① 虎關師錬:《濟北集》卷十九，上村観光编《五山文學全集》第一卷，(京都) 思文閣出版 1992 年版，第 345 頁。

② 虎關師錬:《濟北集》卷十九，上村観光编《五山文學全集》第一卷，(京都) 思文閣出版 1992 年版，第 345 頁。

③ 虎關師錬:《濟北集》卷十九，上村観光编《五山文學全集》第一卷，(京都) 思文閣出版 1992 年版，第 348 頁。

④ 虎關師錬:《濟北集》卷十九，上村観光编《五山文學全集》第一卷，(京都) 思文閣出版 1992 年版，第 349 頁。

⑤ 虎關師錬:《濟北集》卷二十，上村観光编《五山文學全集》第一卷，(京都) 思文閣出版 1992 年版，第 357 頁。

⑥ 虎關師錬:《濟北集》卷二十，上村観光编《五山文學全集》第一卷，(京都) 思文閣出版 1992 年版，第 357 頁。

虎关师炼对儒家经典的理解，绝非浮于虚表，而是有着极为深入的思考。对于《尚书》《孟子》中所争论的伊尹、吕牙去夏、殷之事，他认为伊尹和吕牙都可称得上是当时之仁者，绝非孙子、淳于髡所认为的“间谍”：“盖伊尹欲辅桀，有往来，是孙子所谓在夏也，岂反间之谓乎？吕牙在殷，又非反间也。况汤武大圣，代天行罚；伊吕大贤，佐义去虐。宁存战国暴戾之反间乎？只是孙子欲助之术，悬于伊吕而作言耳。淳于髡曰：尧饮千钟，仲尼百榼。岂其大圣之姿，荒酒至于此哉？战国辨士浮辞诞言，不特孙武也矣。”①

第二节　虎关师炼的“理”论

理是宋明新儒学的核心概念，亦为其最高的评判法则和阐释依据。虎关师炼在接受宋明新儒学后，也将理引为最高原则。虎关师炼对诗词的评述在其作品当中占有相当的比例，其对文学作品甚至可以说对所有问题的评述均以“理”为衡量之准绳。对于诗文之文学作品的评判，“适理”是最高要求：“夫诗之为言也，不必古淡，不必奇工，适理而已。”② 易言之，古淡和奇工之文学技巧，仅仅是表面而已，而要以“理”为最高和最根本之要求。这与儒教所强调的“文以载道”之“道”的诉求，同工而异曲。

对于儒者的认识和评价，在虎关师炼看来，也应以“理”为上。对此问题，在虎关师炼对周公和孔子的评价当中，可一窥其实：“大率上世淳质，言近朴古。中世以降，情伪见焉，言近奇工。达人君子，随时讽喻，使复性情，岂朴淡奇工之所拘乎。唯理之适而已。古人朴而不达者有矣，今人达而不朴之者有矣。何例而以朴共为升降哉。周公之言朴也，孔子之言工也，宁以言之工朴而论圣乎哉。书之文朴也，易之文工也，宁以文之工朴而论经乎哉。圣人顺时立言，应事垂文，岂朴工云乎。然则诗人之评，不合乎理乎！”③

理的贯通和重要性，不仅仅存在于文章的表达与写作中，而是天下的

---

① 虎關師鍊：《濟北集》卷二十，上村觀光编《五山文學全集》第一卷，（京都）思文閣出版 1992 年版，第 356 頁。

② 虎關師鍊：《濟北集》卷十一，上村觀光编《五山文學全集》第一卷，（京都）思文閣出版 1992 年版，第 228 頁。

③ 虎關師鍊：《濟北集》卷十一，上村觀光编《五山文學全集》第一卷，（京都）思文閣出版 1992 年版，第 228 頁。

一切事情，皆以“理”为依据，且不能违背“理”。“汤之盘铭，孔悝之鼎铭，真书而已。不言盘鼎之形功也，故盘铭可移书于鼎焉。只警策而已，何鼎盘之有乎？下逮汉唐，铭词多矣。说浮形，记虚功，只事诞忘，警策忘矣。我门十二时歌，志公并之，赵州赓之。始无时辰，真说而已。后世竟言时辰，变态奇巧罄焉。有愧于盘鼎乎。予曰：天下惟理而已。理若戾乖，虽真说卑矣。理若适宜，奇巧不妨。其中，诞忘而无警策者，不足言矣。夫茅茨土阶者，尧舜之宫室也。干云扰霓者姬周之明堂也，齐圣也。侈俭相戾何乎？系于时也。凡事皆系于时矣。文又当然。不因真说奇巧，惟理而已矣。”①

无论是诗文作品，还是史实之衡估，在虎关师炼看来，“惟理而已”。倘若违背“理”，即便真实无伪，也应引起足够的警戒。反过来说，即便是“奇巧”，但只要“理若适宜”，便可无妨他事。以理来审视一切，恰是宋明儒学的评判原则和根本要求。

第三节 “理”视域下的儒佛关系论述

儒佛一致论，作为虎关师炼儒佛关系论述的基本主张，几乎在所有涉及虎关师炼思想的论述中，均被提及。但有一点尚未被注意及之的是，儒佛之所以一致，根本上是因为“理”是相同的。虎关师炼对朱熹非佛之论的反驳，即是以“理”为立足点进行论述的。在此，不妨就其核心论述冗引如下：

> 《晦庵语录》云：释氏只四十二章经，是他古书，其余皆中国文士润色成之。维摩经亦南北朝时作。朱氏当晚宋称巨儒，故语录中品藻百家乖理者多矣。释门尤甚。诸经文士润色者，事是而理非也。盖朱氏不学佛之过也。夫译经者，十师成之。十师之中润文者，时之名儒。奉诏加焉者，多有之矣。宋之谢灵运，唐之孟简等也。文士润色实尔。然汉文者，非竺理矣。朱氏议我而不知译事也。又维摩经南北时作者，不学之过也。盖佛经西来，皆先上奏，然后奉敕译之，岂闲窗隐几伪述之谓乎？况贝叶梵字不类汉书，故十师中有译语、有度

① 虎關師錬：《濟北集》卷二十，上村観光編《五山文學全集》第一卷，（京都）思文閣出版 1992 年版，第 356 頁。

> 语。汉人之谬，妄不可纳矣。是朱氏不委佛教，妄加污毁。不充一笑。又云：传灯录极陋。盖朱氏之极陋者，文词耳。其理者非朱氏之可下喙处。书者，其文虽陋，其理自见。朱氏只见文字不通义理，而言佛祖妙旨极陋者，实可怜愍。夫传灯之中，文词之卑冗也，年代之错违者，吾皆不取。然佛祖奥旨，禅家要妙，舍传灯犹何言乎？朱氏不辩，漫加品藻，百世之笑端乎？①

从上述引文来看，虎关师炼对朱熹非佛之论的评述，基本上都是在“理”的视域下进行反驳的。通过此具体的实例可以看出，“理”的原则即“合理”至少有三大限度：一是合乎事实之理；二是合乎逻辑之理；三是合乎政治社会人伦之理。易言之，“理”即是一种既合乎历史性又要合乎逻辑性的统一。这一要求，其实并不低，还近乎苛刻。朱熹批判佛教，但朱熹所读书目甚至是在去科举考试的路途中随带书目仍有佛教典籍，用之却反之非之排之，于情于理皆为不合。朱熹的新儒学思想、特别是心性论，在方法论上基本来自佛教，这一点被诸多儒学研究者所证实，由此观之，朱熹的新儒学未尝不是佛教哲学核心的衍生物之一，但朱熹却未曾坦然自承。另外，佛教典籍中确实有违背常理的地方，这一点虎关师炼是承认的。之所以如此，很大程度上是因为翻译的问题。诞生于印度的佛教典籍，传至中原之后，途经汉译才能被识读、理解和接受，而该过程即佛教中国化的过程，事实上就翻译本身而言，就存在不少错误和转译上的问题，出现错误亦在情理之中，如果仅将其作为“武器的批判”，未免对佛教传播和翻译之历史事实缺乏必要的了解和尊重，而朱熹的问题也正在于此。关于佛教传灯录即佛教史的问题，与佛教之不注重世间而注重出世间、探求空的哲学有关，佛教根本上是在追求一种超越性的存在，这与儒家关注社会现实之务实主义理性大异其趣。

尽管虎关师炼在对朱熹非佛的驳论中，从“理”的立场捍卫了佛教，继而对佛教与儒学的差异和关联作出了一些说明，但这一工作基本上是在对宋明新儒学的理解和批判中展现出来的。对于宋明新儒学之程朱二人的思想、特别是二人针对佛教的发言，虎关师炼也进行过反驳和理清。对于程明道的佛教之论，虎关师炼以为程明道批佛教“枯槁恣肆”虽不乏一定

① 虎關師錬：《濟北集》卷二十，上村観光编《五山文學全集》第一卷，（京都）思文閣出版 1992 年版，第 364—365 頁。

道理，但缺乏对佛教修行的深入理解：“举程明道语，佛氏之教，滞固者入于枯槁，疏通者归于恣肆。”“吾徒多焉，枯槁恣肆者寔不少矣。然评其道者，剽索其徒之不善者讬言焉。宁为公议乎。”“彼程氏何为者乎，出言之不经也。痛哉，堂之拙于取舍焉。其布置伤之烦杂，其评论多有乖戾。”① 对程伊川，虎关师炼虽给予了正面的评价，但也颇有微词，认为程伊川之说难免有“强合附会”之嫌：“真具正眼者，终不忘摘其一二句之相似，强合附会，以紊儒宗立天地正人心之大统。”②

朱熹、二程对佛教的批判，使得虎关师炼不得不从一个佛教徒的立场给予一定的反击和澄清。从虎关师炼的反驳之言来看，里面既有事实之理清和说明，也有态度之争，毕竟虎关师炼本质上还是一介禅僧，尽管他接受了宋明新儒学的不少思想和理论，但其论还是以佛为上，其“理”也是佛教理论的一大诉求。在此，需要说明的是，从虎关师炼的诗文集和文章而看，虎关师炼虽是一介禅僧，但其对佛教义理的阐发和解说并不占优。或许，这真是应了禅宗“不立文字”“以心传心”之禅法。

虎关师炼对佛儒关系的一个基本看法是：佛儒一致论。虎关师炼儒佛一致论的主要论述主要集中在儒学的“五常”与佛教的“五戒”的会通与契合之处：“夫儒之五常，与我教之五戒，名义而义齐，不得不合。虽附会，何紊儒哉。其余合句先辈之书多矣。请先取嵩公辅教编，见一遍”，“以佛教见儒道者，人天乘耳。犹不可与二乘竞，况佛乘哉”，“虽然儒释同异，只六识之边际也。至七八识儒无分焉。何合会之有？故曰：儒佛之同异者六识也，非七八识矣。”③

虎关师炼虽然主张佛儒一致论，但并不意味着他主张佛教与儒学的完全同一。在其看来，儒之五常与佛之五戒对人伦和人在社会中处事方式上的约束有相似之处，但在其他方面有重要差别。而且，在虎关师炼以佛教徒的角度看来，在儒佛一致的地方，未尝没有儒学汲取佛教思想的可能性，由于佛教的诞生远早于儒学之形成，故佛教在不少问题上都比儒学更为成熟：“佛教举一身之用者言，益有不上七，损而不下五，谓眼耳鼻舌

① 虎關師錬：《濟北集》卷十七，上村観光编《五山文學全集》第一卷，（京都）思文閣出版1992年版，第315頁。

② 虎關師錬：《濟北集》卷十八，上村観光编《五山文學全集》第一卷，（京都）思文閣出版1992年版，第335頁。

③ 虎關師錬：《濟北集》卷十八，上村観光编《五山文學全集》第一卷，（京都）思文閣出版1992年版，第335頁。

身意也。……只《荀子·天论》曰：耳目鼻口形能各有接而不相能也，夫是之谓之天官；心居中虚，以治五官，夫是之谓之天君。《正论》又有之，我教不入支那之前三百年矣，然言六根者如是备也。唐宋诸儒窃吾教而立言者，皆不及况者远矣。"①

虎关师炼虽主张儒佛一致论，但对儒教与佛教之高下，他还是有自己的判断的。不妨从其对儒学发展史的梳理一窥究竟："夫儒者，支那一域之化也，岂阎浮之通典乎哉？支那亦非阎浮之本邦，堂言人道之始，儒教为主者，是偏狭之言也。又儒为主，两家为伴者，历代天子多顺奉礼乐文物，四海则之之谓乎？以天子顺言奉之，亦有不然时。秦烧儒书，此时不可为主矣。汉文景贵黄老，此时岂为主乎？魏晋之代尊玄虚，亦不得主。因此而言，时势也，非定主也。堂何定主判耶？夫道者以理为主，不以迹为主。以佛教见儒道者，人天乘耳，犹不与二乘竞，况佛乘哉？堂之论不学之过也。"② 显而易见，历经秦朝焚书坑儒、汉代的独尊儒术以及魏晋玄学之发展，儒学才逐渐被统治者所接受，而之所以被接受也是一系列历史机缘和"时势"使然。如果儒佛加以比较的话，可以看出儒学只是在日用人伦的方面可与佛教一争高下，在超越性和抽象性方面，儒学是无法与佛教理论相比的，佛教还是远迈儒学甚多。从佛教的诞生与传播过程、佛教典籍的庞杂以及佛教哲学和义理的深刻程度与儒学进行比较的话，那么佛教作为世界之普世性宗教确实是儒学无法望其项背的，而且佛教传到中国之后，儒学在与佛教的拮抗中不断学习和汲取佛教理论、特别是佛教心性论而形成宋明新儒学之过程来看，佛教的中国化过程也是儒学不断更新和发展的激发因素和一大动力。而佛教对儒学理论的吸收，主要的表现是对时间观念即史传的接受。这一点以佛教撰著传灯录为主要表现形式。也正惟如此，虎关师炼撰写了日本第一部佛教史籍作品——《元亨释书》。从其题目来看，该著之"元亨"二字即是来自儒家经典之《周易》，释当指佛教，在其撰述方法上受《春秋》三传影响既深且巨。

虎关师炼虽不失佛教禅僧捍卫佛教优越之立场，但对儒家士人撰著史书之注意事项，有着充分的了解，而且特别把撰述帝王本纪常用之"祥瑞"手

① 虎關師錬：《濟北集》卷二十，上村観光编《五山文學全集》第一卷，（京都）思文閣出版 1992 年版，第 355—356 頁。

② 虎關師錬：《濟北集》卷十八，上村観光编《五山文學全集》第一卷，（京都）思文閣出版 1992 年版，第 334—335 頁。

法运用于《元亨释书》之中。虎关师炼在元亨二年（1322 年）将《元亨释书》呈献给后醍醐天皇后，就其中的祥瑞问题，专门著文予以解释：“此时，释书有上献也。君子之人谓瑞矣。何也？四灵者，禽兽耳。四者在古也，未必皆出焉。才一代一二而已矣。今释书之所列五百人，其人人高德伟才，崇功神用岂四灵之比乎哉？彼一羽一毛之飞走于郊野也，犹或为瑞焉。此五百圣贤，一时萃于宫阙，宁非大瑞乎？呜呼！宝不自宝，人贵为宝，宝又为瑞。昔、卞和献璧楚武王，武王不受而国乱；又献成王，成王贵之而国兴。因兹见之，宝之用舍者，国之治乱也。况大瑞之国宝乎？”① 在虎关师炼的笔下，禅僧亦为圣贤，乃“大瑞”，儒佛可混为一体，难分彼此。

虎关师炼除了向后醍醐天皇进献《元亨释书》后对祥瑞问题加以解释外，在不同的场合，他也格外重视祥瑞问题。比如见到池中荷花盛开，就此生物自然景象，虎关师炼也会加以联想，认为此乃祥瑞之事，而且藉此还能引申出坐禅所追求的空无境界：“荷莲之见经史者多矣，而水池之所生，不闻原陆之产，独吾西方之书，斑斑在焉。然皆圣贤之瑞应耳，非造化之绚妪也。昔肇公讲于凤篁山，白莲茁岩坞。余枯禅于此，突又未暇黔，何瑞之有邪？讲有为也，荷为瑞可也。禅无为也，荷于吾曷有？”② 荷莲开花本是生物的自然现象，但虎关师炼却以此关联到祥瑞问题，且认为荷莲乃祥瑞之事。不过，从虎关师炼“禅无为也，荷于吾曷有？”之发问来看，他还是无法脱离禅僧之本色，空无问题仍是其日常思考的核心命题，空也仍是其追求的禅修境界。

虎关师炼的汉学造诣极深，儒家所讨论的各个方面的问题，其均有发言，而且引经据典，极为详实。比如在谈论名实问题时，就从远古之殷商谈起，显示出了其极高的史学修养。需要注意的是，虎关师炼对后世之儒家士人持一批判的眼光，认为儒家士人对道德恪守不尽，儒士其实是随时代之发展而有所堕落的：“夫名实之表也，无不实而见名矣。昔者，殷帝甚武，故自号曰武王。周公甚文，故人谥号曰文公。百世之下，尽则之焉。然所其称号者皆德也。士之有志者，或慕名而励德也，或仰德而命名也。故名者士之所以渐德之具也。近世士之道衰者甚矣，以虚称矫号为玩

① 虎關師鍊：《濟北集》卷十，上村観光編《五山文學全集》第一卷，（京都）思文閣出版 1992 年版，第 225 頁。

② 虎關師鍊：《濟北集》卷七，上村観光編《五山文學全集》第一卷，（京都）思文閣出版 1992 年版，第 165—166 頁。

好游戏，匪无道德之进，又绝仰慕之企，只金玉其轴，绮纨其纸，浮辞滥说，雕诈镂伪，滔滔者天下皆是也。呜呼礼乎！以德翁为号，宁淈其泥而扬其波与？余问三皇以治道，五帝以德化，三王用礼，五霸任智。翁之名礼，号德也，可谓求益者乎。”①

从虎关师炼的诗作和文章观之，虎关师炼的学问和识见冠盖五山禅林之首，乃毋庸置疑。虎关师炼在文学史和思想史所占之地位，在日本汉文学史、佛教文学、儒学史之撰述中，均无法绕行之。如果从东亚比较思想史的角度再加以深入研究的话，在虎关师炼的儒释关系论述中，有着鲜明的北宋明教大师契嵩的思想痕迹，这一点鲜有学者提及，留待日后深研。

① 虎關師錬：《濟北集》卷七，上村観光编《五山文學全集》第一卷，（京都）思文閣出版1992年版，第177頁。

第四章　日本中世五山禅僧的“儒化”倾向
——以中岩圆月为中心

受宋学东传之影响，日本中世末期的五山禅僧鲜明地呈现出一种“儒化”倾向。无论是将五山禅僧作为“大陆文化介绍者”[①]、“宋学的传播者”[②] 的角色定位，还是因其接受儒学而将其纳入“禅宗文化的一环”[③] 之把握，均折射出五山禅僧“习儒”之思想时态及其历史影响。稍加具体地说，五山禅僧的“习儒”行为，相当程度上促使了其内部的思想分化和部分禅僧“脱佛入儒”行为的发生。[④] 由于五山禅僧人数众多，个体对儒学的理解、接受及其思考，差异明显，故在对其思想倾向进行整体把握的同时，尚需更多亦更为具体的个案研究。

中岩圆月与虎关师炼号称“五山双璧”，其才其识冠盖五山禅林。当时之另一高僧义堂周信曾对中岩圆月作出过这样的评价：其“学穷理性，文法春秋。奴仆乎辅教之仲灵，与台乎僧史之通惠，可谓才大者矣。”[⑤] 后世学者亦对其给予了极高的评价。上村观光在其所著的《禅林文艺史谭》一书中，直陈：“日本之宋学，兴盛于室町时代，德川时代达到顶峰，文教之治长达三百年，追本溯源，可及中岩圆月。”[⑥] 西村天囚对其亦持同样

---

① 玉村竹二：《五山文學：大陸文化紹介者としての五山禪僧の活動》，（東京）至文堂1955年版，第1頁。

② ［日］永田广志：《日本哲学思想史》，陈应年等译，商务印书馆1978年版，第22页。

③ ［日］家永三郎：《日本文化史》，刘绩生译，商务印书馆1992年版，第103页。

④ 王明兵：《日本中世末期五山禅僧的“儒·释”论争与其内部分化》，《古代文明》2014年第1期。

⑤ 義堂周信：《空華集》卷十一，上村観光编《五山文學全集》第二卷，（京都）思文閣出版1992年版，第1639頁。

⑥ 上村観光：《禅林文芸史譚》，（東京）大鐙閣1919年版，第393頁。

的见解：“镰仓末至南北朝时期，中岩圆月开日本宋学之先河，故遂形成尊信程朱之风潮。”[①] 察学界对中岩圆月的研究，泰半主要集中在诗文注解等文学方面，[②] 而对最能体现其思想状况和理论高度的佛学和儒学方面的研究，则相对有限。[③]

从中岩圆月最主要的作品《东海一沤集》来看，其对儒家之道统人物尧、舜、禹、汤、文王、周公、孔子以及程朱诸儒均有评说，对《周易》《礼记》和《大学》等儒家经典的钻研，亦有相当深度。尽管日本宋学之先河是否由中岩圆月所开之问题存在争议，但中岩圆月在日本早期儒学上的地位则不能漠然视之。基于此，本章主要对中岩圆月的儒家情怀、政治关心以及对儒学的认知等方面加以研探，以期能更为深入地揭示出其对儒家思想理解和阐发的水平与制限，以为评骘。

第一节　淑世情怀与政治关心

在五山禅僧的诗文当中，中岩圆月的诗作与其他禅僧吟风赏月、文物把玩、追寻空境的写作旨趣大为不同。中岩圆月的诗作，近诗史杜甫，忧

① 天囚西村時彦：《日本宋学史》，（大阪）杉本梁江堂 1909 年版，第 51 頁。

② 关于中岩圆月文学方面的研究，可参见今井寛司《釈註中巖圓月「自歴譜」・「中正子」—1—》，《文化史研究（16）》1964 年 8 月；今井寛司《釈註中巖圓月「自歴譜」・「中正子」—2—》，《文化史研究（17）》1965 年 3 月；今井寛司《釈註中巖圓月「自歴譜」・「中正子」—3—》，《文化史研究（19）》1967 年 8 月；蔭木英雄《中巖圓月の人と作品》，《国文学（43）》1968 年 3 月；久木幸男《教育思想の比較文化的考察——中巖圓月の場合を例として》，《教育哲学研究（43）》1981 年；森野知子《中巖圓月詩集訳注：1—15》，《中國學論集（5—19）》1993—1998 年；森野知子《中巖圓月自歴譜》，《中國學論集（20）》1998 年；高文漢《五山文筆僧中巖圓月の世界》，《日本研究（18）》1998 年；野川博之《中巖圓月の宋詞紹介》，《中国文学研究（26）》2000 年 12 月；森野知子《中巖圓月と別源圓旨》，《中國學論集（30）》2001 年；奥健夫《中巖圓月（佛種慧濟禪師）坐像（特輯頂相彫刻）》，《國華 110（3）》2004 年 10 月；金文京《中巖圓月の中国体験——科挙との関係を中心として》，《文学（12—5）》2011 年 9 月。金文京该文以《日本五山禅僧中岩圆月留元事迹考》被翻译成中文，收录于邵毅平编的《东亚汉诗文交流唱酬研究》（中西书局 2015 年版，第 1—16 页）。

③ 关于中岩圆月儒学思想的研究，主要分布在一些有关日本汉学或儒学的通论性著作当中，其论述的系统性和深刻性方面均有进一步深研之必要，代表性的主要有：高田真治：《日本儒学史》，（東京）地人書館 1921 年版，第 48—62 頁；足利衍述：《鎌倉室町時代之儒教》，（東京）日本古典全集刊行会 1932 年版，第 250—265 頁；牧野謙次郎：《日本漢學史》，（東京）世界堂書店 1938 年版，第 44—46 頁；大江文城：《本邦儒學史論攷》，（大阪）全國書房 1944 年版，第 18—23 頁；久須本文雄：《日本中世禅林の儒学》，（東京）山喜房仏書林 1992 年版，第 80—134 頁。

国忧民，写尽百姓疾苦。职是之故，北村泽吉称中岩圆月为五山禅林“唯一深入百姓之中之诗人。”① 之所以如此，盖既与中岩圆月的人生经历和社会阅历有关，又与其接受儒学之关心民生疾苦、忧民忧天下之社会情怀有关。比如其在《佛种慧济禅师中岩月和尚自历谱》中，不仅记载了当时之“洪水、民间多患赤包疮”、“镰仓大火”等自然天灾以及百姓所受之疫病疾患等情况，就连学习儒学之“开宗明义第一章仲尼”亦有详细的记载。②

战争是人类的灾难，不惟儒者，事实上所有爱好和平者都批评之、反对之。对于曾死伤无数的源平之战，中岩圆月以直笔痛陈统治者为名利而不惜牺牲百姓之生命：“晚浦烟横日影斜，渔歌送恨落苹花。封侯能有几人得，战骨干枯堆白沙。”③ 同时，在另一首怀古诗中也对战争造成灾难进行了谴责：“天晴海面渺无穷，俄顷云雷鼓黑风。陵谷松枯并石老，林峦雾卷又烟笼。万家结构七乡满，百载经营一日空。自古英雄难久业，霸心休效晋文公。”④

中岩圆月的诗作除了表达对战争的厌恶和谴责之外，还体现出了心系苍生、关心黎民百姓而敢于与政治势力作斗争的精神和意志：“古来献替忠良事，岂弃苍生辟逆鳞”，⑤ “功夫不为苍生著，寂寞无人能正名”。⑥ 同时，中岩圆月对庶民百姓之日常劳作和艰苦生活也常诉诸笔端，予以同情：“女儿俑织布，日为家人哺。年荒将缩手，未忍弃而走。粥技不当直，主撮轻两疋。质躬获数钱，助馈慈母筵。”⑦ 庶民百姓之所以生活艰难，在中岩圆月看来，很大程度上在于政治纠纷及其激发的战争：“民无不衣甲

① 北村沢吉：《五山文学史稿》，（東京）富山房 1941 年版，第 239 頁。

② 中巌圓月：《仏種慧済禅師中岩月和尚自歴譜》，玉村竹二編《五山文学新集》第四卷，（東京）東京大学出版会 1970 年版，第 612 頁。

③ 中巌圓月：《東海一漚集》一，玉村竹二編《五山文学新集》第四卷，（東京）東京大学出版会 1970 年版，第 327 頁。

④ 中巌圓月：《東海一漚集》一，玉村竹二編《五山文学新集》第四卷，（東京）東京大学出版会 1970 年版，第 351 頁。

⑤ 中巌圓月：《東海一漚集》一，玉村竹二編《五山文学新集》第四卷，（東京）東京大学出版会 1970 年版，第 329 頁。

⑥ 中巌圓月：《東海一漚集》一，玉村竹二編《五山文学新集》第四卷，（東京）東京大学出版会 1970 年版，第 346 頁。

⑦ 中巌圓月：《東海一漚集》一，玉村竹二編《五山文学新集》第四卷，（東京）東京大学出版会 1970 年版，第 324 頁。

手兵者，百姓各怠其业，互相侵夺以为利也……祸乱之大，莫之过焉。”①依据当时之史事，即可知中岩圆月所指的是镰仓南北朝公武两家之争斗。就此，中岩圆月提出要加强天皇权力，以消泯政治斗争，“古今天下国家，一治一乱，虽云命在于天，系乎时运，然复夫政事善恶如何耳，所以明主必用君子，君子者以清廉行政事，故其国不危矣，暗君多任小人贪惏，故国乱矣。”② 既而中岩圆月上表后醍醐天皇，以期能革新弊政，救世济民：“恭维陛下，明继周文，德承神武，兴王除霸，柔远包荒，高天之下，厚地之上，莫不宾顺，非聪明睿智德命于天者，孰能与于此哉。”③ 另外，中岩圆月还主张各个阶层要各安其分，做好自己的本职工作：“淳世之民，各务本修业，故国富且强矣。所以，农者播禾谷种菜果，工者营栋宇、造器皿，贾者通其有无。……如非官君者，衣甲手兵，则诛之，使彼士农工贾及释氏之流，各务本修业，则富强之国，其庶几乎?”④

镰仓南北朝时期，武家势力强大，天皇势力衰微，中岩圆月要求天皇强权，兴利除弊，革新政治，锐意进取的政治诉求和建立一个士农工商各司其职的四民社会之理想，注定是不可能实现的。中岩圆月或许也看到了这一点，就连其授业恩师东明慧日法师要求中岩圆月出任寺中首座之时，中岩圆月都愤然拒绝：“志立而不屈，气养而不馁，守信而不失，适义而不偏，宁可百千此身，而以见粉齑，决不可枉己自辱，以为媒于立身扬名之捷径也。”⑤“宁可化为碧，暮景谁华予。设使长不死，肯为窃药储蟜。”⑥

在中岩圆月的身上，鲜明地体现出一种孟子所倡导的“富贵不能淫，贫贱不能移，威武不能屈”的儒家士人风格，拒绝名利场，固守儒家士人操守，即便生活贫苦，但也忧道不忧贫：“著麻衣破那堪补，烧叶灰寒难

① 中巖圓月:《東海一漚集》二，玉村竹二编《五山文学新集》第四卷，(東京) 東京大学出版会 1970 年版，第 393 頁。

② 中巖圓月:《東海一漚集》四，玉村竹二编《五山文学新集》第四卷，(東京) 東京大学出版会 1970 年版，第 467 頁。

③ 中巖圓月:《東海一漚集》一，玉村竹二编《五山文学新集》第四卷，(東京) 東京大学出版会 1970 年版，第 381 頁。

④ 中巖圓月:《東海一漚集》二，玉村竹二编《五山文学新集》第四卷，(東京) 東京大学出版会 1970 年版，第 393 頁。

⑤ 中巖圓月:《東海一漚集》一，玉村竹二编《五山文学新集》第四卷，(東京) 東京大学出版会 1970 年版，第 388 頁。

⑥ 中巖圓月:《東海一漚集》一，玉村竹二编《五山文学新集》第四卷，(東京) 東京大学出版会 1970 年版，第 334 頁。

再红。寂寞谩将古人比，却惭道业不相同。”① 中岩圆月也以此而区分君子与小人，君子固穷，要有固穷之乐，且要坚守君子之格：“椅桐寄生千仞岳，处身孤危远鸟雀。鸟雀适为鹯所逐，暂时来投欣有托。幽谷积阴长带秋，风吹寒藤响索索。自然势不雀辈便，莫言椅桐难栖泊。久矣倾枝欲待谁，世间无复见鸾鷟。”② 在此诗中，中岩圆月以凤凰自喻，非梧桐不栖居，意为不愿与小人为伍，即便艰苦困穷，亦要穷斯其乐。诸如此类表达坚持士人品格、固穷之乐的诗歌，在中岩圆月的诗歌文集中，不乏鲜见：“志高不肯尝姜杏，蒙养功成最可欢”③、“世事皆非常，识者效哈哈”④、“万事应知穷则变，桂轮看看待圆来”⑤。

尽管在中岩圆月的诗文集中，可以看到中岩圆月坚守儒家士人风格、君子固穷其乐的达观以及拒斥名利场的高洁，但在另一些诗歌中，也隐约可见其空怀政治抱负和社会理想而郁郁不得志的痛苦心境，“麦秋今岁亦昌新，多愧人间闲着身。若及瓜时犹未死，更烦老圃送供频。”⑥ 五山寺院的权力斗争，使得中岩圆月在建长寺受到宏智派僧徒的排挤甚至是迫害。对此，空有政治抱负的中岩圆月亦生挫败之感：“空房高咏碧云句，一榻相思雨夜灯。几度吟哦搜万物，自惭才力竟难能。”⑦ 尽管中岩圆月壮志难酬，郁郁寡欢，但他还是在逆境中坚持君子固穷，初心不改，寄希望于来时：“丈夫期远大，莫甘他残杯。天理有定分，乐极便生哀。且如今年春，早暖晚雪催。桃花夸艳冶，俄然色如灰。”⑧

---

① 中巖圓月：《東海一漚集》一，玉村竹二编《五山文学新集》第四卷，（東京）東京大学出版会1970年版，第330頁。

② 中巖圓月：《東海一漚集》一，玉村竹二编《五山文学新集》第四卷，（東京）東京大学出版会1970年版，第337頁。

③ 中巖圓月：《東海一漚集》一，玉村竹二编《五山文学新集》第四卷，（東京）東京大学出版会1970年版，第335頁。

④ 中巖圓月：《東海一漚集》一，玉村竹二编《五山文学新集》第四卷，（東京）東京大学出版会1970年版，第337頁。

⑤ 中巖圓月：《東海一漚集》一，玉村竹二编《五山文学新集》第四卷，（東京）東京大学出版会1970年版，第347頁。

⑥ 中巖圓月：《東海一漚集》一，玉村竹二编《五山文学新集》第四卷，（東京）東京大学出版会1970年版，第347頁。

⑦ 中巖圓月：《東海一漚集》一，玉村竹二编《五山文学新集》第四卷，（東京）東京大学出版会1970年版，第346頁。

⑧ 中巖圓月：《東海一漚集》一，玉村竹二编《五山文学新集》第四卷，（東京）東京大学出版会1970年版，第337頁。

中岩圆月的君子之风和人格操守，在宗派盛行且结党营私、争名夺利的五山禅林塔头寮舍之制下，诚属少见，亦难能可贵。对一些五山禅僧的不良行为，中岩圆月不仅不屑于与之沆瀣一气，而且还批评他们“师焉而尚，宗焉而党”[①] 之拉帮结派、结党营私之行径。就连其授业恩师东明慧日多次力邀他出任首座要职，中岩圆月都是以“予心粗，不能达其密意”[②] 而婉言拒之。或许中岩圆月正是在有志难成而又遭逢山门排挤甚至迫害之抑郁之下，转而寄情于枯灯黄卷、汲汲于书山之中，“坐矮窗凭棐几，蠹简腐编，狼狼藉藉，纷纷披披，而不知其劳也。……故旁驱冥搜诸子百家之说，至天文地理阴阳五行卜筮之书，亦不废焉。既而稍倦，欠伸而起复坐，俯而静默而思。”[③] 中岩圆月的读书与深思，虽然有其壮志难酬、遭逢山门迫害而不得已的苦衷，并将读书和深思作为一条自我解脱和放逐之道，但这一行为却在某种意义上使得他的学术思考具有了一定的理论高度。

第二节　对儒学的总体性看法

从中岩圆月的文集来看，其出身禅林，本职仍是一介僧人，但若从诗词歌赋及其对儒学典籍的理解与研究上观之，又很难将中岩圆月当作单纯的僧人。如果说吃斋念佛为其日常生活的话，那么以作诗著文、研读儒家典籍而成就儒家士人之谓的“修身治国平天下”之圣贤或许才是其最终的人生理想和追求。

中岩圆月的儒学研究、特别是对《周易》的理解，可谓五山禅林甚至是中世日本之第一人。其对儒学的接受和学习，贯穿终生。从其年谱自序可知，中岩圆月幼时曾跟随道惠和尚学习《论语》和《孝经》；二十二岁入京拜访虎关师炼，而虎关师炼亦为五山禅林对儒学有甚深钻研之人；[④] 入元期间，与灵石芝、古林茂、济川楫、绝际中、雪严中、东阳辉、拙

---

① 中巖圓月：《東海一漚集》二，玉村竹二編《五山文学新集》第四卷，（東京）東京大学出版会 1970 年版，第 433 頁。

② 中巖圓月：《仏種慧済禅師中岩月和尚自歴譜》，第 614 頁。

③ 中巖圓月：《東海一漚集》一，玉村竹二編《五山文学新集》第四卷，（東京）東京大学出版会 1970 年版，第 320 頁。

④ 就虎关师炼和中岩圆月的关系问题，足利衍述认为中岩圆月的儒学思想受虎关师炼的影响并非鲜少，可参见足利衍述《鎌倉室町時代之儒教》，（東京）日本古典全集刊行会 1932 年版，第 256 頁。

逸廓、竺田心等名衲接触，而这些高僧大多都有比较高的儒学修为；至顺元年（1330 年）与大学士张观澜会面时，就朱子学之太极无极进行过深入交流。

> 予既游庐阜将过番易，买舟彭蠡，风恶不可往也。信宿落星寺，观澜张学士会此，出吟稿示予，且谈以太极无极之义，以及一贯不二之道，予以诗遗之。
>
> 客邸细读观澜文，风清四座收尘氛。
> 三复之后犹未厌，无那冬日将黄昏。
> 梦中得句参李杜，郊岛瘦寒何足云。
> 诗之于道为小枝，试将大道俱相论。
> 究尽幽明归无极，一贯儒佛空诸群。
> 杨墨申寒宁复数，庄老虚玄犹弗援。
> 天赐先生不失时，今上政是清名君。
> 宁看场屋得意后，护法著论毋相諼。①

从上述中岩圆月与张观澜就太极无极之讨论，可知中岩圆月对当时盛行之朱子学的思想已有相当程度的了解与认识。而对于整个儒学史及其各个阶段的代表性人物，中岩圆月也有一定的评述：“或问诸子，中正子曰：子思诚明，孟子仁义，皆醇乎道者哉。问荀卿如何，曰荀也醇而小漓。问扬子，曰扬子殆庶乎，其文也坚。请问文中子，曰王氏后夫子千载而生，然甚俏焉。其徒过之。亶夫子之化愈远愈大。后之生孰能歧焉。问退之，曰韩愈果敢小诡乎道。然文起于八代之衰，可尚。曰子厚如何，曰柳也渊，其文多骚。或问欧阳，曰修也宗韩也。问苏子兄弟，曰轼也龙也，辙也善文。”② 对于儒家谱系之人，中岩圆月对其的评价颇为独到，认为子思诚明、孟子仁义，都是儒家“道”“醇”之人，而荀子虽醇但有“小漓”。在其看来，孟子、荀子和杨雄三人背离了孔子、子思的思想路线，是一种失误；比起孟、荀和杨雄这三人来，强调儒家之正统的韩愈则离孔子、子

---

① 中巖圓月：《东海一漚集》一，玉村竹二编《五山文学新集》第四卷，（東京）東京大学出版会 1970 年版，第 323—324 頁。

② 中巖圓月：《东海一漚集》三，玉村竹二编《五山文学新集》第四卷，（東京）東京大学出版会 1970 年版，第 407 頁。

思所传之道甚远：“之三子（孟子、荀子、杨雄）者，不见正于佛教，故误也，宜也。然其不稽之孔子子思之教，则失也。但韩子出乎佛教之后，当见正于佛教，当知孔子之道与佛相为表里者也。然独区区别之，甚哉。韩子舍本取末，与孔子子思之道相远也如此，甚矣哉。”[①] 即便如此，孟荀杨三人仍然有益于学术人心，但庄子却是“无益”，应予以警惕：“孟荀扬之三子，有益于学者也。惟庄无益，然可以为窒欲之警也。”[②]

对于先秦思想史上与儒家适相对垒的杨朱和墨翟，中岩圆月则是站在儒家“仁义”的立场，极力进行批判。他对墨翟杨朱的批评，基本上来自于孟子曾批判杨朱墨翟不讲仁义道德、无父无君、禽兽之类的说辞，认为杨朱墨翟的理论背离仁义道德即背离道，所以不能传之久远，亦无法被世人所接受：“杨朱以离仁为义。人而无仁，何以能生。墨翟以离义为仁，人而无义，何以能成。无仁非人也，无义非人也。……仁义之离，杨墨之道也，邪之道也，偏之道也。杨也为我，墨也无亲。无亲，何以为仁。无我，何以为义。是故，墨之仁非仁也，杨之义，非义也。杨墨之道不能推而移。”[③]

中岩圆月对程朱理学，不曾给予太高的评价。就二程曾批判佛教之行为，中岩圆月从佛教徒的立场出发，认为二程对佛教的批评是欠缺理论支持的，故也是无法立得住脚的：“伊洛之学，张程之徒，夹注孔孟之书，而设或问辩难之辞，亦有恁地，便是恰好。不要者般，什么说话，无道理了，那里得个不理会得，却较些子等语。然其注意存于槌提佛老之道也。此等语非禅也，审也。……苟不得佛心者，纵使亲口佛语亦非禅也。特教焉耳。何况恁地，却较些子等语，尘疏下俚者乎，非禅也，审矣。倘不本佛心而固执而以若此等为禅者，伊洛家之流，何异之耶。可言禅乎?”[④] 在此，中岩圆月不仅对二程批判佛教的行为进行了反批判，同时还告诫学佛者，学佛要有佛心，只有从佛心出发，才是真正的佛弟子。这也说明，尽

---

① 中巖圓月:《东海一漚集》三，玉村竹二编《五山文学新集》第四卷，(東京) 東京大学出版会 1970 年版，第 423 頁。

② 中巖圓月:《东海一漚集》三，玉村竹二编《五山文学新集》第四卷，(東京) 東京大学出版会 1970 年版，第 410 頁。

③ 中巖圓月:《东海一漚集》三，玉村竹二编《五山文学新集》第四卷，(東京) 東京大学出版会 1970 年版，第 408 頁。

④ 中巖圓月:《东海一漚集》三，玉村竹二编《五山文学新集》第四卷，(東京) 東京大学出版会 1970 年版，第 431 頁。

管中岩圆月倾心于儒学，但是当佛教受到与之异质的儒者的批判时，佛教信仰也会促使他继而反抗。但这并不影响他对儒家经典的理性分析。

第三节　对儒家核心经典的理解:《易》论

根据《日本国见在书目录》可知，《易》在古代日本并不为宫廷和时人所看重，9世纪末朝廷书库只有《易》相关著作35种，共计177卷；12世纪的著名藏书家藤原道宪所收藏《易》相关著作仅9种，共计29卷。[①]察五山禅僧所留文集可知，虽然有不少的禅僧对《易》有所接触，也引用《易》之卦辞文句，但对《易》较为深刻和系统性的阐解则盖为寡少。不过，中岩圆月却是一个例外，留下了不少对《易》之解读和辩正的篇章。中岩圆月的易学论述大致表现在这几个方面。

（一）对《易》的整体性理解

《易经》可“明性”，这是中岩圆月对《易》之重要性的基本定位。《易》的功用和价值主要在于“阳长君子之道”，“可以明性者，易经也。易之所贵，在乎阳长君子之道。凡卦六十有四，惟复为一阳初生之卦，有六位居二，五以得中见贵。复之于二曰休，于五曰敦。”[②] 就《易》之具体应用来说，从其产生于钻龟甲而察其吉凶，这一“占”的过程来说，《易》的这种预判作用是独一无二的，也是其他学问所没有的：“易经八八之卦，钻龟以视其兆。太玄九九家，准易以察其占。试问为易学者，二仪四象八卦之表，未视其兆之先，能知几否？曰：否也。又问为玄学者，三元九州二十七部之外，别占一家否？曰：除八十一外，不可别有一家也。”[③]

关于《易》的产生和编纂问题，中岩圆月并不曾进行过细致的梳理和深入的讨论，只是简单提到伏羲画八卦和孔子编纂十翼之事。伏羲画八卦，乃“书契之滥觞”：“昔宓牲氏画八卦，是书契之滥觞也。八中中虚者，离也。而离者文明，属火属日。”[④] 对于孔子是否编纂《周易》之事，中岩圆月并没有进行过考证，而只是直接言及孔子的《十翼》对《周易》

---

① 参见严绍璗《汉籍在日本的流布研究》，江苏古籍出版社1992年版，第96—107页。

② 中巖圓月：《东海一沤集》别集卷二，玉村竹二编《五山文学新集》第四卷，（東京）東京大学出版会1970年版，第554頁。

③ 中巖圓月：《东海一沤集卷之字說·不疑說》（中巖圓月作品拾遺），第678—679頁。

④ 中巖圓月：《东海一沤集卷之字說·虚中說》（中巖圓月作品拾遺），第678頁。

是一种美化加工：“孔子十翼擅美于周易。”① 其在引用孔子关于《周易》之“显诸仁，藏诸用”之说之时，对其加以解释，认为“显仁者”，在乎“用”，而“藏用者”乃“仁之心”：“孔子曰：显诸仁，藏诸用。说者曰：显仁者，用之形也。藏用者，仁之心也。”② 这一“藏用”观点，对中岩圆月影响很大。从其《自寿》七绝诗来看，中岩圆月将其视为了一套应对进退和自我修身养性的法则：“夜半之精天一水，利金流气学乾方。策全大衍历初度，置而不用自行藏。”③

《周易》所包含的易与不易之经权之辩，作为理解《周易》辨证思想及其占卜应用的一项主要内容，乃是研究者所不可不提及的基本原则。中岩圆月仅仅从蒙卦的养正圣功来言及权变问题：“洪范庶徵，在休曰圣，在咎曰蒙。蒙与圣反之称乎。易象曰：蒙以养正，圣功也。由之观之，固是反而用之，为权也的矣。”④

（二）对韩愈和朱熹《易》论的批判

中岩圆月在学《易》的过程中，主要汲取了韩愈和朱熹的《易》论思想。但最终的结果是中岩圆月发现了韩愈和朱熹《易》论的不少问题。

中岩圆月对韩愈易学思想的理解，主要体现在《复初说》。《复初说》乃是对复卦坤上震下的理解。何谓“复初”？“复者，反本之未；初者，元本之称”⑤，易言之，即反本溯源、追本溯源。中岩圆月之所以要反本溯源，主要原因是因韩愈在《原道论》中提出自尧舜经孔子而至他本人的道统脉络，既而排佛反老，并自认为他才是继承和发扬儒家之道之第一人。尽管中岩圆月推崇韩愈的复古文风和写作旨趣，但对于韩愈的道统和排斥佛老的作法甚是不满，故《复初说》也旨在从实际出发寻求道的源发性，故“复初之本，立乎虚无，而交泰之道生乎实有者也。退之之责求清净寂灭者，以为禁而相生养之道者，复初之理未之思矣。吾闻之，本立而道生

① 中巖圓月：《东海一謳集》二，玉村竹二编《五山文学新集》第四卷，（東京）東京大学出版会 1970 年版，第 384 頁。

② 中巖圓月：《东海一漚集卷之字說・温中說》（中巖圓月作品拾遺），第 658—659 頁。

③ 中巖圓月：《东海一漚集》一，玉村竹二编《五山文学新集》第四卷，（東京）東京大学出版会 1970 年版，第 349 頁。

④ 中巖圓月：《东海一謳集》二，玉村竹二编《五山文学新集》第四卷，（東京）東京大学出版会 1970 年版，第 376 頁。

⑤ 中巖圓月：《东海一漚集卷之字說・複初說》（中巖圓月作品拾遺），第 657 頁。

也。不立本而能生道，则未或闻之，复初必有辩诸。”[①]

尽管中岩圆月尊崇朱子、且汲取了朱子学的不少儒学论述，但对朱熹的学说并非持完全肯定的态度，特别是对朱熹的《易》论予以了非常精细的论辩。从中岩圆月对朱熹《易》论的辩驳，即可了解中岩圆月在《易》学方面的造诣之深，非常人所及。

朱熹曾就《易》之乾卦九三文言重刚以“重刚谓阳爻阳位”加以注释。中岩圆月认为朱熹就“阳爻居阳位谓之重刚”之说实乃谬见，并著文《辩朱文公易传重刚之说》以批驳朱熹之失。具体说来：“若是以阳爻而居阳位，言之重刚，则易中阳爻一百九十二。阳位亦如之，而以阳爻而居阳位者九十六，独以乾之九三为重刚。其他九十五不言之，且亦乾九四以阳爻而居阴位，而为重刚也。是故明矣。重刚也者，非以阳爻而居阳位者之不谓也。朱子易传乾之九三曰：九阳爻三阳位，重刚不中也。且以文言九三重刚不中，以为合义。然于九四重刚不中，则无故而言，九四非重刚。”[②] 中岩圆月反驳朱熹“重刚说”所举事实和辩正逻辑非常清楚明了，仅从乾卦九四爻重刚不中之例即说明朱熹的失误所在。中岩圆月的仁义、性情等人论思想，都受到朱熹的深刻启发，且汲取了不少朱熹的思想，但对于朱熹论说的是非错误，则不因朱熹乃大家而予以隐讳或避之不谈，而且其笔锋甚为凌厉，直指朱熹问题之所在，此足可显示出其对《易经》的深刻理解和钻研精神。

（三）对革卦的理解

在《易》之六十四卦中，中岩圆月分外重视革卦。这一点为日本汉文学研究者千坂嵃峰所注意到。千坂嵃峰认为中岩圆月对革卦的重视，显示出了其要求加强天皇权力的思想；尽管中岩圆月要求天皇复权，但却极力避免革卦所具有的中国的易姓革命色彩，而仍主张天皇万世一系。[③] 千坂嵃峰的判断未尝没有道理，因为中岩圆月曾给后醍醐天皇上奏表文，希望他乾纲独断、兴利除弊：“恭维陛下，明继周文，德承神武，兴王除霸，柔远包荒，高天之下，厚地之上，莫不宾顺非聪明睿智德命于天者，孰能

① 中巖圓月：《东海一沤集卷之字說・複初說》（中巖圓月作品拾遺），第 657 頁。

② 中巖圓月：《东海一謳集》二，玉村竹二编《五山文学新集》第四卷，（東京）東京大学出版会 1970 年版，第 397 頁。

③ 千坂嵃峰：《五山文学の世界：虎関師錬と中巖圓月を中心に》，（東京）白帝社 2002 年版，第 279—290 頁。

与于此哉。"[①] 在中岩圆月的思想意识中，似乎很难发现其如中国思想传统所具有的易姓革命思想。其对革卦的理解，应该说也是具有相当的深意存焉。

对于革卦，中岩圆月作出了极为详细的解释和说明：

> 离下兑上革。序卦曰：井道不可不革，故受之以革。杂卦曰：革去故也。中正子传曰：离火也，兑金也，火能克金。金曰从革，改更之，销铸之，可以为器也。离之于时忧也，于日为丙，丙者炳也。兑之于时秋也，于日为庚，庚者更也。四时之运，春生夏养，秋杀冬静，静故能生，生则养之，是则浴之道也。既生既养而杀之，是革之道也。是故自离而兑者，革之象也已。[②]

从引《序卦》和《离卦》两传来看，中岩圆月对革卦的解释，并非仅以卦之构成来解卦，而是从其所涉及和隐含的大义来说明革卦在整个六十四卦中的地位及其所具有的重要作用："易曰：已日乃孚。仲尼曰：革而信之。中正子曰：改革之道，不可疾行也。是故周公于初曰：革用黄牛之革。于次曰：已日乃革之。"[③]

中岩圆月对革卦的解释极为细密，对于革卦之六爻也分别解析之。特别是中岩圆月在对革卦解释中所透露和反映出来的政治革新思想，兼具理论意义和实践价值。革卦所具有的政治意涵和目标指向，从其卦名即可得知，旨在通过权力分配使得政治体制有所调整或在其过程中发生的具有政治颠覆性的革命行为。

对于改革何时及以何进行的问题，中岩圆月的观点较为明确。改革必须要在人心齐一、且充分信任之时，方可进行："人心未信之之时，不可改也。人心已信之之日，可以革之者也。"[④] 就革新和改革过程之艰难，中

---

① 中巖圓月：《東海一漚集》二，玉村竹二編《五山文学新集》第四卷，（東京）東京大学出版会 1970 年版，第 381 頁。

② 中巖圓月：《东海一謳集》三，玉村竹二编《五山文学新集》第四卷，（東京）東京大学出版会 1970 年版，第 414 頁。

③ 中巖圓月：《东海一謳集》三，玉村竹二编《五山文学新集》第四卷，（東京）東京大学出版会 1970 年版，第 414 頁。

④ 中巖圓月：《东海一謳集》三，玉村竹二编《五山文学新集》第四卷，（東京）東京大学出版会 1970 年版，第 414 頁。

岩圆月似乎也有预料，认为改革非常艰难，故不宜急速操之，必须要让一些无知之民，逐渐了解革新之道，以及改革后获益的可能，他们方可支持或参与改革活动：“秋之为味辛。晏日之继，庚以辛。辛者，新也，艰也。是以为国家行制令之新，则蚩蚩庸庸无知之民，不习熟故。以艰辛之患，偶语于朝廷，流言于天下。故兑为口舌也。是故庚革之道，不宜速疾，必逮其事毕已之日，则彼无知之民，渐之熟之，而后信之，反为便利，以自行之。故曰：已日之孚，元亨利贞，悔亡。”① 改革乃是利国利民之大事，君主要率先垂范，指引和带领民众进行改革。对于改革来说，君主的作用最为重大：“改革之道，天下之大利也。君人者及率众者，可不知乎。说卦曰：离者南方之卦，明也。圣人南面而听，天下向明而治。又曰：兑者，说也。说言乎兑也。中正子曰：革之为卦也，文明之德在内，而说言之应在外。宜乎，革而言之。故彖传曰：文明以说，大亨以正，革而当，其悔乃亡。”②

对于改革在历史中的价值和意义，中岩圆月以正反两方面的例子来论证改革和革命所具有的正面意义和价值：“孔子曰：天地革而四时成。汤武革命，顺乎天应乎人，此之谓也。或问，象曰，泽中有火革，何谓也？对曰：泽也者，秽浊之谓也。火也者，文明之称也。以文明之才，除秽浊之恶，不亦革也。桀纣之恶，秽浊之泽与，汤武之才，文明之火与。”③ 尽管中岩圆月颇为支持和肯定汤武革命所具有的历史意义，但是在面对日本万世一系之天皇体制时，中岩圆月基本上对革命采取回避态度，仅就革新弊政问题表达意见或上书后醍醐天皇，《原民》《原僧》和《上建武天子表》之三篇宏论，不能说与其革卦之理解没有一点关系。

第四节　对儒学核心义理的认知：仁论

仁乃是儒家的理论核心。按照陈来先生对“仁”的“本体论”构建，或可得出这样的一种认识：仁不仅是一种本体性或本原性存在，更

① 中巌圓月：《东海一漚集》三，玉村竹二編《五山文学新集》第四卷，（東京）東京大学出版会 1970 年版，第 414 頁。

② 中巌圓月：《东海一漚集》三，玉村竹二編《五山文学新集》第四卷，（東京）東京大学出版会 1970 年版，第 414 頁。

③ 中巌圓月：《东海一漚集》三，玉村竹二編《五山文学新集》第四卷，（東京）東京大学出版会 1970 年版，第 415 頁。

是一种至高的价值性境界：“仁体是万物存在生生、全体流行的浑然整体，故天、地、人、物共在而不可分。仁体不离日用常行，即体现在生活和行为，无论是识仁还是体仁，人在生活中的践行和修养就是要达到仁者的境界，回归到与仁同体。”[①] 孔子贵仁，《论语》109例“仁”论，从不同的侧面对仁进行充分地论述。孟子仁义并举，将其上升到治道与人伦之核心，《孟子·离娄（上）》：“仁，人之安宅也；义，人之正路也。”《孟子·告子（上）》：“仁，人心也；义，人路也。”《孟子·尽心（上）》：“居仁由义，大人之事备矣。”《孟子·尽心（下）》：“人皆有所不仁，达之于其所仁，仁也；人皆有所不为，达之于其所为，义也。”宋明理学家讲仁，不仅纳入其伦理学的范畴，而且将其上升到本体论的存在高度，提出了“仁体”：“仁者，浑然与物同体。义、礼、知、信，皆仁也。识得此理，以诚敬存之而已。不须防检，不须穷索。若心懈则有防，心苟不懈，何防之有？此道与物无对，大不足以名之，天地之用皆我之用。”[②]

以儒家对仁义的理解为参照体系来审视中岩圆月对仁义的阐发，可以说其论述基本上不出儒家仁论之藩囿。关于儒家之仁，中岩圆月的观点则非常明确：“仁也者，天生之性”，仁乃是人作为人先天具有的、先验性的自然本性：“仁也者，天生之性也。亲也，孝乎亲也。义也者，人伦之情也。宜也，尊也，忠乎君也。忠孝之移，以仁义相推耳。”[③] 在此，可以看到仁与义即是人之天性使然，亲亲、孝亲、忠君等行为是仁义的内推而致的外在表象。这一点近乎《中庸》所言的“仁者义也，亲亲为大。义者，宜也，尊贤为大。”

由于仁义乃人之内在的存在之本，那么仁义在政道或治道的层面上，便作为天然的政治治理指导原则而有其合理性，儒家对士人所要求的齐家治国平天下莫不以仁义为本：“夫世间之人，或治家邑，或治州国若天下者，皆莫不以仁义之道也。仁义之道，治世之大本也。”[④] 仁义作为一项政治原则，可上溯至《孟子·梁惠王上》：“王何必曰利，亦有仁义而已

---

① 陈来：《仁学本体论》，生活·读书·新知三联书店2014年版，第200页。

② 黄宗羲等：《明道学案》，《宋元学案》卷十三，中华书局1986年版，第540页。

③ 中巖圓月：《东海一漚集》三，玉村竹二编《五山文学新集》第四卷，（東京）東京大学出版会1970年版，第408頁。

④ 中巖圓月：《东海一漚集》三，玉村竹二编《五山文学新集》第四卷，（東京）東京大学出版会1970年版，第428頁。

矣。”中岩圆月不仅将仁义视为“治国之大本”，而且还将其作为日用伦常之道，予以强调：“仁义者天人之道与，天之道亲亲，人之道尊尊，亲亲之仁生于新也，尊尊之义成乎礼也。天人之道虽殊，推而移之一也，一之者，可谓知也哉。”“由信而仁，由礼而义，人之道也哉。”“诚行仁义，则礼也，孝也，忠也，在其中矣。曰：何惟四者止，推而行之，万善之道备矣。”①

从仁义作为政治治理之道和日用人伦之道的形成来看，该过程也曾遭到过一些思想家的批判甚至是诋毁，尤其是墨翟和杨朱。这一点，中岩圆月在提倡仁义之道时，对孟子批判墨翟杨朱的话语形态和论述逻辑予以解析：

> 墨翟之仁，而可以尚之。问何尚，曰：义。杨朱之义，而可尚之，问何尚，曰：仁。子曰：哻哻之仁，可谓仁乎，小仁也哉。琐琐之义，可谓义哉乎，小义也哉。圣人之道大也，仁义而已矣。何尚之为，惟仁义之道大矣哉。
>
> 杨朱以离仁为义。人而无仁，何以能生。墨翟以离义为仁。人而无义，何以能成。无仁则非人也，无义则非人也。
>
> 仁义之离，杨墨之道也，邪之道也，偏之道也。杨也为我，墨也无亲。无亲何以为仁，为我何以为义。是故墨之仁非仁也，杨之义非义也。杨墨之道，不能推而移。……惟圣人者与能推而移之。是以仁义不离，正之道也，中之道也。
>
> 惟天之春秋犹人之仁义与。仲明或问：墨也春与，杨也秋与，圣人之道也，春而秋与，子曰：白也，可以与语仁义之道矣。②

如果对中国哲学史上孟子批判墨翟杨朱之论不为陌生的话，那么对上述所引中岩圆月分析杨朱墨翟何以背离仁义且不懂何为仁义的理论也就不难理解。中岩圆月的主张极为明确：“人而无仁，何以能生”、“人而无义，何以能成”，之所以如此，是因为“仁义不离，正之道也，中之道也。”除

① 中巖圓月：《东海一漚集》三，玉村竹二編《五山文学新集》第四卷，（東京）東京大学出版会1970年版，第408—409頁。

② 中巖圓月：《东海一漚集》三，玉村竹二編《五山文学新集》第四卷，（東京）東京大学出版会1970年版，第408頁。

了直陈一种先验本体的观点外，其还将仁义比之于时间之存在：“惟天之春秋犹人之仁义与”。时间不以人的意志而停滞不前，那么仁义也将如同时间具有其存在上的客观与永恒。

中岩圆月具有相当高的易学水平，而且他总是以《易》理和易学思维进行理论思考和知识辨析，其对仁义的理解乃是将其纳入易学的理论视域进行论述，比如从《易》之“元和利贞”之发生和形成的路径论述仁义的先验及其必然性：

> 元者生乎仁。故曰：善之长也。亨者其礼哉，嘉之会也。利者成乎义、故曰：义之和也。贞者其信哉，事之干也。
>
> 有仁而生，生而必亨，有义而成，成而必贞，譬如天有春夏秋冬成季耳。春而不秋，不可成也。秋而不春，不可生也。[①]

中岩圆月从《易》理出发，来论述仁义问题，未尝没有一定的道理。仁义对举，最早见之于《易》，《易·说卦》云：“昔者圣人之作易也，将以顺性命之理，是以立天之道曰阴与阳，立地之道曰柔与刚，立人之道曰仁与义。”从事物之生发和形成之“元亨利贞”过程来论述仁义的客观必然性，无疑这是中岩圆月的首创。而且，中岩圆月还进一步利用《易·系辞传》“显仁藏用”来论述仁义的呈现方式和利用法则：“温之称者，怜惕恻隐之心，已著乎仁也。中之言者，喜怒哀乐之机，未发乎用也。孔子曰：显诸仁，藏诸用。说者曰：显仁者，用之形也。藏用者，仁之心也。是故温其形而怜惕恻隐之心，已著矣。中其心而喜怒哀乐之机，未发矣。形也者，可见，故曰显。心也者，区见，故曰藏。虽然形之与心不可离也，然则温由中温，中由温中。”[②] 以《易》来论证仁义的先验客观与本体特色，暂不论其逻辑论证上的失误和漏洞，这一作法则体现出了中岩圆月对儒家经典的融会和贯通。

对于仁义的坚守，中岩圆月提出以教化实施：“凡天下之事，靡不有弊。仁之弊也无威，义之弊也无慈。无威则教导隳之，无慈则华育夷之。教导之隳，何以治之。化育之夷，何以尼之。教而不治，义不之为也。化而不尼，

---

① 中巖圓月：《东海一謳集》三，玉村竹二編《五山文学新集》第四巻，（東京）東京大学出版会 1970 年版，第 408 頁。

② 中巖圓月：《东海一沤集卷之字說·温中說》（中巖圓月作品拾遺），第 658—659 頁。

仁不之施也。教化之张，仁义之行也。教化之驰，仁义之弊也。”① 从中岩圆月如何实施仁义教化的意见，我们可以进一步深入了解到其对仁义的看法。中岩圆月的论述是从反思仁义之弊入手的，“仁之弊也无威，义之弊也无慈”。既然仁义本身存在失去权威、威信以及缺乏慈爱而过于严酷之问题，那么仁义的实施，必须辅之以教化，既要进行理论宣传，又要潜移默化、春风化雨般地“化育”之，由此可见，仅仅了解仁义之义理，但不以“教化”而行动之，那么这种知行失衡行为无疑也是一种非仁义之举。

第五节　寻求儒佛会通

中岩圆月乃是中世五山禅林在儒学方面、特别是易学领域深具造诣之禅僧。除儒学外，中岩圆月旁涉诸子百家及道家，尤对老庄之道家情有独钟，对其亦有精微之深研，而且在有志难酬、遭逢恩师及山门排挤迫害之时，中岩圆月学道家、归隐山林。就儒释道三教之学问，中岩圆月以为三家之旨在求“道”，以“道”为最高之指归和所达之境界，由于三家之“道”不同，故有粗精高下之差别。比如他对老庄之道的批评：“以本为精，以物为粗。庄子所说之风也。所谓本者，道也。物乃事迹也。……彼事务有万不同，皆有道所行之迹也。今人之能行者，用足也。足之履而遗迹焉。有愚人于此执迹为足，犹以物为本之类尔。是迷寐精粗之分也。”② 尽管中岩圆月对道家有所批判，但其在诗文创作方面，却深受道家山林隐逸思想的影响，不少七言绝句均体现出老庄之道家的归隐和避世思想。

就其身份本质与所持价值观念而言，中岩圆月尽管儒学造诣深厚，但在其思想底线和信仰方面，仍以佛教为安身立命之所在。对于韩愈、朱熹等宋明理学家的“辟佛”行为，中岩圆月则是给予了强烈的反驳和论辩：“盖夫今之为儒者，斥吾佛之道以为异端。为佛者亦非彼儒术为外道。是皆泥乎其迹，而未通其道耳。迹者物也。物且未能尽故泥焉，况乎道尽之哉。”③

① 中巖圓月：《东海一漚集》三，玉村竹二编《五山文学新集》第四卷，（東京）東京大学出版会1970年版，第409頁。

② 中巖圓月：《东海一漚集》二，玉村竹二编《五山文学新集》第四卷，（東京）東京大学出版会1970年版，第390頁。

③ 中巖圓月：《东海一漚集》二，玉村竹二编《五山文学新集》第四卷，（東京）東京大学出版会1970年版，第390頁。

对于孟子、荀子和杨雄的人性论，中岩圆月也曾从佛教的角度进行过评述：“孟子以善为性，非也。荀子以恶为性，非也。扬子以善恶混为性，亦非也。此三子者不见正于佛教，故误也宜也。然其不稽之孔子子思之教，则失也。”[①] 中岩圆月虽然批评孟荀扬三人之人性论，但对孔子和子思的人性论持肯定态度，且认为其与佛教相类：“孔子子思之言乎性也，不与吾佛之教相睽也如此。”[②] 孔子所言及人性论问题时，仅说过“性相近”一句，从何判断孔子人性论与佛教相合？对此，中岩圆月明确指出：“孔子之道，与佛相为表里，而性情之论，如合双璧。”[③]

儒佛相合是中岩圆月对儒佛关系的基本态度。中岩圆月经常以儒学和佛教的理论与概念相互类比，以期达到儒佛融合。比如他将儒家之诚、礼、知比附于佛教的定、戒、慧之三宝：“诚乎内而正之，之谓定。定证于静，静则有信，无信何以定焉。形乎外而行之，之谓戒。戒齐于禁，禁则有礼。无礼者何以戒焉。以此道教之人，人从而效之，之谓慧。慧生于明，明生于知。无知者何以慧焉。”“禅者信，律者礼，教者知。”“禅则心也。律者身也。教者口也。”[④] 同时他还将儒家之“教”比附于佛教之“禅”：“归性之道，知而言之者教也。履而行之者律也，信而证之者禅也。”[⑤]

日本学界对于中岩圆月的儒佛相合论，有着不同的评价。足利衍述对中岩圆月的儒佛论述就曾评论道：“中岩圆月的儒佛比定说，比起前辈只言其一端来，中岩此说则明了清晰，亦为儒佛调和史上所应特书之事。”[⑥] 西村时彦认为：“中正子十篇乃其倾注心血之所在，论及仁义之道、性命死生之理，发挥其儒佛不二之本领。”[⑦] 不过，和岛芳男对其的评价则稍许

---

① 中巖圓月：《东海一謳集》三，玉村竹二编《五山文学新集》第四卷，（東京）東京大学出版会1970年版，第423頁。

② 中巖圓月：《东海一謳集》三，玉村竹二编《五山文学新集》第四卷，（東京）東京大学出版会1970年版，第422頁。

③ 中巖圓月：《东海一謳集》三，玉村竹二编《五山文学新集》第四卷，（東京）東京大学出版会1970年版，第422頁。

④ 中巖圓月：《东海一謳集》三，玉村竹二编《五山文学新集》第四卷，（東京）東京大学出版会1970年版，第427—428頁。

⑤ 中巖圓月：《东海一謳集》三，玉村竹二编《五山文学新集》第四卷，（東京）東京大学出版会1970年版，第430頁。

⑥ 足利衍述：《鎌倉室町時代の儒教》，（東京）鳳出版1985年版，第258頁。

⑦ 天囚西村時彦：《日本宋学史》，（大阪）杉本梁江堂1909年版，第87頁。

苛刻，认为其“尚未参悟到宋学之真髓。”[①] 由于宋明理学的体系庞大，当时之学者能领悟到一端，实属不易，如果能对当时之中日通交史以及中世佛教史有所了解的话，那么即可知和岛芳男对中岩圆月的评价，不免有点苛刻了。

① 和島芳男：《日本宋学史の研究》，（東京）吉川弘文館 1962 年版，第 101 頁。

第五章　京学五山派的儒教认知与其儒释关系论

在中岩圆月之后，五山禅林虽然也涌现出了如义堂周信、绝海中津、仲方圆伊、岐阳方秀等在日本思想史上颇有建树的禅林儒僧，但就对儒学的认知水平和理论高度而言，其都无法与中岩圆月这样的人物相提并论。不过，从其作为禅林之京学五山派这一群体而言，禅林儒僧对儒学的研读和论述均有扩展，遂渐次呈现出前赴后继、不曾中辍且有长足发展的历史态势。这一情形，在相关研究者的论著中，或多或少都不同程度地受到了关注。[①] 本章基于先贤研究之成果，借足利衍述对中世儒学的学派划分，同时参考久须本文雄对五山禅僧人物的研究，试通过对京学五山派全体的儒学认知及其儒佛关系论述之探究，以期对京学五山派禅僧群体的儒学认知及其走向有一个整体性的理解和把握。

第一节　京学五山派的儒学认知

玉村竹二在其《五山禅僧传记集成》[②] 中总共对728位禅僧作传加以介绍。但在被记录在案的这728位禅僧中，所存作品流传于世者并不多，而从上村观光的《五山文学全集》和玉村竹二的《五山文学新集》来看，流传于世的当属禅院住持、塔头、前后座等僧阶职位较高者。在此仅选择

---

① 参见天囚西村時彦《日本宋学史》，（大阪）杉本梁江堂1909年版，第67—134頁；高田真治《日本儒学史》，（東京）地人書館1921年版，第49—62頁；足利衍述《鎌倉室町時代之儒教》，（東京）日本古典全集刊行会1932年版，第359—664頁；和島芳男《中世の儒学》，（東京）吉川弘文館1965年版，1997年再版，第66—91頁；久須本文雄《日本中世禅林の儒学》，（東京）山喜房仏書林1992年版，第1—282頁。

② 玉村竹二：《五山禅僧伝記集成》，（東京）講談社1983年版。

室町安土桃山时代具有代表性的八位禅僧：仲方圆伊、岐阳方秀、惟肖得严、翱之慧凤、东沼周曮、季弘大叔、横川景三、景徐周麟，对其儒学思想进行总结和概括。而对该时期中日学界研究较多的策彦周良则不再赘述。

（一）仲方圆伊

由于《中庸》之“中”与佛教的“中道”概念皆具“中”字，故五山禅僧大都对《中庸》青睐有加。仲方圆伊擅于以“四六法”作文，极富诗才。[①] 就其对儒家经典的探究而论，他对《中庸》的理解可与中岩圆月相比肩。“中”是他解读《中庸》的首要概念。

仲方圆伊对“中”的理解从其本体和本原的角度入手，继而以佛教之“中道”“中观”“中谛”进行对接并加以解释：“夫中也者，盖万化之本源而一心之妙用也。方其未发，纯粹清明之理，浑然而存焉。无有偏倚乖错之失，乃中之体也。逮其既发，事务浩譲之变，泛然而应焉。无有亢过不及之患，乃中之用也。大焉而天地阴阳之运，得之则正，失之则差。细焉而草木昆虫之生，得之则遂，失之则夭。所谓天下之大本者邪。吾教曰中道也，曰中观也，曰中谛也。经纶万法，错综一心。其旨甚玄，其论甚高。推而极之。亦皆不离日用当行之际焉耳。吁旨哉。中之为义也，省思虑，谨视听，安是而行者，其果优入圣域邪。”[②] 仲方圆伊对“中”的解释，主要是在阐释《中庸》“中也者天下之大本也”这一核心思想。从本体论的角度，阐释“中”的体和用乃是诸思想家解读《中庸》的关键。仲方圆伊对“中”的解释，也如同大多数的注解家一样，从体和用两方面论证“中”所具有的本体意义，且在实践层面贯穿于日用伦常。除此之外，仲方圆伊自身的佛教徒身份，也促使他从佛教教义出发，将“中”理解为佛教的“中道”“中观”“中谛”观念。事实上，将《中庸》之“中”与佛教的“中道”“中观”“中谛”观念等同起来的解释，并不乏少见。

① 对仲方圆伊的研究，除了一些中世文学或汉文学诗著作会对其有所介绍外，其他方面的研究也仅限于对仲方圆伊山水画作方面的研究。可参见星山晋也《仲方円伊等八僧賛の物外筆墨梅図——正木美術館所蔵の墨梅図をめぐって》，《美術史研究（通号17）》1980年3月号；畑靖紀《中世における造型の鑑賞論理に関する一考察——禅僧・仲方圓伊の山水観を中心に》，《東北大学文学部研究年報/東北大学文学部編（通号49）》1999年。

② 仲方圆伊：《懶室漫稿》卷七，上村観光編《五山文學全集》第三卷，（京都）思文閣出版1992年版，第2540頁。

仲方圆伊曾在一篇《送智上人归越》的序文中，对《中庸》中“君子之道费而隐”“莫现乎隐莫显乎微”以及“喜怒哀乐之未发谓之中，发而皆中节谓之和”表达过他的看法：“夫晦也者，至灵至明之府。……其潜藏隐微者之谓晦，其流行发见者之谓明。明者，晦之既发之用，晦者明之既发之体。其体用之全，皆具于我者也。方其未发也，廖然瓊然，只事片迹，无可寄言之地。……逮其既发也，大焉而天地万物之变，小焉而动静云为之际，泛然应之。……是故儒曰：莫见乎隐，莫显乎微。老曰：大象无形，道隐无名。”[①] 其中，“明”与“晦”相对，晦即是“隐藏而微者”，是“未发”之时的状态；“发”之后，即可呈现“明”的状态。值得注意的是，仲方圆伊却是引用《老子》四十一章中的“大象无形，道隐无名”进行解释，此时的“中”或可理解为是“道”。

因为引申到“道”的问题，仲方圆伊对“天命之谓性，率性之谓道”继续加以申论：“其广大不可得而涯，其浅深不可得而测。盈而虚，晦而明。振天地亘万世，灵然长存者，惟性也。自夫觉觉雄，雄之上圣。逮乎飞摇蠢蠕之极陋。均一得之，丝毫不相加损焉。然其治之者，或失之过焉，或失之不及焉。不能窥其仿佛也，于是我大圣建大中一实之道。欲使人人不堕偏邪，自知中正之在己者。品节之饮啖服御之集，省察之旋碎唯诺之时，涵养精调，而致之天地鬼神不能尽之域矣。然后所谓广大浅深，灵然长存者，昭昭乎心目知，皆为我有也。”[②] 这一论述，已经涉及了《中庸》最为本质的天命与性的问题。性来自天命，具有不证自明的先验特征，后天的是“率性”与“修道”而已。天命不可违抗，但是天命“发”而显现的“性”便是人的主观能动性的体现，“人人不堕偏邪，自知中正之在己者”“广大浅深，灵然长存者，昭昭乎心目知，皆为我有也”，职是之故，“振天地亘万世，灵然长存者，惟性”，此时“性”即是主体性的“我”。

既然“性”在“我”，那么如何“修性”？简言之，“率性”而“修道”。这一问题在《大学》和《中庸》中提出的方法论是做好“慎独”，即通过“慎独”以“见妙用之真体”：“万目具瞻之地，人之所谓也。虽小

① 仲方圓伊：《懶室漫稿》卷五，上村観光编《五山文學全集》第三卷，（京都）思文閣出版1992年版，第2508—2509頁。

② 仲方圓伊：《懶室漫稿》卷七，上村観光编《五山文學全集》第三卷，（京都）思文閣出版1992年版，第2539頁。

人犹自加修饰。暗室物漏之间，人之所忽也。虽君子亦不能无疵。学者宜尽力于隐显之间而已乎。畏而戒，则虽投之纷争之场，不动声色，逍遥应之。……回首欲一见夫妙用之真体，烟霏雾散，天际茫茫，无何自窥其仿佛哉。吁为可畏而戒哉。”①

（二）岐阳方秀

岐阳方秀，精通内外典籍，曾将朱熹的《四书集注》付以和点，为朱子学在五山禅林的传播提供了阅读上的便利，这一工作在日本儒学史上具有划时代的历史贡献，只可惜记载不详，难以对其进行具体而微的系统性研究。岐阳方秀对儒家典籍多有研究，识见高迈，道行甚深。在其所涉诸多儒家典籍中，岐阳方秀独偏爱《周易》，对其青睐有加。

岐阳方秀曾以饱富情感的笔触，描述过他与一位连山知客关于《周易》问题的讨论场景：

> 庚辰（应永七年，1400 年）春，予在凌霄山阴，览易学启蒙。时有司慧日之宾曰：连山乾公者，过予不二室。讲究周易之义，志气清秀，颇涉渊奥。一日谓予曰：儒者于易吾既闻之详矣。其我佛之意亦可得闻乎。予曰：比日动唇摇舌，无不一出于此。——其子为佛位，丑为信位，寅为十住，卯为十行，辰为十回向，已为十地，午为等觉，未为晦明，入俗同俗化迷，申酉戌亥为所化。是遒枣柏大士之所说。其虽化有能所，虽人有悟迷，不离等妙之佛位，犹如六十四卦未尝外乎坎离也。佛初成觉于菩提树下者，伏羲画卦之意也。——上人若能不即不离乎五十二位，而超然于极仪象卦之前，则非唯枣柏大士瞠若乎后，乃佛乃祖悉亦当决疑于上人之手尔。程子所谓看一部华严经，不如看艮卦近之。上人唯唯。②

通观岐阳方秀的上述记载，仍能感受到岐阳方秀与连山知客讨论《周易》时的欢愉、辩难、激情及其过后的流连忘返和无穷回味。从中亦可感知到连山知客或为佛教中人，至少从“连山”之名号可知其对《周易》之

① 仲方圓伊：《懶室漫稿》卷七，上村観光编《五山文學全集》第三卷，（京都）思文閣出版 1992 年版，第 2535—2536 頁。

② 岐陽方秀：《不二遺稿》卷上，上村観光编《五山文學全集》第三卷，（京都）思文閣出版 1992 年版，第 2893—2894 頁。

痴迷与玩味的程度。[①] 两人既讨论《周易》之卦象和义理，又对《周易》和佛教进行比较，以期沟通佛儒内外典籍之义旨，所以将佛陀在菩提树下悟道成佛比作伏羲画八卦对人类历史和文明的影响。

就《周易》卦象而论，岐阳方秀尤为重视坎卦和离卦这二卦。岐阳方秀喜好离坎二卦，是因为离坎二卦与佛教心性义理和中道观念较为契合："易象曰：明两作离，离南方之卦，心譬也。何则明也者，心之体，而明之之者乃心之用也。其体虚灵不昧，虽圣人亦不可加乎一毫，虽众人亦不可损乎一毫。"[②] "其所谓佛即是心云者即坎卦之象也。所谓心即是佛云者即离卦之象也。……夫离之为卦也，其中乃虚。坎之为卦也，其中乃实。实即虚，虚即实。所以且交且互也者，在乎其中也。大哉中之为道也。吾佛设教叙其缘起，则曰染曰净而已。……但染净虽殊，而所以为中之道不可以不同也。其又净即染，染即净。犹离不离乎坎，坎不离乎离，而咸具于一心之中焉者也。"[③] 在其看来，离卦具有佛教"中道"观念的意味，坎卦与佛教的"心"相通，由于离坎与坎卦相反而相成，故可视为一体，即"一心之中焉"。

岐阳方秀对离坎二卦的深入理解，有其本体论上的具体阐发和说明："予考于周易离卦，说之曰：离明也。明也者，明德也者。乃吾圣人之徒，所谓一心也。人人所具，素有之大本。寂而常照，照而常寂。若止水焉，若明镜，若帝纲株焉。然则明德一心之用，一心明德之体。惟人不明之作狂。惟狂克明之，则作圣。圣之与狂，在其一心之明与不明者也欤。昔尧以此明德传之舜，……皆明德于天下者也。吾佛大圣人亦传之大龟氏，……皆传一心于万世者也。其所传者异乎其名，而其实一也。故曰：明德一心之用，一心明德之体也。"[④] 在这段岐阳方秀关于离卦的思考发言中，除了前述已经论及的以佛教义理来统合离坎二卦外，还引入了《大学》"明明德"的议题。由于离卦涉及"明"的问题，所以就由明而关联到"明德"。《大

① 连山为夏代之《易》，归藏为商代之《易》，后佚失不传。《周易》即是周代之《易》。此处，连山也即是《易》的代名。

② 岐陽方秀：《不二遺稿》卷下，上村観光编《五山文學全集》第三卷，（京都）思文閣出版 1992 年版，第 3008 頁。

③ 岐陽方秀：《不二遺稿》卷下，上村観光编《五山文學全集》第三卷，（京都）思文閣出版 1992 年版，第 3005 頁。

④ 岐陽方秀：《不二遺稿》卷下，上村観光编《五山文學全集》第三卷，（京都）思文閣出版 1992 年版，第 2996—2997 頁。

学》开篇第一章即开宗明义地直陈其主旨："大学之道，在明明德，在亲民，在止于至善。"另外，佛教当中也有不迷和正见的思想，这也可视为"明"。在此意义上，佛陀和儒教圣贤均是"传一心于万世"而"明德于天下"，只不过"异乎其名"，而"其实一也。"

岐阳方秀在对《周易》离坎二卦的解释中，纳入《大学》"明明德"观念，这样一来，至少在形式上和逻辑上将佛教的"心""中道"观念与儒学《大学》《中庸》的"明德"和"中"连接起来，以此在某种程度上做到了佛儒的沟通和相合。对此，他以为他的这一作法，也是马鸣祖师的意见："一旦廓然跻乎真俗不二之域，而后泯彼蠢而无知之氓，道之齐之，使其造夫道奥。此乃马鸣祖师以谓：义有三大而在心处物者也。先儒明德新民之要，亦不外于此。"① 马鸣祖师即马鸣菩萨，相传著有《大乘起信论》《大庄严经论》《大宗地玄文本论》《十不善业道论》。岐阳方秀提及马鸣菩萨"义有三大而在心处物者"的作法，在五山禅僧中甚少提及，而且是与《大学》之"道"联系在一起。

岐阳方秀虽重在阐明《周易》的离坎二卦，但是在对其的阐释中，却纳入了《大学》"明德"和《中庸》"中"的观念，最后实现了佛儒在"心"和"中"的观念方面的汇通和整合，提出佛陀和儒教圣贤均是"传一心于万世"而"明德于天下"这一"佛儒一致论"。

（三）惟肖得严

惟肖得严的儒学思想并不成一系统，只有断片式的、零散的片言只语能表明他对儒学有过接触，并生发了一些感悟和思考。

就人生哲学而论，惟肖得严主张一种平静或宁静的人生和生活状态，认为人生而保持静的状态，是本性使然；而那些为情所困或常为情所激荡的人生或生活，其实是一种"迷"的状态，是"为结习所使，妄业所敷"，君子应该对此有所觉察和体悟，虚明阔大，不为所失："人生而静，性也。虚明阔大，莫物如之？情窦一鉴，识波四兴。为结习所使，妄业所敷。而惟迷暗是趍，吁又可畏哉。君子于是乎，觉而复之，治而平之。所谓虚明阔大者未尝失也。"② 要想成就儒家之君子士人之个人理想，还得从朱子学要求的"格物致知"之基础工作做起。只有这样，即便在作文之时，也会

① 岐陽方秀：《不二遺稿》卷下，上村観光編《五山文學全集》第三卷，（京都）思文閣出版1992年版，第3001頁。

② 惟肖得巌：《东海璚華集》三，第781頁。

有一种文质并重的格调。就此，他以石头打比方，表达了其观点："石之为物，其文也温润而光辉，其质也端重而严庄。故士君子敬其质爱其文。致知格物之功，于是乎过半矣。"①

就家庭和社会伦理而言，惟肖得严提倡"孝"，认为孝也是为人的根本，"孝，诚士之大本也"。反过来说，"非孝"都是由威、利、交友和修道方面的欠缺造成的。孝作为诸多伦理纲常条目中的一种，必须受到高度重视："孝，诚士之大本也。扩焉而充，引焉而达，皆其类矣。威以可屈非孝，利以可诱非孝，朋友不择非孝，道学不修非孝。世之命孝，以温情定省碌碌在目下者，盖一端而已。不亦小乎？"②

惟肖得严仅仅对儒家经典或儒学思想的个别问题，表达自己的理解和看法，但就其对儒家最为根本的"仁义"观念的认可来说，他也是比较认同儒家的人生理想和社会伦理观念的："仁也圆而济物，义也方而轨物。……见义勇为，临难不局，则轨物之功立焉。老老幼幼，克己复礼，则济物之利成焉。仁义成立，然后全德君子也。"③ 虽然惟肖得严的话语并不多，但对儒家仁、义、孝、礼以及成就君子的看法都表达了出来。如果对这些观念所依托的儒家经典作一追溯的话，惟肖得严应该是对《礼记》《论语》《大学》《中庸》甚为熟稔的。而且，如果阅读惟肖得严的诗文集《东海璚华集》中的四七言绝句，一个很直接的感受就是其诗如同其提倡的文质并重，丰腴而厚重。其所言道的"文也温润而光辉，其质也端重而严庄。故士君子敬其质爱其文"，或可解读为是他为人处世的真实写照和不断追求。

（四）翱之慧风

翱之慧风曾以《德政论》谏诤足利义政，要求以仁义治国而声动禅林，乃一名副其实之儒僧。翱之慧凤服膺朱熹，对其极为推崇，认为朱熹是自战国秦汉以来数千载不出之"伟人"，可与孔孟圣贤比肩，"如泰山北斗"："建安朱夫子，出于赵宋南迁之后，截战国秦汉以来上下数千载，诸儒舌头，躬出新意。圣贤心胸，如批雾而见太清。数百年后，儒门伟人名流，是其所是，非其所非。置之于邹鲁圣贤之地位，仰之如泰山北斗。异矣哉。三光五岳之气，锺乎是人。不然，奚以至有此乎。"④ 对朱熹的这样

① 惟肖得厳：《东海璚華集》三，第 771—772 頁。

② 惟肖得厳：《东海璚華集》三，第 774 頁。

③ 惟肖得厳：《东海璚華集》三，第 771 頁。

④ 翱之慧鳳：《竹居清事》，第 2814 頁。

一种推崇和评价，如果不考虑到他长期蛰居于东福寺和南禅寺之比丘身份，那读其所引对朱熹的崇拜之言，很难猜想其作者乃是一禅僧，而非朱子门生后学。

对程朱理学，翱之慧凤偏爱有加，尤其是对周敦颐《太极图说》之太极的阐发，最是首肯，认为太极是对《易》理最妙不可言的一项把握。太极这一概念的提出，可与禅宗史上开创新禅法的德山宣鉴的“行棒”禅法、临济义玄的“一喝”禅法、禾山德普的“打鼓”禅法、石革慧藏的“张弓”禅法相提并论，具有革新发明意义：“太极岂指万物之初而言乎。太极者，无极也。是周春陵发明易道以叹之之言也。天地未判阴阳未兆，谓之太极乎。父母未生，混沌溟濛，谓之太极乎。是实难言。周家之老，谗以无极两字注之。德山捧之，临济喝之，禾山之鼓，石革之弓，只注个太极两字。”① 所以，翱之慧凤认为周敦颐是自孔子以来得其《易》道精髓之第一人，其打开了《易经》的密码之锁，真正地开启了《易经》的智慧：“犠昌丘旦，果圣乎，吾不得而知也。辅嗣康伯，果知圣乎，吾不得而知也。自孔瞿心付，虽蔓衍广被，醇气朽焉。率作卜占术算之细技。迂诞日张，浮议稽天。七国以来，索引附攀，以自作传注者，不知其几千万家。指马交吻而不知决。……及赵宋春陵周翁，以光风霁月之资，启无极之秘壶。于是乎，乾坤二曜之理，悔吝消息之义，雾披而天睹，故不惜涂于韩王之荆棘，而达孔瞿也。”② 从翱之慧凤对《易》的认识和评价来看，他是接受了程朱理学对《易》本体和本原论的看法的：“夫易之为体，泝之早昧，不见其始，引之覆檮，不穷其大，而大之位上，地之承下者，日月之朔虚，山海之坎行，生类之所以动，植物之所以静，而人民作止彝伦之宜，莫不一出此乎。且圣主府临，臣殿仰赖者，畴殊轨乎。其为用为教也，在于不失彼大中焉。”③

如同绝大多数的禅僧重视《中庸》一样，翱之慧凤也格外重视《中庸》，尤其是“中”的本体意涵。其对《中庸》的基本看法是：“贞正者不失其中之名也。苟物守其贞正，则必中焉。故曰：中也者天下之大本也。大本也者贞正之谓也。”④ 从中可以看出，翱之慧凤已将“中”视为社

---

① 翱之慧鳳：《竹居清事》，第 2829 頁。

② 翱之慧鳳：《竹居清事》，第 2837 頁。

③ 翱之慧鳳：《竹居清事》，第 2837 頁。

④ 翱之慧鳳：《竹居清事》，第 2832 頁。

会存在的一种“根本”，提升到了存在论的哲学高度。为了对此加以说明和阐发，翺之慧凤还将其与六祖慧能主张禅要“不思善不思恶”之找寻“本心”“本性”的禅思加以比对和解释：“真正者不失其中之名也。……故曰：中也者天下之大本也。大本也者贞正之谓也。曹溪大师向明上座，道个不思善不思恶。只是大本也。中者贞正也。纵涉思维，便非中，非真正，非大本之道。”①

尽管翺之慧凤对程朱理学颇为倾心，对周敦颐和朱熹都给予了“泰山北斗”这样一种超乎寻常的评价，但推崇是推崇，他也并没有失去禅僧的信仰底色。就佛儒关系而论，翺之慧凤主张儒佛一致，儒佛都是“道之在人”：“惟道之在人也，孔释虽判，教禅虽各，示吾生故。期两明之极，则靡弗大同矣。”②

（五）东沼周曮

东沼周曮，不仅精通儒释经典，而且对老庄道家亦有相当钻研，且从一身行事来看，颇受老庄道家之影响。在其诗文集《流水集》中就有不少四七绝句诗表达对老庄道家的偏好。而东沼周曮对儒家经典之《论语》、《孟子》和《中庸》极为看重。

东沼周曮对儒家思想的理解，主要是通过对儒家核心概念的阐发呈现出来。儒家之谱系的形成，离不开尧舜禹汤文武周公孔曾思孟诸圣贤。儒家圣贤前赴后继，由始至终，贯通一脉，均持守“仁”这一观念，尧舜是“以仁帝天下”，禹汤文武“以仁王天下”，孔子、曾子、子思、孟子则是“以仁师天下”，所以儒家能做到“前乎万世之既往，后乎万世之方来，而仁与之相为始终”，从中贯穿始终、相为表里的乃是“仁”：“天地间，何物最大，仁而已。前乎万世之既往，后乎万世之方来，而仁与之相为始终。大而天地之无际，小而一尘之至微，而仁与之相为表里。尧舜以仁帝天下，禹汤文武以仁王天下。……孔曾思孟以仁师天下。”③

倘若对文字不致太陌生的话，那么看到东沼周曮其名，特别是其中的“曮”字即能感到一种大气磅礴、化育天下之气势，“曮”即“天道”之义。《中庸》即言：“诚者天之道也。诚之者人之道也。”对此，东沼

① 翺之慧鳳：《竹居清事》，第 2832 頁。

② 翺之慧鳳：《竹居清事》，第 2833—2834 頁。

③ 東沼周曮：《流水集》五，玉村竹二編《五山文学新集》第三卷，（東京）東京大学出版会 1972 年版，第 465 頁。

周曮作出过这样的解释："何谓诚者天之道也，日月星辰系焉。何谓诚之者人之道也，仁义礼智系焉。故诗云：惟天之命，于穆不已。盖曰天之所以为天也，于乎不显。文王之德之纯，盖曰文王之所以为天也，纯亦不已。然则至诚之道，昭昭而显者，上焉为天者，下焉者为文也。夫至诚至于物也，薄厚高明，变化无穷。惟是不形，形则著也。"① 在此，我们可以看出，东沼周曮的解释仍是将《中庸》中的话贯通起来，以强调天道和人道的本原性。这一解释模式，基本上不出朱熹《四书集注》的解释体系。

在东沼周曮看来，儒家之天道和人道在社会伦理方面，仁是根本，一切以仁义为最高原则，具体的社会运行和组织结构必须要重视人道，而人道当以孝悌为先。自尧舜以来，孝悌才是社会体系中最应该遵循的原则："尧舜之道，孝悌而已。夫尧舜之道，如天之无所不覆，如地之无所不载，如日月之无所不照临，如江河之日夜滔滔不已，而孟轲称之曰孝悌。何哉？盖人道莫先乎孝悌。尧舜之所以尧舜，惟此已。"② "夫尧舜之道，孝悌而已"的说法，见于《孟子·告子下》。由此可见，东沼周曮虽然重视《中庸》中的天道和人道之抽象论述，但在具体的社会层面，还是要回到"孝悌"这种具有可操作性、也易于评判的原则和方法上来。

东沼周曮从"仁"的角度，评判过尧舜是"以仁帝天下"，禹汤文武"以仁王天下"，孔子、曾子、子思、孟子则是"以仁师天下"，也可简单地说，尧舜是"仁帝"，禹汤文武是"仁王"，孔子、曾子、子思、孟子是"仁师"，不论是仁帝，还是仁王，甚至是仁师，最终的目标都是达到"天下"之"仁"。这一目标基本就是儒家所追求的"修身齐家治国平天下"之君子理想。其中，主张"有教无类"的孔子及其后学，担当着"仁义"的社会普及和教化，价值和意义最为重大，同时任务也最为艰巨，遭逢忧患和世人之不解也殊为常见，但是在这种"道之不行"的乱世，更应该持道而不改其志，孔子及其弟子就是这方面的表率，最后历经艰难险阻而成就圣贤之道："仲尼门有十哲，如释门十大弟子之列。……夫仲尼儒者之冠冕也。以圣德遭季世，知言之不用而道之不行，乃叹曰：凤凰不至，河不出图，洛不出书，吾已矣，于是西入周。……

① 東沼周曮：《流水集》五，玉村竹二編《五山文学新集》第三卷，（東京）東京大学出版会 1972 年版，第 459—460 頁。

② 東沼周曮：《流水集》四，第 436 頁。

适齐，闻韶三月，不知肉味。……曾参之孝道，动天地感鬼神。……正观二年升仲尼为先圣，以颜回配。”[①]

（六）季弘大叔

察季弘大叔的《蔗轩日录》和《蔗庵遗稿》可知，其人不仅有着极为虔诚的观音信仰，而且还精通程朱理学，对《易经》《大学》《中庸》《论语》《孟子》都有过钻研，首肯儒家的仁义礼智和忠恕之道，持有一种儒佛一致的价值取向。

季弘大叔极为尊崇周邵程朱等理学大家，遵其学说，极力阐发《易》之“太极无极先天后天”之说以及所提倡的仁义礼智等社会伦理观念。其在《蔗轩日录》（文明十七年九月二十六日）中曾对理学大家评论道：“昔圣宋之盛也，周、邵、程、朱，诸夫子出焉。而续易学不焰之光于周、孔一千余年之后。太极无极先天后天之说，章章于世。云云。”[②] 而且他在其场合对理学家的人性论思想给予了极高的评价：“濂洛诸君子以仁义礼治为人之性也。前人未发之鐍键也。紫阳朱夫子之言曰：仁者爱之理、心之德。斯言尽矣。”[③] 就其实际来说，季弘大叔将仁义礼治视为理学家的人性论思想，虽然在某种意义上作此解读也未尝不可，但是严格意义上讲，仁义礼治仅仅是人性的具体呈现而已，其抽象和概括程度并没有达到人性论所要求的内涵足够小而外延足够大这样一种逻辑论证。

仁，是季弘大叔极为重视的儒家哲学概念之一。如果延续他所认可的“濂洛诸君子以仁义礼治为人之性”这样一种仁作为人性之义的说法，那么接下来他深入思考的问题是：“仁也者何?”他自答自问，认为是：“人心也。”而且认为“夫人心之妙，虚灵洞彻，备众理应万物，明明历历云云。”[④] 他以这样一种论断方式，将“仁”直接推至孟子：“孟轲氏有言：仁人之安宅也。至矣哉此言。”[⑤] 孟子所谓“仁心安宅”的说法，见于《孟子·公

① 東沼周曮：《流水集》四，第 445 頁。

② 季弘大叔：《蔗軒日録》文明十七年九月二十六日，东京大学史料编纂所大日本古记录数据库。

③ 季弘大叔：《蔗庵遺藁》，玉村竹二編《五山文学新集》第六卷，（東京）東京大学出版会 1972 年版，第 302 頁。

④ 季弘大叔：《蔗庵遺藁》，玉村竹二編《五山文学新集》第六卷，（東京）東京大学出版会 1972 年版，第 302 頁。

⑤ 季弘大叔：《蔗庵遺藁》，玉村竹二編《五山文学新集》第六卷，（東京）東京大学出版会 1972 年版，第 288 頁。

孙丑上》："夫仁，天之尊爵也，人之安宅。"这完全就是朱熹在《四书集注》中的注解方式，这也说明了季弘大叔对朱熹著作的熟谙与理论吸纳。

对于儒学的理解，季弘大叔除了接受程朱理学诸家的理论外，还从自身安身立命的佛教义理去理解儒学。他在解释儒家的"仁"这一概念时，便不自觉地认为其是佛教的"慈"："儒谓仁，吾谓之慈，其揆一也。"① 儒家之"仁"与佛教之"慈"在其本质上或可划一。另外他在解释《中庸》的"中"这一概念时，也以佛教的"中道"观念进行比对，认为二者均具有本体论的意义和价值："儒氏有言，中者天下之大本也。吾氏亦有中道之说，其亦不外于兹也。"② 而且根本上认为儒佛应该相通而相契合："尝考邹鲁圣贤之言，至乎夫师资授受之际，间有与吾氏相契。孔夫子呼曾参，告以吾道一以贯之。参应之不过只曰唯焉。盖于夫子之言，领而不疑也。门人或有惑，则又谕以夫子之道忠恕而已矣。师资授受之际，间不容议如斯。……吁佛祖以来非上智之资，则不能当授受之任。固非世儒所能为也焉。其与吾氏相契者，盖其迹尔。"③

季弘大叔对儒学的理解，基本上不出朱熹《四书集注》的范围，而且还无法摆脱以佛释儒这样一种出自自我身份观念的约束。不过，这一情况在五山禅林具有普遍性。季弘大叔在对儒学的理解中，体现出一种修身为乐的境界和享受："人之修身诚意者，天与吾一而能乐其天者也。"④ 而且，坚持一种修身而"复性"的想法："久能正心修身以复性之始，则天之与我，不约而为一矣。"⑤

（七）横川景三

横川景三，博学多识，通佛儒内外之典。相传，四岁即入相国寺成为一僧童，受到过严格的寺社教育，其后一生，辗转于慈云寺、永源寺、景德寺等五山禅寺，后又回到相国寺，终老而寂。横川工于诗，长于文，美

① 季弘大叔：《蔗庵遺藁》，玉村竹二编《五山文学新集》第六卷，（東京）東京大学出版会 1972 年版，第 288 頁。

② 季弘大叔：《蔗庵遺藁》，玉村竹二编《五山文学新集》第六卷，（東京）東京大学出版会 1972 年版，第 305 頁。

③ 季弘大叔：《蔗庵遺藁》，玉村竹二编《五山文学新集》第六卷，（東京）東京大学出版会 1972 年版，第 306 頁。

④ 季弘大叔：《蔗軒日録》文明十七年九月二十六日，东京大学史料编纂所大日本古记录数据库。

⑤ 季弘大叔：《蔗庵遺藁》，玉村竹二编《五山文学新集》第六卷，（東京）東京大学出版会 1972 年版，第 304 頁。

于画，以雅著称，故有“太雅和尚”之誉，今相国寺藏有其“太雅和尚墨迹”数种，引为镇诗之宝。①

翻览横川景三的《小补集》《补庵集》《小补东遊集》《补庵京华集》《补庵京华续集》等文集，除领略到横川景三舞文弄墨、以大雅之笔写成的大量诗歌外，从其一些片段性的序文和杂感，也能触摸到其对《论语》《诗经》《尚书》《易经》《大学》等儒家经典的细心研读和高深的汉学修养。倘若仅从其诗文和文章意旨来把握的话，委实无法将其视为一介禅僧，其儒学修养，并不逊于一般儒家士人。

横川景三是以君子自处和处世，付以四书六艺之积淀既而开坛讲学，日常则以仁义礼智信之五常修身养性，按其话说：“君子之处世也，仁义五常以修其身，四书六艺以讲其学。”② 在他看来，这一“修道”的工作，并非能一蹴而就，而是要细水长流、持之以恒，在朝乾夕惕、手不释卷、勤劬勉学、博览群书中，“修道成人”：“人之于道也，非一朝一夕而成者。入小学入大学，惜存阴惜分阴，口不绝吟于六艺之文，手不停披于百家之编。尧、舜、禹、汤、文、武、周、孔之道，涵咏乎内衣被乎外，以施之行事，然后可谓人成矣。”③ 从其最后一句可见，横川景三的要求是除了格物致知，还要辅之以行动，参与到社会实践中，方才能“成人”。他的这一要求，即是《大学》所谓的“明明德”“正心诚意格物致知修身齐家治国平天下”。

在众多儒家经典中，横川景三也跟大多数的禅僧一样，格外重视《易经》，似乎非常享受《易经》带来的一种思辨魅力和精神欢愉。其对《易经》之《乾卦》和《艮卦》进行过一番颇有特色的解读。对于《易经》

---

① 关于横川景三的研究论著，主要有：蔭木英雄：《横川景三の人と作品——東山時代漢文学の一断面》，《相愛女子大学·相愛女子短期大学研究論集（通号21）》1973年12月；朝倉尚：《禅林における「代作」について——師僧としての横川景三の場合》，《国語国文》（京都大学文学部国語学国文学研究室編58·5）1989年5月；今泉淑夫：《横川景三筆法語一幅について》，《禅文化研究所紀要》2006年2月；芳澤勝弘：《横川景三の『小補艶詞』と月関周透——室町禅林における男色文化の一側面》，《花園大学国際禅学研究所論叢》（花園大学国際禅学研究所編·1）2006年3月；堀川貴司：《伝横川景三筆『百人一首』断簡》，《花園大学国際禅学研究所論叢》（花園大学国際禅学研究所編·7）2012年3月。

② 横川景三：《補庵京華続集》，玉村竹二編《五山文学新集》第一卷，（東京）東京大学出版会1972年版，第597頁。

③ 横川景三：《補庵京華続集》，玉村竹二編《五山文学新集》第一卷，（東京）東京大学出版会1972年版，第475—476頁。

之首卦《乾卦》，他认为“乾之为德，元亨利贞是也。乾之为爻，曰潜龙、曰见龙、曰飞龙、曰亢龙，在四是也。而在四德论之，文言曰：亨，嘉之会也。在六爻推之。九五曰：飞龙在天，尽美尽善也。”① 他的这一理解，基本上是《文言传》的一些说法，并无特别的新意。比起《乾卦》来，横川景三更感兴趣于《易经》之《艮卦》：“艮卦，上下重艮，止之义也。止与山相类，是为兼山。山山即出字，艮虽止于晦而出于明之谓也。又艮反身字而书之，反身即背也。艮之二体，如二人相倚，皆背而立。公艮背之说，其在此欤。”② 显而易见，他对《艮卦》的解释，基本上是在断文识字、以字通义，以一种象形思维，通过解释“艮”字的字义和字形，从而引申出《艮》卦的“兼山”之象以及“二人相倚、皆背而立”之说，并言道：“岐与杨岐兼山之象一也。公名崇，字岳，岳与崇，兼山之象也。远承于东山七叶下，近掌东山记室而摒拂提纲。东山与东山，兼山之四象也。鹫峰在彼，佛与小男所住也。鹫峰在此，先人所虑也。鹫峰与鹫峰，兼山之四象也。此四件也，加于上之艮背与艮趾之二件，则一卦六爻，其体具矣。由是观之，天地春岳也，万物艮山也。艮其背云乎哉，艮其趾云乎哉。”③ 可以看出，横川景三在对《艮卦》的“兼山”之象的比附性解释中，通过列举日本五山禅林建仁寺的春岳寿崇之名中的“岳与崇”和释尊说法时的“鹫峰”来例证《艮卦》“兼山”之象的存在价值和实践意义，可谓是其一大发明。

在五山禅僧中，青睐《尚书》者，除了虎关师炼，横川景三也显示出了对《尚书》的高度关切和深入思考。他对《尚书》的理解，所留文字并不多，其中对《尚书·洪范篇》之“皇级”，有如是之论述：

> 书之洪范九筹，其五曰：建用皇极。传曰：皇，大也，极，中也。凡立事用大中之道也。僧中此郎著论，有谓曰：皇极何道？曰：天道也，地道也，人道也。贯三才而一之。予请解其义，以为谈助也。天之高明也，日月星辰不失其大中。地之博厚也，山川草木不失

① 横川景三：《小補東遊集続集》，玉村竹二编《五山文学新集》第一卷，（東京）東京大学出版会 1972 年版，第 189 頁。

② 横川景三：《補庵京華別集》，玉村竹二编《五山文学新集》第一卷，（東京）東京大学出版会 1972 年版，第 525 頁。

③ 横川景三：《補庵京華別集》，玉村竹二编《五山文学新集》第一卷，（東京）東京大学出版会 1972 年版，第 526 頁。

其大中。人之灵于万物也，君君臣臣父父子子。文以修其德，武以行其邢，不失其中正之道也。盖三才也，三即一，一即三，贯之以道矣。皇极之时矣，大矣哉。[①]

按洪范曰：皇建其有极。解者曰：皇大也，极中也。夫中也者，德之基也，道之经也，天下之大本也。[②]

“洪范九畴”被认为是最能体现垂拱而治的纲领性文件，特别是第五畴“建用皇极”被视为治道之根干，素受儒家重视。横川景三对“建用皇极”的理解，可以说既有朱子学以儒家政治思想和社会伦理解读的内在脉络，又不乏佛教徒以“中道”观念释“中”的痕迹。在朱子政治学的视野中，“皇级”即“大中之道”，以天命观视之即是天道，以自然观视之即地道，以社会伦理观视之即人道，这也即是所谓的天地人三才之道，内以“中正之道”一以贯之，故认为是“天下之大本”，乃国家政治社会治理的根本纲领和核心思想。在佛教“中道”观念的思想视域下，中道、中正、中谛、中观等都是“中”的不同说法，也是“天下之大本”：“子思之说中，中者散为万事，合为一理，是也。程氏之谓中，中者，喜怒哀乐未发，寂然不动，是也。……未有舍中能达者也。然方外方内，道无二揆，惟中是建耳。我曹洞氏，有偏五位之说，曰正中偏、曰偏中正、曰正中来、曰偏中至、曰兼中到、其位皆以中为本。云云。”[③]

在上述将“中”视为最高哲学观念、具有本体论意义的讨论中，横川景三提出了沟通佛儒理论的主张，试图以“中”为切入点，实现儒释的对接和汇通。《中庸》是儒家哲学“中”论的集中体现。就此，横川景三论述道：“夫中也者，德之基也，道之经也，天下之大本也。子思之说中，中者散为万事，合为一理，是也。程氏之谓中，中者，喜怒哀乐未发，寂然不动，是也。尧舜汤武征逊虽异，而建其中则同矣。禹迹虽远，而建其中则近矣。至若大而天地星辰，小而蠢鸟草木，未有舍中而能达者也。然方外方内，道无

① 横川景三：《補庵京華続集》，玉村竹二编《五山文学新集》第一卷，（東京）東京大学出版会 1972 年版，第 477—478 頁。

② 横川景三：《小補東遊集続集》，玉村竹二编《五山文学新集》第一卷，（東京）東京大学出版会 1972 年版，第 189 頁。

③ 横川景三：《小補東遊集続集》，玉村竹二编《五山文学新集》第一卷，（東京）東京大学出版会 1972 年版，第 189 頁。

二揆，惟中是建耳。”① 可以看出，横川景三对《中庸》之“中”的论述，前半部分以说理为主，后半部分以事实举证为主。就其对“中”的理论性阐释而言，横川景三虽提及了程颐从心性之“喜怒哀乐之未发谓之中”的说法，但他更乐于认同“中也者，德之基也，道之经也，天下之大本”这样一种本体和宇宙论的观点。在对“中”的事实性论证方面，他列举了尧舜禹汤的文治武功在“建其中”之“道”的目标实现上的同心同德和政治治理意义。

横川景三的文笔，以雅著称。之所以有此造诣，或许与他对《诗经》的把玩和品鉴有关。在其《补庵京华别集》之《玉琢字说》一文中，提及了他“如切如琢”的为学风格和以“仁义五常”的修身作法：“诗曰，有斐君子，如切如磋，如琢如磨。解之者曰：如切如磋者，言讲于学也。如琢如磨者，言修于身也。盖君子之处世也，仁义五常以修其身，四书六艺以讲其学。锯而切焉，锡而磋焉，鉴而琢焉，沙而磨焉。”② 从中可以看到，横川景三在为学和修身方面“锯而切”“锡而磋”“鉴而琢”“沙而磨”这样一种严格自我而又精益求精的作法，不仅在五山禅林独树一帜，而且于今也颇具启发。可以说欲实现佛教倡导的“大勇猛大精进”，就需静心、净心、精心，在一日一日之“如切如磋如琢如磨”中修炼自我。这样一种自修状态，也诚如横川景三将《论语·里仁篇》和《论语·雍也篇》括之而引述的那般——在孔颜之乐中以“仁”来“修道”而“成人”：“鲁论曰：君子无终食之间为仁，造次必于是，颠沛必于是。又曰：回也，其心三月不违仁，其余日月至焉而已矣。”③

（八）景徐周麟

清之为言也，取诸水而譬诸圣人之心者也。天下之水必有源，源澄则流清矣。惟其清也，沙土之下沈天光上徹，而秋毫可鉴矣。圣人之心亦然，惟静惟明，以止其乱，以照其昏，昏乱既消，惠光自现矣。故水在澄其源，人在静其心，水不澄则鱼龙变怪，狞飙覆船。欲求一壶之救，不可得矣。心不静则燥欲竞起，尘务塞前，欲求一隙之

① 横川景三：《小補東遊集続集》，玉村竹二编《五山文学新集》第一卷，（東京）東京大学出版会 1972 年版，第 189 頁。

② 横川景三：《補庵京華別集》，玉村竹二编《五山文学新集》第一卷，（東京）東京大学出版会 1972 年版，第 597 頁。

③ 横川景三：《補庵京華別集》，玉村竹二编《五山文学新集》第一卷，（東京）東京大学出版会 1972 年版，第 547 頁。

> 明，亦不可得矣。上世之人，禀性纯情，而自然不沉酣于利禄声色，是之谓淳朴之处也。故退之云：声清而淳惠阜。有佳少年之淳其名者，字清仲，而情说于余。余闻之其宗派，则退畊性之孙也。因进之曰：书称江汉朝宗于海，夫水出于山而行于地，至广也。其就下也，莫之能遏。虽崖险为之关隔，人力为之堤防，亦不必旁骛曲趋，不至于海，不已也。噫水必至于海，而会其极者也，淳也。清其心，而不容私欲于其间。循其性之所顺，而至于道之极，亦犹水之归于海者，此其所进也。又仲之为字也，从人中也，人之德之所本者中而已矣。盖中则心也，故向言：清也者，取诸水而譬诸心也。[①]

在集录景徐周麟诗文的《翰林葫芦集》中，此篇《清仲字说》，独树一帜，言、象、义皆备，且文笔隽永，正气盎然，境界高迈，义理清透，乃是一篇足可代表景徐周麟才情意志与人生书写的妙文。职是之故，引之视为见其人也。

从中，我们可以感知到景徐周麟似乎完全是继承了其师横川景三所终身践履的那种“如切如琢”的为学风格和以“仁义五常”的修身作法，以“静”“清”“淳”“澄”之心，来对抗禅林的宗派之争，试图打破名利枷锁之束缚，以成就儒家所倡导的“圣贤”之道。

上村观光曾在《翰林葫芦集·解题》中，对其下过这样一个断语：“在五山文学作品中，将相国寺景徐周麟遗稿编纂而成的十七卷之《翰林葫芦集》，卷帙浩繁，史料宏富。既与义堂周信之《空华集》不相伯仲，又与横川景三之《京华集》并为文明以后五山文学之代表作。且至德川时代诸多史料仍为后人所借鉴和引据。内容之丰富，由此可知也。”[②] 翻阅《翰林葫芦集》便可知，景徐周麟对《尚书》《周易》《诗经》《礼记》《大学》《中庸》《论语》《孟子》之儒家经典信手拈来，对《楚辞》《文选》、陶渊明、白居易、李白、杜甫、韩愈、柳宗元、苏轼、黄庭坚、欧阳修等古代文学作品和诗人亦频频纳入其诗文当中。以笔者对其研究史的梳理可知，目前日本学界仅见朝仓尚一人，正在对景徐周麟的诗文作品进

① 景徐周麟：《翰林葫蘆集》卷八，上村観光编《五山文學全集》第四卷，（京都）思文閣出版 1992 年版，第 335—336 頁。

② 上村観光：《翰林葫蘆集解題》，上村観光编《五山文學全集》第四卷，（京都）思文閣出版 1992 年版，第 1 頁。

行研读，且还尚未见关于景徐周麟研究的相关专著出版。[①] 由于能力所限，笔者在此也仅对景徐周麟的儒学思想略加概括。

从景徐周麟的诗文来看，他对《诗经》应相当熟悉。据记载他还亲自抄写《毛诗》，在相国寺慈照院讲授过《诗经》，但在其文集中却没有看到他对《诗经》的评论。不过，他对《易经》分外在意，特别重视《易经》之《乾卦》。他对《乾卦》的解释，并不作太多释义方面的工作，而是以花开时令去对应六爻：“易之乾，初九，潜龙勿用。其传曰：阳气潜藏。是乃梅之含一气于万木冻折，百草摧残之时者欤。九二，见龙在田。其传曰：天下文明。是乃冷蘂寒花，坚芳明洁者欤。九三，终日乾乾。其传曰：与时偕行。是乃雪态水恣，饕虐凭凌者欤。九四，或跃在渊。其传曰：乾道乃革。所谓疏影横斜暗香浮动者欤。九五，飞龙天天。其传曰：乃位乎天德。所谓乱插繁花向晴昊者欤。上九，亢龙有悔。其传曰：与时协拯。所谓岁月作成晚烟雨青已黄者欤。吁乾德备乎梅矣。”[②] 在此，他将梅喻之于《乾卦》之乾德，在《易》学史上绝无仅有。景徐周麟之所以将以梅喻乾德，是因为“梅之含一气于万木冻折，百草摧残之时者欤”。梅乃“岁寒三友（松、竹、梅）”之一，常用来形容“岁寒”。就此，景徐周麟指出：“盖夫草木之嘉者也，拟之于贤人君子而言焉，古今之通论也。……古之君子，大率重其内者。在内者，忠信礼仪是也。孔子有言曰：岁寒然后知松柏之后凋也。谓士穷乃见节义也。夫松之为物，挺然而生，上于云汉，而其质与色贯四时，霜之雪之而不少渝，阅世愈久，而愈坚其茂。君子于此诚能视松之茂，以务蓄其德；视松之坚，以务存其意义；视松之阅世愈久，以务养其生；视松之挺然而生，以务立其身，则有悦乎心而验乎已矣。……梅兮松兮，在人不在树。书此为说云。”[③] 此中，不管是《易经》乾卦，还是《论语》“岁寒然后知松柏之后凋也”，不管是拟之于梅，

① 参见朝倉尚《景徐周麟伝記考——修練期の文筆業》，《岡山大学教養部紀要/岡山大学教養部編)》（通号 15）1979 年 2 月；《景徐周麟と「湯山聯句」——成立の背景について》，《国語と国文学/東京大学国語国文学会編（60）》1983 年第 3 期；《景徐周麟の文筆活動——文明 11 年と文明 12 年—延徳 3 年》，《地域文化研究/広島大学総合科学部編》1984 年—2003 年；《景徐周麟の文筆活動——延徳三年（3）—明応元年（6）》，《鈴峯女子短期大学人文社会科学研究集報/鈴峯女子短期大学人文社会科学研究集報編集委員会編》2006 年—2016 年。

② 景徐周麟：《翰林葫蘆集》卷八，上村観光編《五山文學全集》第四卷，（京都）思文閣出版 1992 年版，第 416 頁。

③ 景徐周麟：《翰林葫蘆集》卷七，上村観光編《五山文學全集》第四卷，（京都）思文閣出版 1992 年版，第 340 頁。

还是拟之于松，究其实，讲的都是儒家士人君子之修德成人之道，要求重其内在之质，以忠信仁义礼智修身以行于世。

在儒家修德而成就士君子品格方面，景徐周麟引二程和朱熹的说法，主张诚心正意、立志修道："子程子曰：中心为忠。夫子告参乎一以贯之之道。参乎忠恕二字释之。子朱子曰：一是忠，贯是恕。又曰：一是一心，贯乃是万事。是乃儒家者之就心论中字者也。吾能仁氏好居中，所以升中天降中国居中山说中道。中道则中心也。复谓之妙心也。"① 就立志和立身而论，景徐周麟引《论语·为政篇》"十有五而至于学，三十而立"和《论语·泰伯篇》"兴于诗""立于礼"来表达他的君子理想和人格追求："圣人之教人也，因其志而立之。故曰：吾十有五而志于学，三十而立。其所学者何？兴于诗，故尧墙面而立之言也。其所立者何？立于礼。解之者曰：礼者所以立身也。凡君子立志立身而立政教。政教立而后，立文垂制。焕乎可观也。"②

孔孟作为儒家的两大圣贤，在修身立志和成就士君子理想人格方面，具有无可替代的表率和象征意义。景徐周麟以为："孔子曰：文不在兹乎。解之者曰：道之显者谓之文。盖道无形，显于文而后乃可见尔。吁！斯言可以学道者之至要也。"③ 对于孟子，他引《孟子·离娄上》"原泉混混，不舍昼夜"，论述道："水之行地中也，盈科而后进。大者为江为淮为汉，小者为溪涧为沟洄。此其所以进而不可遏也。子孔子曰：水哉水哉。子孟子曰：有本者如是。苟惟为无本，其涸也可立而待也。夫学之在人也似之矣。上本圣贤浑浑无涯。诸子百家之编，博学厚积，而流于既溢之余，莫得而测之。今之学者异此。目不鄴侯完轴，胸不世南秘书，孤陋寡闻而欲早得焉。取笑于有识着，滔滔皆是。可不慎哉。"④ 在此，他将儒家成就士君子理想落实到"学"之实处，而且还批评当世之学者"目不鄴侯完轴，胸不世南秘书，孤陋寡闻而欲早得焉。取笑于有识着，滔滔皆是"。此般

① 景徐周麟：《翰林葫蘆集》卷八，上村観光编《五山文學全集》第四卷，（京都）思文閣出版 1992 年版，第 413—414 頁。

② 景徐周麟：《翰林葫蘆集》卷八，上村観光编《五山文學全集》第四卷，（京都）思文閣出版 1992 年版，第 389 頁。

③ 景徐周麟：《翰林葫蘆集》卷八，上村観光编《五山文學全集》第四卷，（京都）思文閣出版 1992 年版，第 386—387 頁。

④ 景徐周麟：《翰林葫蘆集》卷九，上村観光编《五山文學全集》第四卷，（京都）思文閣出版 1992 年版，第 457—458 頁。

批评精神，无疑也体现出了景徐周麟对社会现实的一种关怀。

虽然景徐周麟精通儒家典籍，受儒家影响，在学问和社会参与方面，也体现出了一个儒者的精神风貌和社会担当，但他毕竟还生活在寺庙之中，佛教的修行仍是其日常生活。在儒佛关系问题上，他试图通过与佛教之心性论的对比，进而实现儒学与佛教在最高之义理方面的对接与会通，比如：“佛之言性，其体大而无外，天地人物从此出。与易有太极而生两仪四象八卦，其旨合者也。太极则佛所谓性也。但有闻而论之与见而说之之异也。”① 就其实际而论，景徐周麟也对老庄道家格外感兴趣，写有不少羡慕陶渊明、远离尘世，表达隐逸思想的诗文，他主张沟通儒释道，认为孔子是光净菩萨，老子是迦叶菩萨，颜回是月光菩萨。② 儒释道圣贤皆在求道，不过其方法和手段不同，可谓是名异而实同。

第二节　京学五山派的“儒释一致”论

早在中国汉籍传入日本之时，日本知识人就对儒释道三教问题有了一定的认知。但真正将儒释道三教置于同一话语体系进行比较性探究的当推空海大师。空海所著《三教指归》乃是日本思想史上首次从比较思想史学的视角来谈论儒释道三教思想主旨问题的力作。在该作中，儒释道三教的根本性问题都得到了基本的理解和阐发，但由于空海乃一介僧人，所作所为旨在传播佛法，故佛教仍在其思想世界和价值体系中具有至高无上之地位。这一点也受到后世研究者的高度评价，但空海三教论述的思想是否在后世僧众中得以流传或被继承，则尚难以作出清楚的论断。③ 从东亚思想

① 景徐周麟：《翰林葫蘆集》卷八，上村観光編《五山文學全集》第四卷，（京都）思文閣出版1992年版，第396頁。

② 景徐周麟：《翰林葫蘆集》卷八，上村観光編《五山文學全集》第四卷，（京都）思文閣出版1992年版，第383頁。

③ 对该问题，可参见香川英隆《三教指帰に現はれたる密教思想》，《密教研究（26）》1927年；坂田光全《三教指歸に於ける忠孝思想（68）》，《密教研究》1939年；今井奉一《三教指帰における孝思想（82）》，《密教文化》1967年；松長有慶《空海にみる忠と孝》，《印度學佛教學研究（43）》1995年；米田弘仁《『聾瞽指帰』の道教》，《密教文化（201）》1998年；南昌宏《『秘密曼荼羅十住心論』の典故表現から見た空海の外教観（210）》，《密教文化》2003年；田云明《『文選』遊仙詩の超克：空海の「遊山慕仙詩」をめぐって》，《日本研究53》2016年6月；米田弘仁《『聾瞽指帰』『三教指帰』研究の現状と諸問題》，《密教文化（193）》1996年；佐藤義寛《『三教指帰注集』の研究：大谷大学図書館蔵》，（京都）大谷大学1992年版。

的宏大视野观之，五山禅僧的“儒佛”论述应滥觞于宋学、特别是宋明理学的排佛以及宋代的儒释道三教合一思潮。

如前述对虎关师炼和中岩圆月思想的讨论可知，虎关师炼儒佛一致论的论述主要集中在儒学的“五常”与佛教的“五戒”的会同与契合方面：“夫儒之五常，与我教之五戒，名义而义齐，不得不合。虽附会，何紊儒哉。其余合句先辈之书多矣。请先取嵩公辅教编，见一遍”。“以佛教见儒道者，入天乘耳。犹不可与二乘竞，况佛乘哉。”“虽然儒释同异，只六识之边际也。至七八识儒无分焉。何合会之有？故曰：儒佛之同异者六识也，非七八识矣。”[①] 虎关师炼虽然主张佛儒一致论，但并不意味着他主张佛教与儒学的无差别。中岩圆月承此，在其著述中，或引佛教经典参证儒家主张，或引儒者言论为佛教发言张本。据西村时彦的考证，他的《杂说》引《大学》之格物致知，《温中说》引《系辞》之“显仁藏用”，《道行说》引《中庸》之“费而隐”。[②]

中岩圆月之后，对儒佛问题有较为深入论述者乃义堂周信。义堂周信不仅博览儒释道三教典藏，而且对三教之教旨义理均有极深的钻研，并且开坛讲座，明确宣言“儒佛合一”：“引儒氏之言曰：天地未分，太极谓之一。故易曰：太极生两仪，两仪生四象，四象生八卦。……老子则曰：昔之得一者，天得一以清，地得一以宁，万物得一以生。谓一者，元气也。元气也者，凡天地万物，所以资而生而宁而清之本也。……是二氏之谈，与吾佛氏之道，大同而小异也。曰：一即心也。以即用也。清即空也。夫心也者，群灵之本，万法之原。神乎哉，妙乎哉。不可得而名焉，不可得而说焉。”[③]

而且义堂周信还通过解读儒佛之“中”的思想，认为儒佛二者“心”相同，儒学的仁义礼相当于佛教的戒定慧：“忠，中也心也。夫中心者，非世所谓心也。佛祖所传妙心也。中也者，非世所谓中也。天下大本之中也。大本故无道不归焉。妙心故无法不摄焉。推而广之，在儒氏也，仁之、义之、礼之、乐之。而皆不出乎是大中矣。在佛氏也，戒焉、定焉、

① 虎關師鍊：《濟北集》卷十八，上村観光編《五山文學全集》第一卷，（京都）思文閣出版 1992 年版，第 335 頁。

② 参见西村时彦《日本宋学史》，（大阪）梁江堂書店 1909 年版，第 86—87 頁。

③ 義堂周信：《空華集》卷十五，上村観光編《五山文學全集》第一卷，（京都）思文閣出版 1992 年版，第 1771 頁。

慧焉。是三者学皆不离乎是妙心矣。统而一之，则惟中、惟心，心犹中也，中犹心也。曰：惟中而已矣。断断乎，儒于是，佛于是，则忠也恕也。亦皆在其中矣。”①

义堂周信除了在由“中”而延伸出来的“心”的问题上，认为儒佛相契合，而且在“和”的议题上，也主张儒佛一致：“夫和之为义也，其说可考。儒氏则曰：礼之用，和为贵。盖言礼不以和济焉，则烦。和不以礼节焉，则流。礼之与和，得乎适中，而后可以行于己，可以施于人。是儒氏所以贵乎和也。佛氏则曰：梵语僧伽，华言众则合。而有理和焉，有事和焉。曰：戒和则同修，见和则同解，身和则同住，利和则同均，口和则无诤，意和则悦，谓之六合。是事和也。曰：同证择灭，择灭即无为，是理和也。曰事曰理，二者咸和，则何道而弗成，何事而弗辨。是吾佛氏，所以贵乎和也。于和之道大矣哉。天地和而后阴阳泰矣。山川和而后草木藩矣。五行和而后气候均矣。君臣父子夫妇兄弟朋友之类，皆和而后人道昌矣。倘或一弗和，则皆反是。由是言之，和之道可不贵乎。”②

总结义堂周信的儒佛一致论思想可知，其对儒佛一致最为直接的观点是儒之仁义礼智信之“五常”与佛之不杀不盗不淫不妄不酒之“五戒”名异义同：“在儒仁义礼智信，在释不杀、不盗、不淫、不妄、不酒。儒谓之五戒。其名异，其义同。”③ 这一点与虎关师炼对儒佛一致的看法相同。若对儒学与佛教两者之高下加以评判的话，义堂周信仍从佛教本位出发，坚持佛教高于一切，儒学的理论可以被佛教义理含括，对于佛门中人来说，习读儒家经典也是修道之“助道之一”：“凡孔孟之书，于吾佛学，乃人天教分齐也。不必专门，姑为助道之一耳。经云：法尚可舍，何况非法。如是讲，儒书即释书也。”④

仲方圆伊对韩愈、欧阳修排佛、将佛教视为“异端”之作法，大为不满。尽管朱熹也排斥佛教，对佛教有一些极端性发言，但仲方圆伊对

---

① 義堂周信：《空華集》卷十六，上村観光編《五山文學全集》第二卷，（京都）思文閣出版 1992 年版，第 1794 頁。

② 義堂周信：《空華集》卷十七，上村観光編《五山文學全集》第二卷，（京都）思文閣出版 1992 年版，第 1825 頁。

③ 義堂周信：《空華日用工夫略集》永德二年二月二十九日，国际日本文化研究中心中世禅宗数据库。

④ 義堂周信：《空華日用工夫略集》应安四年六月三日，国际日本文化研究中心中世禅宗数据库。

朱熹却给予了极高的评价，认为朱熹“以纲常为己责，心究造化之原，身体天地之运”，实乃“天下儒宗”：“昔碧岩老人，持佛祖左券，发挥正宗。……时柴阳朱元晦为天下儒宗。以纲常为己责，心究造化之原，身体天地之运。虽韩欧之徒，恐当敛衽而退缩矣。抵排异端，甚斥释氏。及见圆悟梅花诗，唱酬不已。稍稍游其门，虽未能至我奥，而潜知有圣贤之道妙，以足讨论焉乎。”①

岐阳方秀的佛儒一致论阐述，大致上也不出伦理与义理两方面的论述范围。岐阳方秀在佛儒一致论之伦理方面，主要述及了儒家在忠、信、孝这三方面，与佛教的教义行为也是可以相互沟通的，比如“为人谋而有忠”就可理解为佛教的“般若妙智”，“与朋友交而有信”本质上乃是佛家的“法性之身”：“夫以解脱应机也。岂不与彼为人谋而有忠者似乎。般若妙智也。岂不与彼朋友交而有信者似乎。法性之身则非我先圣后圣相传且习者焉。”② 在另一个佛儒之间经常发生在争论的“孝”伦理问题上，岐阳方秀虽然也很大度地承认了儒佛在孝问题上的不同，但在其看来，儒家的孝是人出生之后合乎“理”的一种自然表现，但佛教主张的人未出生之前所应该“大精进起大勇猛，撞着所谓本来面目”，也是合乎“理”的表现，既然合乎“理”，那么儒佛就是相通的：“夫孝也者，顺乎理以为孝也。但以理有浅深而不同尔。戒慎不睹，恐惧不闻者，儒教所以行孝而顺乎理也。……吾宗则不尔。人人但向父母未生以前，夫大精进起大勇猛，撞着所谓本来面目，则谓之顺理。孰云不然。”③ 从论证逻辑上讲，岐阳方秀的这种论理方法，似乎说得通，但如果究其实际，显然就有强词夺理之嫌，因为在孝问题上，儒佛的事实前提是不同的。事实前提不同，最终的论证结果自然是不同的。岐阳方秀还举例说，横渠张载的一些观点和说法，实来自佛教，儒佛二教是可会通的：“观彼订顽（西铭）之训，乃知横渠学出吾氏。乾父坤母，民吾同胞，物吾与也。然则其为孝也，菽水云乎哉，甘旨云乎哉。自非其道归一，则何及乎此。达人大观，二教不可不

① 仲方圆伊：《懶室漫稿》卷五，上村観光编《五山文學全集》第三卷，（京都）思文閣出版 1992 年版，第 2511—2512 頁。

② 岐陽方秀：《不二遺稿》卷下，上村観光编《五山文學全集》第三卷，（京都）思文閣出版 1992 年版，第 3006 頁。

③ 岐陽方秀：《不二遺稿》卷上，上村観光编《五山文學全集》第三卷，（京都）思文閣出版 1992 年版，第 2894 頁。

埒焉。”[1] 从中可以看出，岐阳方秀力图论证的儒佛一致论，仅仅是在最高的哲学层面，认为二者相通，即“道归一”，但是若不去关注佛儒在社会层面和伦理领域的一些事实，未免就有蹈空之感。

翱之慧凤的儒佛一致论主张，立足于儒学和佛教共同性的“中论”。在翱之慧凤看来，“中”作为佛教和儒学共同持守的核心概念，足可把儒佛二者统合起来。在《中庸》中有“中也者，天下之大本也”，在佛教中，中道思想也是极为重要的理论，而且“中”可达于“道”，道是本原、是本体，“贞正者不失其中之名也。苟物守其贞正，则必中焉。故曰：中也者天下之大本也。大本也者贞正之谓也。”“真正者不失其中之名也。……故曰：中也者天下之大本也。大本也者贞正之谓也。曹溪大师向明上座，道个不思善不思恶。只是大本也。中者贞正也。纵涉思维，便非中，非真正，非大本之道。”[2] 由于儒佛两家均以“道”为最高之追求，而且“道之在人”，所以佛儒虽有差别，但是在最高的“道”的层面，二者是相通的：“惟道之在人也，孔释虽判，教禅虽各，示吾生故。期两明之极，则靡弗大同矣。”[3] 而且，翱之慧凤还将老庄道家纳入其论“道”的领域，之所以道家可被纳入，除了都主张和追求“道”外，还有“乐”的层面，因为在其看来，“道”似乎看不见、无法体悟，但道的载体即“所乐”则是可见的。就“乐”来说，儒释道三家均主张“乐”，故儒释道三者有其相通之义：“道乌乎有，寓于所乐而已。庄子三十三篇，只从逍遥游而入。孔夫子与门弟子三千，微诘问难，仁义忠信在其中矣。只从个不亦悦乎，不亦乐乎八字而始。华严界内五十二位人，只从个欢喜而初。故学道者无他，只从个有乐于中者。……大矣哉乐之义也。”[4]

季弘大叔将佛教所主张的“慈”与儒教所强调的“仁”进行了对接：“孟轲氏有言：仁人之安宅也。至矣哉此言。儒谓仁。吾谓之慈。其揆一也。孔子之言曰：善人吾不得而见矣。得见有恒者，斯可矣。”[5] 确实，从佛儒二者在社会伦理关怀上来看，佛教的“慈”与儒家“仁”都有“爱”

---

① 岐陽方秀：《不二遺稿》卷上，上村観光編《五山文學全集》第三卷，（京都）思文閣出版 1992 年版，第 2890 頁。

② 翱之慧鳳：《竹居清事》，第 2833—2832 頁。

③ 翱之慧鳳：《竹居清事》，第 2833—2834 頁。

④ 翱之慧鳳：《竹居清事》，第 2825 頁。

⑤ 季弘大叔：《蔗庵遺藁》，玉村竹二編《五山文学新集》第六卷，（東京）東京大学出版会 1972 年版，第 309 頁。

这一人类本位之普世伦理情怀，在伦理的终极关怀意义上，是没有什么重大差异的。如果儒佛均以“慈爱”和“仁爱”正心修身，则就是在恢复人的本性：“久能正心修身以复性之始，则天之与我，不约而为一矣。”① 就佛儒二者会通的抽象层面而论，季弘大叔也如同大多数禅僧一样，从儒之“中”和佛之“中道”论的角度，来谈论佛教和儒学的相似之处：“儒氏有言，中者天下之大本也。吾氏亦有中道之说，其亦不外于兹也。”② 在季弘大叔看来，儒之“中”和佛教之“中道”乃是“道”的体现；孔子所要求的“一贯之道”，非上智之人不能理解和接受，这也如同对佛法的悟道，也须人上之人才能深刻领悟佛教义理、传播和弘扬佛法：“孔夫子呼曾参，告以吾道一以贯之。参应之不过只曰唯焉。”“夫忠者尽己之谓焉。恕者推己之名焉。”“尝考邹鲁圣贤之言，至乎夫师资授受之际，间有与吾氏相契。孔夫子呼曾参，告以吾道一以贯之。参应之不过只曰唯焉。盖于夫子之言，领而不疑也。门人或有惑，则又谕以夫子之道忠恕而已矣。师资授受之际，间不容议如斯。……吁佛祖以来非上智之资，则不能当授受之任。固非世儒所能为也焉。其与吾氏相契者，盖其迹尔。”③ 季弘大叔从儒佛之“道”的接受和传承均需“上智之资”之人这一点来论述佛儒的“相契”之处，视角和切入点甚为独到，这一提法在五山禅林尚无他者言及。

横川景三对佛儒关系的论述，也是从“中”的角度展开阐述的。他是在解读《尚书·洪范》“皇建其有极”时引发出“中”的论述的。在“皇建其有极”中，横川景三将“极”解为“中”。因为在思孟学派及《中庸》中，对“中”格外重视，二程和朱熹还将“中”上升到本体、本原的角度予以论述，所以在以佛来解儒时，往往会将儒家的“中”用来和佛教的“中道”进行对接。这种对“中”的解释模式和阐述逻辑，在禅僧中较为普遍。不过，横川景三虽然也是以“中”来对接“中道”概念，但他的阐释比其他禅僧更为具体。横川景三宗系曹洞宗派，曹洞宗派认为“中道”之“中”，并不是绝对的“中正”，而是有“偏”，这也即是曹洞宗的正中偏、偏中正、正中来、偏中至、兼中到之“偏五位”之说：“洪范曰：

① 季弘大叔：《蔗庵遺藁》，玉村竹二編《五山文学新集》第六卷，（東京）東京大学出版会 1972 年版，第 304 頁。

② 季弘大叔：《蔗庵遺藁》之《刚中说》，第 305 頁。

③ 季弘大叔：《蔗庵遺藁》之《刚中说》，第 306 頁。

皇建其有极。解者曰：皇大也，极中也。夫中也者，德之基也，道之经也，天下之大本也。子思之说中，子思之说中，中者散为万事，合为一理，是也。程氏之谓中，中者，喜怒哀乐未发，寂然不动，是也。……未有舍中能达者也。然方外方内，道无二揆，惟中是建耳。我曹洞氏，有偏五位之说，曰正中偏、曰偏中正、曰正中来、曰偏中至、曰兼中到、其位皆以中为本。云云。”①

景徐周麟主要试图通过与佛教之心性论的对比，进而实现儒学与佛教在最高之义理方面的对接与会通。就心论方面，儒家强调忠的观念，而忠乃是由上中下心构成，所以可认为是从心论中。而由于佛教的中道也即是中心，也即是妙心，由此观之，儒家的“中”和佛教的“中道”都是从心出发，故二者是相通的：“子程子曰：中心为忠。夫子告参乎一以贯之之道。参乎忠恕二字释之。子朱子曰：一是忠，贯是恕。又曰：一是一心，贯乃是万事。是乃儒家者之就心论中字者也。吾能仁氏好居中，所以升中天降中国居中山说中道。中道则中心也。复谓之妙心也。”② 就性而言，佛教的性与儒学《易》之太极，其旨相埒。在景徐周麟看来，性作为佛教的一个本体概念，“其体大而无外，天地人物从此出”，而《易》之“太极”生两仪四象八卦，二者在其本原与衍生方式上是相类似的，只不过是其名有所不同：“佛之言性，其体大而无外，天地人物从此出。与易有太极而生两仪四象八卦，其旨合者也。太极则佛所谓性也。但有闻而论之与见而说之之异也。”③

另外，景徐周麟也强调儒释道三教合一，将孔子称为光净菩萨、将老子称为迦叶菩萨、将颜回称为月光菩萨：“按清净法行径，我遣三圣，化彼真丹。光净菩萨，彼称孔子。迦叶菩萨，彼称老子。月光菩萨，彼称颜回。儒云老云释云，不外乎是。”④ 景徐周麟将孔子称为光净菩萨、将老子称为迦叶菩萨、将颜回称为月光菩萨的作法，其实在宋代的三教合一论述

---

① 横川景三：《小補東遊集続集》，玉村竹二編《五山文学新集》第一卷，（東京）東京大学出版会 1972 年版，第 189 頁。

② 景徐周麟：《翰林葫蘆集》卷八，上村観光編《五山文學全集》第四卷，（京都）思文閣出版 1992 年版，第 413—414 頁。

③ 景徐周麟：《翰林葫蘆集》卷八，上村観光編《五山文學全集》第四卷，（京都）思文閣出版 1992 年版，第 396 頁。

④ 景徐周麟：《翰林葫蘆集》卷八，上村観光編《五山文學全集》第四卷，（京都）思文閣出版 1992 年版，第 383 頁。

中并不鲜见。如果就此深入思考，亦可发现景徐周麟虽主张儒佛道的会通，但仍有个高下本位之判，如果孔子真是菩萨，那么还是要比佛陀稍低一位，在修行上还是未曾达到佛陀的至高境界。

第三节　“儒释一致”论的宋学渊源

“儒释道三教合一”是对儒、释、道三教合流之思想文化现象的一种认知及问题把握方式。“儒释道三教合一”思潮，不仅是中国思想发展史上重大的历史性事件，而且由于其东传日本后，在“五山禅林”激起了有关三教关系的强烈思想论争、对日本历史影响深远，故而它成为中日学界乃至东亚思想史研究领域共同性的一个理论话题。①“儒释道三教合一”的提法由来已久，自佛教初传中土之时就已出现。在历经魏晋及隋唐儒、释、道三教之冲突与融合的较长时段后，北宋时期，有关“三教合一”的论述，开始广泛出现在各个文化群体当中，成为当时知识界争相论述的一个“共同话语”，其论域之广、识见之深，远逾前代。

某种学术和思想的荣兴消歇往往受为政者的个人好恶以及统治阶层的文化策略所左右，此乃传统中国政治文化发展史上一个颇具规律性的定则。“三教合一”之倡，也未能免于此律。宋太宗颁布敕令，主张三教要融合统一：“三教出兴，为法不同，同归于道。”② 御史大夫宋太初

① 就其为数不多的先行研究而论，中日学者均限于对其在自国思想史上具体存在情形的探讨，鲜有在东亚比较思想史学研究的大视野中给予一个综合性的考察和把握。可参见（1）中国学界有：张琏：《三教合一论与“三一教”及其流传海外之情形——以新加坡为例》，《淡江史学》1988年第6期；纪志昌：《东晋戴逵之佛教理解及其于三教交涉意义析探》，《台大中文学报》1994年第12期；郭熹微：《三教合一思潮——理学的先声》，《江海学刊》1996年第6期；凌慧：《宋代“三教合一”思潮初探》，《安徽大学学报》1998年第5期；韩东育：《“三教合流”与儒学主旨的淡出：关于道学处境的再思索》，《思想史研究》（东京）2005年第5号；任继愈：《唐宋以后的三教合一思潮》，《任继愈禅学论集》，商务印书馆2005年版；杨军：《宋元时期“三教合一”原因探析》，《江西社会科学》2006年第2期；李祥俊：《道通于一——北宋哲学思潮研究》第一章第三节，北京师范大学出版社2006年版；（2）日本学界有：戦暁梅：《富岡鐵斎「三教合一」観の変遷》，鹿島美術財団年報（別冊）1999年版；堀口良一：《島地黙雷の「建言三教合同ニツキ」と「三条教則批判建白書」の関連について》，《社会システム研究》1998年第1期。

② （宋）宋太宗：《赐密藏诠道逍遥咏等敕》，《全宋文》第2册，巴蜀书社1989年版，第554页。

言：“礼之中庸，伯阳之自然，释氏之无为，共为一家。”① 这种为政者的宣传大致奠定了宋初三教关系的一个基本格调。不过，由于学术视角、价值追求以及言说立场的不同，其在各色知识群体的具体表述中也是各有侧重。

仁宗时期的宰相夏竦就认为，三教都为救世之教，同具教化之能：“是以天生圣人于叔世，分三教以救之。九州之载，人性淑均，道德可以化焉，礼乐可以教焉。”② 文学名臣宋祁也认为三教同在救世，修习道、佛无害于儒家，不过，从他的叙述来看，他还是给予儒家以特别的关注：“教之持世者，三家而已。儒家本孔氏，道家本老氏，佛家本浮屠氏。吾世为儒，今华吾体者，衣冠也；荣吾私者，官禄也；谨吾履者，礼法也；睿吾职者，诗书也。入以事亲，出以事君，生以养，死以葬，莫非儒也。由终日戴天，不知天之高；终日蹠地，不知地之重。故天下蚩蚩，终无谢生于其本者，德大而不可见也。”③ 曾在神宗熙宁年期两度拜相的王安石，在其融儒、释、道及诸子思想所创立的“荆公新学”中，也表达了“三教合一”的学术理念：“呜呼，礼乐之意不传久矣！天下之言养生修性者，归于浮屠、老子而已。……特礼乐之意大而难知，老子之言近而易晓。圣人之道德诸己，从容人事之间而不离其类焉；浮屠直空虚穷苦，绝山林之间，然后足以善其身而已。由是观之，圣人之与释老，其远近难易可知也。”④ 他指出虽然修身养性同为三教之本，但由于佛、道之学浅易，故而流行于一时，儒家之礼乐之道深远，难以理解。言下之意，儒学是优于佛、道的。

就上层儒家士大夫而论，也有在“三教合一”的基调下，强调佛、道者。出身名门望族的晁迥虽也肯定“三教合一”，但同时他又分判三教之高下。其曰：“儒家之言率性，道家之言养神，禅家之言修心，其理一也，何烦诤论?”又指出尽管“理”同，但佛教之理是高于儒、道之理的，故佛可涵容儒、道：“孔氏之教，在乎名器，如释氏之相宗也。老氏之教，在乎虚无，如释氏之空宗也。唯释氏之教，本乎性理，而兼该二教之事，

① （元）脱脱等：《宋史》第27册·卷277，中华书局1977年版，第9622页。

② （宋）夏竦：《青州龙兴寺重修中佛殿记》，《全宋文》第9册，巴蜀书社1989年版，第163页。

③ （宋）宋祁：《庭戒诸儿》，《全宋文》第12册，巴蜀书社1989年版，第723页。

④ （宋）王安石：《答曾子固书》，《全宋文》第32册，巴蜀书社1989年版，第465页。

方为臻极。”① 张商英拿用药疗疾做譬喻，认为三教虽同在救治众生迷失本性之病，但其方法和疗效皆不同：“三教之语以驱其惑者，药也。儒者治外，而佛者治内；儒者赅博，而佛者简易。儒者使之求为君子者，治皮肤之疾也；道书使之日损、损之又损者，治血脉之疾也；释氏直指本根、不存枝叶者，治骨髓之疾也。……三教之书，各以其道善世砺俗，犹鼎足之不可缺一也。”② 不难看出，张商英对佛教的侍重。

尤为明显的是，此一阶段，面对自中晚唐以来的排佛与儒学复兴思潮，佛教学者试图调和与儒、道过激的龃龉冲突，更为注重三教关系，不约而同地强调“三教合一”，发表相关见解者为数众多，如永明延寿、狐山智圆、明教契嵩、大慧宗杲等名僧不一。永明延寿通过对三教思想的比较，提出道家绝圣弃智、淡泊自处，“保持惟一身之命”，能在个人的修身养性方面发挥作用；儒家行忠孝之道，“阐德垂仁，惟敷世善”，却是层次太低、境界不足，按照他的说法是“未能忘言神解，故非大觉”；只有佛法法力无边，如苍茫之大海，无所不包，且“收万象为一真，会三乘归圆极”，而且他又广泛征引儒、道典籍，以此证明老子、孔子皆为佛家弟子，还判定老子为迦叶菩萨、孔子为儒童菩萨，儒、道都可并于佛教。③ 狐山智圆认为三教义理本于一心，功用皆在回复人的本性，故三教是归于一的。但从义理的深浅层次来看，儒、道关注世间之事，乃外教，而佛教直指人心，是内教，佛教高于儒、道。所以，“三教合一”并非盲目的混同，而应该是以佛教来统摄儒、道。④ 明教契嵩指出三教皆以劝善救世为心，各安其位，缺一不可，“古之有圣人焉，曰佛、曰老、曰儒，其心则一，其迹则异。……方天下不可无儒，不可无老、不可无佛。亏一教则损天下之一善道，损一善道则天下之恶加多矣。”⑤ 然而，就其实际的社会效果来看，“佛氏之道尤验也。”⑥ 大慧宗杲也认为三教在救世功能和根本义理上都是一致的，指出：“三教圣人所说之法，无非劝善

① （宋）晁迥：《法藏碎金录》卷九，《四库全书·子部·释家类》第1052册，（台北）台湾商务印书馆1982年版，第579页。

② （宋）张商英：《护法论》，《全宋文》第50册，巴蜀书社1989年版，第600—602页。

③ （宋）延寿：《万善同归集》，石峻等编《中国佛教思想资料选编》第1册，中华书局1992年版，第77—78页。

④ （宋）智圆：《四十二章经序》，《全宋文》第8册，巴蜀书社1989年版，第190页。

⑤ （宋）契嵩：《光原教》，《全宋文》第18册，巴蜀书社1989年版，第604页。

⑥ （宋）契嵩：《上富相公书》，《全宋文》第18册，巴蜀书社1989年版，第514页。

诫恶，正人心术。”然而，在其具体的论述过程中却以禅宗之发明本心为立论前提和最终的理论归宿。①

比起儒家士大夫阶层和佛者的“三教合一”论述来，道教徒的相关意见甚为稀少。这应与道教徒操持一种不与世争的生活理念和自身居三教之末的弱势地位有关。就其为数不多的发论者当中，道士张伯端的意见格外受人注目。他认为三教同为性命之学，都在探寻人的本性，只不过是教法不同而已。他将《周易》的穷理尽性和《论语》的“四毋”视为儒家的性命之学，比附佛教的空寂和道教的修炼功夫，论证三教合一。依照他的说法：“释氏以空寂为宗，若顿悟圆通，则直超彼岸；如其习漏未尽，则尚徇于有生。老氏以炼养为真，如得其要枢，则立跻圣位；如其未明本性，则犹滞于幻形。其次《周易》有穷理尽性至命之辞，《鲁语》有‘毋意、必、固、我’之说，此又仲尼极臻乎性命之奥也。……岂非教虽分三，道乃归一？奈何后世黄缁之流，各自专门，互相非是，致使三家宗要，迷没邪歧，不能混一而同归矣！”② 不过，从他后来的学术旨趣和宗教实践来看，“三教合一”论并没有成为他最终的学术归宿。

不难看出，宋人对“三教合一”的论述，涉及面极为广泛，不惟止于儒家士大夫阶层，而且在佛教、道教内部均有相当数量的同声唱和和舆论声援。就其发论的层次而言，有关三教之学术理念、教义方法、价值诉求与起源目标等方面的认识也都有不同程度的理论突破。不可否认，也不乏一些如佛教徒视老子为迦叶菩萨、孔子为儒童菩萨般的强拉郎配式的事实想象与主观臆解。然而，由于其学术视角、价值追求以及言说立场的不同，“三教合一”在根本上是不可能达成共识的，原因在于：其“一”究竟是归于儒，归于佛，还是归于道？事实上，“三教合一”论在宋代被提出的那一时刻起，就遭到了激烈的反弹。宋初的正统儒学代表人物，如柳开、被称为“宋初三先生”的孙复、石介、胡瑗、欧阳修以及张载、二程，都以复兴儒学为己任，力辟佛、老，否定三教合一。待理学大师朱熹起，其通过对佛教关乎社会秩序与统合人心之“人伦”的“道德主义”和对建构其形而上哲学核心“空”的“原理主义”两方面釜底抽薪式的批判和解构，自中晚唐以来佛教大盛的局面日益渐消，从而再次确立起了儒学

① （宋）宗杲：《示成机宜》，《大慧普觉禅师语录》卷二十四，《大正新修大藏经》第47册，（台北）财团法人佛陀教育基金会出版部1990年版，第912页。

② （宋）张伯端：《悟真篇浅解·自序》，王沐浅解，中华书局1990年版，第1—2页。

的独尊地位。[①]“三教合一”论，在中国并没有成为其后思想发展的主导趋势。不过，不能不提及的是明代林兆恩综合儒释道三教所创立的“三一教”在福建和江浙一带，作为地方性的民间宗教颇具影响，而且从五山禅林“脱佛入儒”之第一人藤原惺窝受“三一教”教主林兆恩的影响极大。[②]

① 钱穆：《朱子新学案》，巴蜀书社1986年版，第1075—1136页。

② 藤原惺窝受“三一教”教主林兆恩之影响的问题，此处仅提及。

第六章 藤原惺窝的"脱佛入儒"与其儒学思想形态

有着"日本朱子学的鼻祖""近世儒学的开山""后世文学的始祖"之称的藤原惺窝，早在江户时代就名噪于世。荻生徂徕将其与肇造日本文化的功勋人物王仁、吉备真备、菅原道真等人相提并论："昔在邃古，吾东方之国泯泯乎罔知觉。有王仁氏而后民始识字，有黄备氏而后经义始传，有营原氏而后文史可诵，有惺窝氏而后人人知称天语圣。四君子者，虽世尸祝乎学者可也。"① 中国近代学者黄遵宪认为："自藤原肃始为程朱学，师其说者凡五十人。""初削发入释，后归于儒。时海内丧乱，日寻干戈，文教扫地，而惺窝独唱道学之盛。先是，讲宋学者以僧元惠为始，而其学不振，自惺窝专奉朱说，林罗山、那波活所皆出其门，于是乎朱学大兴。"② 学者对藤原惺窝褒奖有加，根本原因是其"独唱道学之盛""专奉朱说"，致力于日本朱子学的传播。其中，藤原惺窝的"脱佛入儒"③，被

---

① 荻生徂徕：《徂徠集·与都三近》卷二十七，相良亨〔ほか〕编《近世儒家文集集成》第3卷，（東京）ぺりかん社1985年版，第287頁。

② （清）黄遵宪：《日本国志》，天津人民出版社2005年版，第782页。

③ 关于藤原惺窝"脱佛入儒"行为得以生发的缘由，主要有这样四种观点：源了圆以为：藤原惺窝和林羅山学问的实学化取向，使得他们排佛，顺应了政治形势［参见源了圆《近世初期实学思想の研究》，（東京）創文社1980年版，第255頁］；辻善之助认为，由于佛教檀家制度、本末制度的形式化，加之寺院僧侣自甘堕落，佛教自身走向了衰亡。"［参见辻善之助《日本仏教史研究》第四卷，（東京）岩波書店1984年版，第27—102頁］；丸山真男解释为："一方面是因为，德川封建社会乃至政治结构，在类型上可以同成为儒学前提的中国帝国的结构相对照，这样儒学理论也就被置于最容易适应的状态中；另一方面是因为，与以前的儒学不同，在近世初期，儒学从思想上进行了革新。"（［日］丸山真男《日本政治思想史研究》，王中江译，生活·读书·新知三联书店2000年版，第5页）；韩东育的概括是：僧侣还俗归儒，既有政治的需要，又有学者的迎合，应该是压力和诱因都有（韩东育《日本"京学派"神道叙事中的朱子学》，载《求是学刊》2006年第4期）。

视为日本近世儒学思想兴起的标志，遂使得日本儒学开始从佛教中独立出来。

第一节　藤原惺窝的“脱佛入儒”与其佛教批判

藤原惺窝曾言：“予自幼无师。”[①] 与其素有相交的姜沆亦谓：“其为学也，不由师传，不局小道。”[②] 如果真以为藤原惺窝无师而自学成才，终成一代儒学大师的话，那么其不免就与人才成长的教育规律有些乖离了。事实上，藤原惺窝孩提时代就拜师受教。不过，他是入寺庙师从僧衲学佛。其高足林罗山为其所撰述的行状中有如是的记载：“甫七八岁投龙野昊东明长老，诵心经、法华经等，皆谙焉，人呼为神童，一旦祝发为浮屠名曰蕣。”而其师“东明师景云寺长老成九峰，姓大江氏，所谓儒而入佛也。先生从事笔研，其所出可知矣。博学禅教兼见群书。”[③] 而且依据《相国寺塔头末派略记并历代》的记载，藤原惺窝还曾侍师文凤宗韶学佛。[④] 有意思的是，时至文凤宗韶忌日，藤原惺窝以悲怆之情一连挥就五首悼念文凤宗韶的挽歌——《文凤禅师忌日》[⑤]，以表达对恩师的哀悼和怀念之情：

天正甲申五月十二日，文凤禅师远忌日也。于是，仲春斯日，预与诸徒辨蒲供，漫涉笔而缀芜辞五篇，聊漏涕慕之曼乙云。

忌辰今日预相迎，泣向春风思阿兄。深重慈恩知几许，沧江却浅岱山轻。

风光虽好恼吟声，缅忆先人胸亦尘。遗爱梅花花溅泪，暗香依旧一株香。

在则人兮亡则书，书巢臣暗墨疎疎。平生学业今谁继？与留凤师

① 藤原惺窩：《惺窩先生文集》卷十，國民精神文化研究所編《藤原惺窩集》，（京都）思文閣出版1941年版，第135頁。

② 姜沆：《惺斎记》，國民精神文化研究所編《藤原惺窩集》，（京都）思文閣出版1941年版，第16頁。

③ 金谷治校注：《藤原惺窩・林羅山》（日本思想大系・28），（東京）岩波書店1975年版，第233頁。

④ 東京大学史料編纂所編《大日本史料〈第12编31〉》，（東京）東京大学出版会1994年版，第511頁。

⑤ 藤原惺窩：《惺窩先生文集》卷一，國民精神文化研究所編《藤原惺窩集》，（京都）思文閣出版1941年版，第41頁。

扫蠹鱼。

太平飞阁枕山形，人杰地灵存典刑。窄窄柴扉今半掩，○云唯有伴单丁。

宛尔吾翁面目真，真成相对转清新。十三年后不遮掩，余得青山净法身。

从上述哀悼之诗中，可一窥藤原惺窝与其师之情意是何等深厚。东明宗昊和文凤宗韶两大禅师皆为藤原惺窝的老师，综合起来可将藤原惺窝其在五山禅林的师承和受教系统图谱约略整理如下：

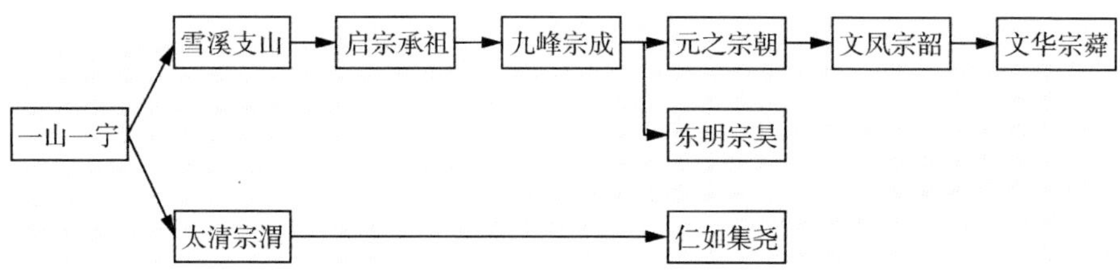

图 6－1　藤原惺窝师承略图

关于东明宗昊和文凤宗韶的史料不为多，但从相关记载看，他们二人虽以佛法为精神旨归，但亦研习儒学，对朱子学有一定的了解和把握。而且，东明宗昊还是一位由儒入佛的高僧。在藤原惺窝还俗后，藤原惺窝对小时候在五山禅林的受教情况时常缅怀，作有《赠五山》之诗：“清容一见是豪英，客万寥寥数日程。无奈陋邦留滞久，料知坡老六无情。”①

藤原惺窝小时学佛，其师有东明宗昊和文凤宗韶两大名衲。至于其无师之说，应该置于儒学之道统传承和“私淑”相承的语境中理解。藤原惺窝从相国寺“脱佛入儒”之实现，直接原因是受到儒家现实伦理的刺激，即因其母之殁而诱发的强烈情感刺激和认识转变。

文禄三年，即西历1544年。是年，藤原惺窝三十四岁，在外游学，出访浅草观音寺。按其自叙：“予以事游武之江户城，而戾止者数十日于此。虽然目下碌碌，无可共话者。官卒市井之儿之争名于仕途，论利于龙断，而徒喧聒而已。一日城氏染织署令，招予以慰藉客怀之无聊。感幸无复

① 藤原惺窝：《惺窝先生文集》卷一，國民精神文化研究所編《藤原惺窩集》，（京都）思文閣出版1941年版，第42頁。

加。漫记小寺言志”。作诗曰：“客馆萧条官道旁，性招堪喜问存亡。人生若得相知乐，何处风烟不故乡。面颜未熟意先亲，赋性如君又绝伦。清白名高士林上，富士可让一由旬。”① 从藤原惺窝之诗作不难觉察出，其身处异域他乡所具有的郁闷之情和忧苦惆怅之感。三月十七日，藤原惺窝接到了母亲过世的噩耗，悲痛不已，更对自己远离膝下而不能亲自尽孝侍奉汤药，悔愧交加，特提笔作诗两首，以表其心：

闻太夫人讣　二首

甲午三月十有七日，瑞室殂落于京之私房。偶游关左，不幸而不及启手足之日。今也归来客馆，未就席。忽报讣音，哭泣擗踊，水浆不入口，因书小诗二章。其一章，悔予之远游之久。其二者，记平生慈仁兼伤家孙之不顺。聊漏鬱陶云。

归养计迟情已空，参商千里隔西东。
吾生不幸虞丘子，恸哭无端树树风。
平日齐家岂顾身，孀居几岁奈酸辛。
有孙不顺曾无恨，妇道母仪思古人。②

在这首诗中，我们可以看到，藤原惺窝本有在家侍奉双亲之意，岂料远在异域而无法归乡，待到母亲大人已经撒手人寰、到了他界之时，自己纵有一腔热情，又有何用呢？欲哭已无泪矣。平日一直是思念着要“齐家”，可在外难以分身，只好让母亲独居在家，想来真是辛酸。此时此刻，她禁不住地想起孝子“虞丘子”之事。虞丘子指的是被视为春秋时期大孝子的吾丘子（亦称丘吾子）。汉代刘向的《说苑·敬慎》中曾记载过有关他的事情：“孔子行游，中路闻哭者声，其音甚悲……见之，丘吾子也，拥镰带索而哭。孔子辟车而下问曰：‘夫子非有丧也，何哭之悲也?’丘吾子对曰：‘吾有三失。’孔子曰：‘愿闻三失。’丘吾子曰：‘吾少好学问，周遍天下，还后，吾亲亡，一失也；事君奢骄，谏不遂，是二失也；厚交友而后绝，是三失也。树欲静乎风不定，子欲养乎亲不待。’”由此可见，

① 藤原惺窩：《惺窩先生文集》卷三，國民精神文化研究所編《藤原惺窩集》，（京都）思文閣出版 1941 年版，第 61 頁。

② 藤原惺窩：《惺窩先生文集》卷三，國民精神文化研究所編《藤原惺窩集》，（京都）思文閣出版 1941 年版，第 64 頁。

在外游学而亲亡，真不免是人生当中最大的过失了。

此时此刻，也即是四月一日，藤原惺窝又迎来了家父逝世以来第十七回的忌日，悲痛溢来，又作诗以记之：

家君忌日诗　三首

文禄甲午四月朔日即家严一十七年之正祎也，偶在逆旅、不耐震悼悌慕之至，钦书小诗三首。其一者叹客中不能设祭尊，其二者假古人冷泉警鸥之句别寓意，其三者叹有儿孙者非干蛊之器、空吾翁一生之本志、失吾家万代之道。是可忍哉？聊漏哀情之曼乙，愿冀灵感。

一

十七年来忧更忧，异乡异客泣啾啾。
蘁新礼典无因备，槐夏风清麦已秋。

二

逝者如斯曾不留，死生元是自浮休。
冷泉泉下乾坤阔，中有玉人闲似鸥。

三

玩嚚孙绝箕裘学，落魄子无冠冕荣。
手泽未乾书佚散，不克扬名却掩名。

通过此诗，我们可以一窥藤原惺窝当时之心境。他如此接连提笔挥毫，心绪和缘由都是相当的复杂，而根本原因则是无法在寺庙当中设置典堂而祭祀双亲、更为自己无法尽孝、不能继承自家统系而悔恨不已。少小离家在外十七年了，独自一人在异乡流浪飘零，春去秋来，时光匆匆。逝者如斯，生生死死。冷泉之家昔日的辉煌，已经不再了。自己怀抱一颗求道之心，出家求学，而今落魄不难，冠冕无荣，不仅不能为家扬名天下，反而是掩名不少。因自己常年在外、不能尽孝而让父母早逝，因早岁出家而无法重振门庭扬名天下……滚滚思潮，终于让藤原惺窝作出了对其人生甚至是对日本历史都具有重大转折性的举动，那就是还俗。

五月二十一日，藤原惺窝见到了自己的叔父也就是普广院的主持、曾带领自己进入佛门的寿泉，随即向寿泉提出了还俗的决意。对于叔侄就此事的商讨过程，我们无法得知，但是从六月二十六日由寿泉所花押的一份具有通告性质的关于藤原惺窝还俗的公函《义绝置文》表明藤原惺窝还俗而离开寺庙了。而最能够表明惺窝彻底尊奉儒教，以儒家伦理规范来立身行事的标志性事件，则是庆长五年（1600 年）他“深衣道服”[①] 谒见德川家康，为其讲解经史。他的这一行为，被学界视为日本儒学从佛教中独立出来的标志。

何以要把他“深衣道服”谒见德川家康视为“脱佛入儒”的标志性事件呢？在被儒家奉为经典、且对儒家士子伦常行为给予重要规范和理论指导的《礼记·深衣篇》中对儒家知识人有过这样的要求：“古者深衣，盖有制度以应规矩绳权衡。”“深衣”背后所隐含的观念则是：“言圣人制事必有法度。”[②] 尽管所谈的是深衣的形式问题，但其绝对是一件法度严谨、饱含象征、具有“深意”的衣服。其对衣服材质、长短、色泽、款式等法度的外在规定和要求，实际上彰显的是对社会理想和人之品质的内在追求。

藤原惺窝似乎对他所服深衣带来的各种舆论反应有充分的考量，按照林罗山的记载，惺窝在着深衣之前，不但考虑到了朝鲜人的诘难，而且还租借其样本，依例进行了细心至微地裁缝：“先生曰：我衣深衣。朝鲜人或诘之曰，其衣深衣可也，奈其薙发何？我对曰：此姑从俗耳。泰伯之亡荆蛮也断发文身，圣人之不许之至德乎。诘者颔之。时余请贺氏，借深衣欲制之。先生听之。翌日深衣道服到。余乃令针工以法裁素布而制深衣。”[③] 深衣即是德之化身，无论何人在何地，只有要儒教之德就可以着深衣行儒道。而且，藤原惺窝又对他着儒服之行为的理由和意义进行了详细地补充和说明：“且夫儒服之制，以余为滥觞者亦奚焉。本邦居东海之表，太阳之地，朝墩霞之所辉焕，洪涛层澜之所荡潏。其清明纯粹之气，锺以成人才。……当此时，若诸儒不服儒服，不行儒行，不讲儒礼者，何以妄

① 京都史蹟会编：《林羅山文集》下卷，（東京）ぺりかん社 1979 年版，第 464 頁。

② （汉）郑玄注，（唐）孔颖达疏：《礼记正义》卷二十九，阮元校刻：《十三经注疏》，上海古籍出版社 1985 年版，第 1467 页。

③ 藤原惺窩：《惺窝问答》，國民精神文化研究所编《藤原惺窩集》，（京都）思文閣出版 1941 年版，第 394 頁。

称儒哉。抑亦儒名而墨行乎。墨名而儒行乎。鹤而乘大夫之轩，余第恐其服不称其身，何论他衣服哉。若又礼义不误，何忧人言。”① 这样讲，是因为在宋明儒的意识里，儒士的责任应该是祖述三代之风、嗣继千年不绝之“道统”。这种“明道续统”、担当文化大任之焦虑与自信在藤原惺窝的思想世界里有着鲜明的体现。从藤原惺窝的言辞中可以看出，他不仅坦然肯定自己着儒服、恪守儒家之礼制乃日本之创举，还坦言担负着传播儒家思想、培育人才的使命，甚至还可以看出其“与中华抗衡”的观念。或许这种于今看来可被视为日本民族主义的文化情结才更是其“脱佛入儒”的真情实意和内在心理。林罗山为其师所做的行状中指出：“凡知先生者推称中兴之明儒，不知先生者妄以为无师无传。夫道一而已矣。人能弘道不可须臾离也，有见而知者有私淑者，有百世之下而兴起者有千里之远而一揆者，故百姓日用而不知。昔仲尼没千有余年周茂叔独接不传之统。道不在兹乎？故先生则是欤。”② 在此，惺窝把“道统”的承继和发扬作为自己安身立命的大任，企图在日本如同朱熹在中国一般要为世人开拓一片新天地。正因为如此，理论的转向和认识的偏移必然使藤原惺窝把批判的矛头指向了佛教。惺窝尊信程朱，而程朱辟禅，惺窝对理学思想的接受和吸纳也将诱发他对佛教的排击。理学与佛教之冰碳不容，前驱韩愈、李翱激烈性的言论和行为自不待言，仅就二程的批判而论，目力已是相当峻切而深刻，而朱熹对佛教的批判则几乎是摧毁性的。

藤原惺窝对佛家的一个基调性的发言是：“释氏既绝仁种又灭义理，是所以为异端也。”③ 且指出：“我儒如明镜，物来即应；释氏如暗镜，却弃绝物。镜中本来固有之明而欲暗之，是害理也。”④ 佛教的另外一个大问题，在于对社会的政治和经济危害行为，因为佛门不交税不纳粮，游手好闲，也不务正业：“当世天下困穷，人民疲敝。盖游手者众多也。食粟之家有余力，力农之夫不足。所谓长安百物皆贵，盖此故也。相率不为寇盗亦可在。余以为游手者十，而浮屠者五六。”⑤ 正惟如此，当右金吾曾向藤

① 藤原惺窝：《惺窝先生文集》卷十，國民精神文化研究所編《藤原惺窩集》，（京都）思文閣出版 1941 年版，第 138 頁。

② 京都史蹟会編：《林羅山文集》下卷，（東京）ぺりかん社 1979 年版，第 467 頁。

③ 京都史蹟会編：《林羅山文集》下卷，（東京）ぺりかん社 1979 年版，第 464 頁。

④ 京都史蹟会編：《林羅山文集》上卷，（東京）ぺりかん社 1979 年版，第 347 頁。

⑤ 藤原惺窝：《惺窝问答》，國民精神文化研究所編《藤原惺窩集》，（京都）思文閣出版 1941 年版，第 394—395 頁。

原惺窝请求禅语时，惺窝对其是断然拒绝，谓：“予性不好佛。”① 如果说他性不好佛，就未免有点虚伪了，因为他自七八岁入相国寺学佛时有年矣，生活的环境对其潜移默化之影响应该是存在的，对佛教所显示出来的排斥和反对态度，无疑显现了其信仰的转变。而且，他还经常告诫弟子：“异书者，先哲所戒。”② 因为孔孟之道，才是先哲之圣道，作为儒门弟子，理应时刻谨慎戒备，有所自省：“孔子曰：‘道不同不相为谋。’孟子曰：‘能言距杨墨者，圣人之徒也。’子释氏之流，而我圣人之徒，方当距之不暇，而反为道不同者谋也？无乃犯圣人之戒，而自陷于异端之归乎？”③ 作为圣人之门徒，应该恪守自己的信仰，有自己的追求，无时不刻都应该向宋儒看齐：“宋儒之高明，诚吾道之日月也。汉唐训诂之儒，仅释一二句，费百千万言，然浅近如此。”④ 当然对于佛教僧众沉浸于自己的世界、而贬低其他文化和思想的言行和举动，藤原惺窝以为人们应该对此有足够的宽容和理解。为此，他在目睹了佛教的崇拜对象释迦牟尼的画像时，禁不止地作诗感慨：“（题释迦出山像）采果拾薪无世纷，爱他山里自心情。从今五十年来事，回首应愆出岫云。”⑤

第二节　藤原惺窝的儒学观

藤原惺窝“脱佛入儒”之行为居然使得他年逾六十岁心系佛家有年的老母的思想和认识发生了一百八十度的大转弯，使其从对儒学的无视甚至抵触而转轨为学习和抄送儒书。这从某种意义上可视为儒道深入人心、具有强烈社会影响力的一种表现。对于儒佛之间的差异，藤原惺窝曾以激烈的言辞表达过这样一个观点，即“我儒如明镜，物来即应。释氏如暗镜，却弃绝物。镜中本来固

① 藤原惺窝：《惺窝先生文集》卷二，國民精神文化研究所編《藤原惺窝集》，（京都）思文閣出版 1941 年版，第 46 頁。

② 藤原惺窝：《惺窩先生文集》卷十一，國民精神文化研究所編《藤原惺窩集》，（京都）思文閣出版 1941 年版，第 149 頁。

③ 藤原惺窝：《惺窩先生文集》卷四，國民精神文化研究所編《藤原惺窩集》，（京都）思文閣出版 1941 年版，第 288 頁。

④ 藤原惺窝：《惺窩先生文集》卷十一，國民精神文化研究所編《藤原惺窩集》，（京都）思文閣出版 1941 年版，第 153 頁。

⑤ 藤原惺窝：《惺窩先生文集》卷四，國民精神文化研究所編《藤原惺窩集》，（京都）思文閣出版 1941 年版，第 71 頁。

有之明，而欲暗之，是害理也。”① 儒道如明镜，物来即应，容易理解。若是将佛教拟比为暗镜，似乎强词夺理，难解得通，因为世上本无暗镜之说；不过，将佛教斥为害理之教，对一个反佛的儒者来说，也似合乎情理。

藤原惺窝的儒释之判所依据的原理是心性问题。他认为在佛教义理中依据心而得出“无”的过程，在逻辑上是行不通的。心为“有物”，那么佛教的终极关怀不管是极乐世界还是地狱世界，都为“有物”。然而，佛家又说心为“无物”，可心为“无物”所得出的“极乐、地狱”仍是“无物”，故而说由一“心”而得出“有物”与“无物”两种不同结果，自然不可信。按照他的话说：“释迦佛之一切经中，有心为有物，极乐、地狱为有物之说。又心无，极乐地狱亦无之说多矣。然心为无物之说为其结论也。心若有物，则心为无物为其结论也。故得世之生活为无物之结论也。”② 对于儒道，藤原惺窝认为，儒道之性是受天之性而来而复归于天之性。因为人心有伪，心存邪念，而作奸犯科、干尽坏事，会受天谴而亡，子孙亦可能会亡，其心不能归于天。人之所以明德、诚心、践行五伦纲常以及施与慈悲，是为了复归于天之本性：“在儒道，此性受天之性而生，而归本于天之性。然心有伪，害人、妒人，心邪，则傲者，此世受天之责而亡身，又子孙之代而亡，或死后，其心呻吟，不能归于天也。以此而恐天、明德、诚心、行五伦五常、专念慈悲，此性归天之本土而乐于事。祈天祈祷不为归。”③ 显然，这里面既有佛教因果报应的思想在，又隐含着孟子“尽心知性知天”的思维模式。

对于儒学的基本态度，藤原惺窝是服膺宋明理学的。他将宋明理学喻为日月，同时还批评汉唐训诂具繁细琐屑之弊端，为了一词一句，而注疏百千万言，并且还离题万里，无所效用。在他看来，连一代汉学大师何休的公羊注疏，亦是杂乱无章，混淆是非，大小字体，高低排行，费眼劳神：“宋儒之高明，诚吾道之日月也。汉唐训诂之儒，仅释一二句，费百千万言，然浅近如此。如何？然亦名物度数，不可不一校者欤，思之，此疎。公羊之语下之疎，何休注下之疏，错杂混淆，行无高低，字无细大，

① 藤原惺窝：《假名性理》，國民精神文化研究所編《藤原惺窝集》，（京都）思文閣出版1941年版，第399頁。

② 藤原惺窝：《假名性理》，國民精神文化研究所編《藤原惺窝集》，（京都）思文閣出版1941年版，第408頁。

③ 藤原惺窝：《假名性理》，國民精神文化研究所編《藤原惺窝集》，（京都）思文閣出版1941年版，第409頁。

见者费眼力乎，如何?”① 基于此，他专门批评日本学界固守自闭，仅知汉唐注疏之学，而不知儒学已经发展到讲求义理之道的宋明理学：“日本诸家言儒者，自古至今，唯传汉唐之学，而未知宋儒之理。四百年来，不能改其旧习之弊，却是汉唐非宋儒，是可悯笑。”② 作为学者，要晓得学术是有发展的，不能作茧自缚，鼠目寸光，注疏训诂的最终目的是为了得其中之理，以行善行事，当下最该值得学习的非程朱理学莫属了：“程子之言，于是可徵焉。春秋之戒，于是可守焉。所谓五经如药方，春秋犹用药治病。”③

四书五经是儒学的文本依据，无论汉唐之儒，还是宋明理学家，都以其为基础经典。藤原惺窝指出：“数百千载而圣贤出，盖难矣。数千万里而圣贤处，岂易哉？纵生其世同其地，仅止其人而已。况乖逢不可测也哉。书之为书，会百千万人乎一室，缩百千万里乎尺地，终百千万世乎少时，益难矣。书之所存也，圣贤之所存也。上临旁先，斯师在此，斯友在此，其时其地亦在此。”④ 而且他还指出六经皆为“圣贤明道经世之书”：“《大学》《论语》《孟子》《中庸》《礼》《书》《春秋》《易》，皆圣贤明道经世之书。虽非为作文设，而千万代文章皆从是出。”⑤ 这种说法虽不出历来儒家知识人对经典的总体看法，但其强调六经载道而经世，与新儒学家的主张若合符节。他认为经书留传于今，也是历经艰险磨难，寄托着数代儒者的心血：“因千载而遗经，绎千载之绝绪，深造独诣，旁搜远绍，自结绳所替，龙马所载，神龟所负，孔圣所藉。”在儒学发展史上，张载、周敦颐、程颐、程颢、朱熹等一脉相承的理学，以扩充天理求其放心为最高学术旨归：“迄于廉洛关闽性理诸书。靡不贯穿驰骋，洞念晓折，一切以扩天理收放心。”⑥ 宋明儒学以理为天下之本原，“扩天理收放心”与孟

① 藤原惺窝：《惺窝先生文集》卷十一，國民精神文化研究所編《藤原惺窩集》，（京都）思文閣出版1941年版，第153頁。

② 藤原惺窝：《惺窝先生文集》卷十，國民精神文化研究所編《藤原惺窩集》，（京都）思文閣出版1941年版，第135—136頁。

③ 藤原惺窝：《惺窝先生文集》卷七，國民精神文化研究所編《藤原惺窩集》，（京都）思文閣出版1941年版，第106—107頁。

④ 藤原惺窝：《惺窝先生文集》卷八，國民精神文化研究所編《藤原惺窩集》，（京都）思文閣出版1941年版，第119頁。

⑤ 藤原惺窝：《文章达德纲领》卷一，國民精神文化研究所編《藤原惺窩集》，（京都）思文閣出版1941年版，第13頁。

⑥ 姜沆：《惺斋记》，國民精神文化研究所編《藤原惺窩集》，（京都）思文閣出版1941年版，第16頁。

子的"求其放心"实是异辞而同义，皆要从心出发。当然，从心出发，就不免不提到陆象山。尽管朱熹和陆九渊围绕"性与理"还是"心与理"发生过有名的鹅湖之辩，但在藤原惺窝看来，二者在本质上其实并没有什么不同，所以他也还是深深服膺陆九渊之学说的："余问曰，孟子道性善，荀子谓性恶。陆象山天地之性人为贵论亦曰，性恶再为荀况之说，如何？先生曰：有疑也。是不落题乎。余归见黄氏日抄。云，象山破题云尔。于是乎余服先生之言不苟矣。"①

不因朱熹和陆象山之间的意见分歧而斥此取彼，可以说几乎是日本所有朱子学家一贯的作风和作法。藤原惺窝在给和歌蒲菅神庙题写碑铭时，转借陆象山之言写道：

> 知者之知，仁者之仁，先觉觉之，后觉亦觉之。东西海之圣人同之，南北海之圣人亦同之。②

显然，其所遣词用句皆来自宋明理学，尤其是后句"东西海之圣人同之，南北海之圣人亦同之"，来自已经被视为陆九渊思想之精华总结的那段名文：

> 东海有圣人出焉，此心同也，此理同也；西海有圣人出焉，此心同也，此理同也；南海、北海有圣人出焉，此心同也，此理同也；千百世之上有圣人出焉，此心同也，此理同也。千百世之下而圣人出焉，同此心也，同此理也。③

当然，在对宋学的态度问题上，藤原惺窝是倾向于程朱学说的。其弟子堀杏庵记载了藤原惺窝对他的一些教诲：

> 惺窝云，学问之道，分别义理，以理一分殊为本。万物一理，无

① 藤原惺窝：《惺窝问答》，國民精神文化研究所編《藤原惺窩集》，（京都）思文閣出版1941年版，第392頁。

② 藤原惺窝：《惺窝先生文集》卷八，國民精神文化研究所編《藤原惺窩集》，（京都）思文閣出版1941年版，第117頁。

③ （宋）陆九渊：《象山先生全集》卷三十五（四部丛刊），商务印书馆1935年版，第221頁。

我无间，则必入理一，流于释氏之平等利益、墨子之兼爱。专以分殊见之，则必流于杨子之为我。二者皆未得其善。故读圣贤之书，晓圣贤之心，则专以理一分殊为宗。若可，则无弊矣。①

理一分殊是程朱理学的一大重要命题。张载、二程及朱熹都对此有过精辟的论断。藤原惺窝的上述对理一分殊的认识，亦可以从程伊川的原话中搜寻得出来：

《西铭》理一而分殊，墨氏则爱合而无分。分殊之蔽，私胜而失仁。无分之罪。兼爱而无义。分立而推理一，以止私胜之流，仁之方也。无别而迷兼爱，至于无父之极，义斯亡也。②

就此，朱熹与其弟子更有详细的问答：

问：去岁闻先生曰：“只是一个道理，其分不同”，所谓分者，莫只是理一而其用不同，如君之仁、臣之敬、子之孝、父之慈、与国人交之信之类是也？

曰：其体已略不同，君臣、父子、国人是体，仁、敬、慈、孝与信是用。

问：体用皆异。

曰：如这片板，只是一个道理，这一路子恁地去，那一路子恁地去；如一所屋，只是一个道理，有厅，有堂；如草木，只是一个道理，有桃，有李；如这众人，只是一个道理，有张三，有李四，李四不可为张三，张三不可为李　四。如西铭言理一分殊，亦是如此。

又曰：分得愈见不同，愈见得理大。③

理是朱子学的核心概念。在朱熹看来，万事万物皆以理为本原，理是万世万物的存在方式。为了进一步寻得理的根本认知，藤原惺窝曾还专门

① 堀杏庵：《杏阴稿》卷四，转引自太田青丘《藤原惺窝》，（东京）吉川弘文馆 1985 年版，第 143 頁。

② （宋）程颢、程颐：《粹言》卷一，《二程集》，中华书局 2004 年版，第 1202 页。

③ （宋）黎靖德编：《朱子语类》卷六，中华书局 1981 年版，第 64 页。

借得朱熹编撰的《延平问答》以期对"理"有较为系统性的理解和把握："延平遗录二册读了。幸幸，非足下之幸，而余之幸也。然非余之幸而已，盖国之幸也，万人之幸，万世之幸，亦在于此。非余与足下之幸不幸而已。思焉，虽然静坐未发之中。一变入释，先儒之明诚可见，诚敬之工夫，彻上彻下，洒落在其中欤。鲁齐全书一册，心法一册，二编大较一书也。其议论岂外程朱哉。以其出处之行实见，则其人可知焉，其人可敬焉。今日读者亦得入头之处，然后见其议论之诚实，读者亦得践履之实乎。书自书，我自我，我自何，何益哉。"① 在此，藤原惺窝将读《延平问答》不仅视为自己的幸事，而且还把它提高到国家的政治高度，认为是"国之幸"。虽然他并没有完全表达出自己对《延平问答》及理学的理解，但是可以从其溢于言表的亢奋情愫感知到他对宋明理学的崇拜和笃爱之情。

藤原惺窝对"理"的理解，体现在这样一段文字中：

> 夫天道者理也。此理在天，未赋于物曰天道。此理具于人心，为应于事曰性。性亦理也。盖仁义理智之性，与元亨利贞之天道，异名而其实一也。凡人顺理，则天道在其中，而天人如一者也。狥欲，则人欲胜其德，而天是天，人是人也。是故君子用力，以知复乎天命之实理。小人肆欲，而不知近乎禽兽。中庸曰，致中和，天地位焉，万物育焉，实以我之心而通天地之心，则范围有道，而天地自我位焉。以我之心而通万物之心，则曲成有道，而万物自我育焉。不惟是子思，子贡亦曰：夫子之文章可得而闻也，夫子之言性与天道，不可得而闻也。是即理与天道，所无二之微也。今举二说，以对言之者也。②

这段对理学的总体性认识，几乎是包含了朱熹有关天道、理、心、性等宇宙自然秩序和社会人伦认识的绝大部分观点和看法。理是无处不在的，对于理与性，朱熹讲："宇宙之间，一理而已。天得之而为天，地得之而为地，而凡生于天地之间者，又各得之以为性，其张之为三纲，其纪之为五

① 藤原惺窝：《惺窩先生文集》卷十一，國民精神文化研究所編《藤原惺窝集》，（京都）思文閣出版1941年版，第148頁。

② 藤原惺窝：《惺窩先生文集》卷十，國民精神文化研究所編《藤原惺窝集》，（京都）思文閣出版1941年版，第131—132頁。

常，盖皆此理之流行，无所适而不在。”① 所以说性也即理也：“性即理也，当然之理，无有不善者，故孟子之言性，指性之本而言。”② 对于人欲问题，朱熹谓道：“只是一人之心，合道理底是天理，狥情欲的是人欲，正当于平分界处理会。”③ “心一也，方寸之间人欲交杂，则谓之人心；纯然天理，则谓之道心。”④ “有个天理，便有个人欲，盖缘这个天理须有个安顿处。”⑤

尽管藤原惺窝对理学的心性、性理以及理欲等问题都有所关注，但其面对庞大的理学体系，想要作出彻底而深刻的理解和把握，困难相当大。在当时之日本，对程朱理学有所了解者，并非藤原惺窝一人，且还为数不少。然而，知晓是一个问题，而能够接纳、信服进而付诸实际行动又是另外一回事，而以身践履则更为艰难。对此，藤原惺窝讽刺过那些只知其表而不知其意的五山禅僧们：“彼屠夫已知周程张朱之诸老先生，如何其所自注，以王韩孔疏，汲取相接哉。因想沿袭之弊，俄相革之难如此，吾人之旧习，可惧亦如此。历禄之字义，粗贴片纸，见此字解，则汉唐训诂之学，亦不可不涉猎着也。其器物名数典型，虽曰程朱。依焉而不改者多矣。让焉而不注者数矣。所谓十三经疏云者，鱼亦所欲也。”⑥ 藤原惺窝对僧侣们的讽刺和讥笑，无疑是他对自己信奉程朱理学、转归儒门的一种自我安慰，亦可谓是一种儒士傲态的显现。

藤原惺窝信奉程朱，但又不完全囿于程朱自身，对当时那些有名的新儒家知识人的学术情况以及整个宋明理学家们的学术圈都有一定的了解和关注，比如一般在理学史上鲜被人提及的陆文安、张敛夫、吕伯恭、许文正、吴文清、罗整庵、霍渭厓、陈清澜、金谿等人，他都作出过评判，而且还批判那些曾质疑和反驳过朱熹的学者。他极力肯定朱熹，认为朱熹“既往圣，开来学”，乃道统之承传者，其学“质笃实而邃密”，至于其他后学，就不及朱子之学有创见、有体系和有深度了，他们的问题在于“支离之弊”。藤原惺窝认为罗整庵、霍渭厓、陈清澜等人，以朱子之道行天下为己任是没有什么错的，但以此来排挤和诽谤陆象山之心学，以为其

① （宋）黎靖德编：《朱子语类》卷七，中华书局1981年版，第72页。

② （宋）黎靖德编：《朱子语类》卷五，中华书局1981年版，第48页。

③ （宋）黎靖德编：《朱子语类》卷七八，中华书局1981年版，第266页。

④ （宋）黎靖德编：《朱子语类》卷一一八，中华书局1981年版，第535页。

⑤ （宋）黎靖德编：《朱子语类》卷一三，中华书局1981年版，第144页。

⑥ （宋）藤原惺窝：《惺窝先生文集》卷十一，國民精神文化研究所编《藤原惺窩集》，（京都）思文閣出版1941年版，第155頁。

偏，则未免就没有什么眼界和胸襟了。因为两家都是以学道为宗，以天下为己任，只不过是殊途罢了。二人不做桀纣，行于尧舜之道，同尊孔孟，同排释老，同天理为公，同人欲为私，在道理和学说旨归上是相同的，认清这一点，就不应该再彼此指责，相互排斥了，以包容之心，设身处地，体谅对方进而贯通其理。

藤原惺窝对于理学大家们的各自优长，有所深察，因为人都有各自的长处：“圣贤千言万语只是人理解要得。故所示虽不同，然入所即一。且古人各自有人入头处。如周子之主敬，程子至持静，朱子之穷理，象山之易简，白沙之静圆，阳明之良知，其言似异，入处无别。”① 周敦颐主敬、二程持静、朱熹穷理、陆九渊易简、陈白沙之静圆、王阳明之致良知，都是宋明理学家的治学门径和学术特点。虽其各有不同，但他们所追求的目标和境界则是一致的。所以，对其不应该有什么门户之见，更不应该厚此薄彼、文辞相轻，以包容的学术胸怀看待这些差别，多样化和多元化才是学术的本来面貌和真实存在状态：“古往今来，孰无是心，而心为形役，举世同然。有放而不求，视不若鸡犬，日夜之所思，又尽于牛羊，岂不可知之甚。”② 藤原惺窝对王阳明亦是崇拜有加，著文《谨献阳明殿下》将其称为殿下，以泰山喻之，并认为其可比肩于孔子。

对于为学之目的与功用，藤原惺窝曾告诫过他的弟子林罗山为学要不为“售世”：“先生谓余曰，汝谓以何为学？若求名思礼，为己者非。又若，欲以此售世，不学非若愈。”③ 为学不为稻粱谋，这是儒家知识人的一贯主张和作法。不过，从林罗山后来成为德川家康的坐上座、沦为幕府的御用学者的情形来看，藤原惺窝的言教似乎并没有起到多大作用。

就基本情形而论，藤原惺窝的儒学思想不但没有超脱出中国宋明学者们的思考范围，而且拿现今颇为规范的学术术语讲，有学术剽窃和盗袭的嫌疑。之所以这么讲，是因为在能够代表且体现藤原惺窝思想水平和思维深度的《大学要略》中，既有明代学者林兆恩著述文辞和思想话语的鲜明痕迹，又有朱子学和阳明学的不少观点夹杂于其中。

---

① 藤原惺窝：《惺窝问答》，國民精神文化研究所編《藤原惺窩集》，（京都）思文閣出版1941年版，第395頁。

② 姜沆：《惺斎记》，國民精神文化研究所編《藤原惺窩集》，（京都）思文閣出版1941年版，第17頁。

③ 藤原惺窝：《惺窝问答》，國民精神文化研究所編《藤原惺窩集》，（京都）思文閣出版1941年版，第391頁。

第三节　《大学要略》之意旨

《大学》，居四书之首，分三纲八目，从修身迄于治国，几乎无所不包，所主张的“内圣而外王”的政治伦理哲学，自汉代始，就被视为为政之必读书目而受到高度重视。儒学传至日本后，《五经》遂成为皇族、朝臣、武士以至知识人的必备课业。天皇和一些朝臣也不定期地请专门学者讲授《大学》等儒家经典，渐次成为一项不成文规矩，延续下来。①

藤原惺窝在文禄二年（1593 年）受德川家康之邀赴京为其讲授过《大学》之外，在元和五年（1619 年），细川忠利、浅野长重也曾请他讲授《大学》。藤原惺窝乃综合众说、折中而讲：“元和五年巳未夏五月。源君发自东武而入洛。候伯群卿大夫皆从之。细川越河太守忠利闻先生之言论甚慕之。忠利与浅野采女正长重相善。长重者幸长弟也。共会先生，忠利等请讲大学。先生为折衷众说以高之。”② 对于其所讲的细节情况，于今已难以详察。根据菅玄同的记载，能够确知的是，其所讲的《大学》内容，由于受众对象是一些官吏闲杂人士，故内容层次自然较为浅显，大抵也就相当于一个导论或入门水平：“顾寸铁录、逐鹿抄若干纸，为初学蒙昧而发挥，别行于俗间，敢不赘斯矣。”③

德川家康请藤原惺窝为其讲授《贞观政要》和《大学》的政治用意也很明显：一方面向世人宣告自己按照朝政传统，延续《贞观政要》和《大学》等国家管理方面的政治素养的受教传统，另一方面则通过社会中上层的知识人对其统治合法性的认可而获取民心。而藤原惺窝着“深衣道服”、一身儒士扮束，为其讲授《贞观政要》和《大学》，这么做一则是宣示从佛教中脱离、转轨于儒门，另一方面他也是试图权力寻租——与最高权力者德川家康合作以践履儒家治国平天下的政治理想。应该说，藤原惺窝和德川家康的初期合作，对于二者来说都可算作成功。其后，藤原惺窝和德川家康的交往如何，因缺乏相关方

① 蔡毅：《日本における中国伝統文化》，（東京）勉誠出版 2001 年版，第 42—44 頁。

② 金谷治校注：《藤原惺窩・林羅山》（日本思想大系・28），（東京）岩波書店 1975 年版，第 225 頁。

③ 藤原惺窩：《续藤原惺窝集序》，國民精神文化研究所編《藤原惺窩集》，（京都）思文閣出版 1941 年版，第 292 頁。

面的史料记载，不得其详。

藤原惺窝对儒家经典解释的著作主要是《大学要略》，但其残缺不全，体系并不完整。[①] 如果撇开藤原惺窝对林兆恩著作原封不动的抄袭和盗作的话，当然古代社会还没有完全和真正意义上的学术规范和学术批评，那么，一定意义上来讲，藤原惺窝对朱熹、王阳明和林兆恩诸说的综合和折中，也不失为一种积极而有效的学术方法。

藤原惺窝在《大学要略》中常出现的“林子”，系指明代学者林兆恩。[②] 藤原惺窝“北肉山人”的别号就与林兆恩的《心圣直指·艮背心法》有关。对于藤原惺窝为何取“北肉山人”之别号，林罗山指出其是阅林兆恩之《艮背心法》而心有所动，遂取之：“先生阅林子艮背心法。……先生以艮其背兼山艮，故自号曰：‘北肉山人’。所谓不以其山而僻之，而以天下万世之山以为山者。天下万世之山人也，斯其为孔孟之山人也。”[③] 而且，藤原惺窝的《大学要略》（又名《逐鹿评》）也来自于林兆恩的启迪。他对《大学》的解读，既吸纳了林兆恩基于社会伦理生活的形而下关怀，又汲取了朱熹、王阳明等人对其解释的形而上色彩。

（一）对“三纲”的理解

“明明德、亲民、止于至善”之三纲领是《大学》的统帅和灵魂。藤原惺窝认为，善是先天的，一以贯之于物之始终，具有先验特征，故可以明德为本，通过亲民，自觉于善而应然处之：“明德、亲民、至善，此三者中，言以何工夫而得入，我儒之学成全体大用之学，有至善之体，则必有明德、亲民之用也。其至于至善，有自然化育之功，故明明德。其明德

① 藤原惺窝所撰著的《大学要略》，分上下两卷。书名虽然是依据卷头之题名而来，但由于上卷名之《大学逐鹿》，下卷题名《逐鹿评》，上下两卷之卷首题名并不一致，所以据此也把《大学要略》称为《逐鹿评》。从现今留下来的一些藤原惺窝著作的江户刻本来看，两者都通用流行，有的刻本作《大学要略》，有的刻本题《逐鹿评》，如关西大学图书馆所藏宽永七年的刻本，就题名《大学要略》，而筑波大学图书馆所藏宽永七年（1630 年）的刻本则将二者并在一起题称《大学要略·逐鹿评》。

② （明）林兆恩（1517—1598），乃明代嘉靖万历年间人士，字懋勋，号龙江，道号子谷子，世称“三教先生”，教徒尊为“三下教主夏午尼氏道统中一三教度世大宗师”。三十岁时弃科举，专心研究宋儒和当时王阳明的“身心性命”之学，创儒、道、释“三教归一”学说。其著有《三教正宗统论》36 卷，劝人为善，弟子重大，颇具影响。而现今在浙江、福建、广东等地均有许多“三教祠”，“三一教”信众亦不少。参见林俊雄《独具特色的民间信仰“三一教”》，载《中国宗教》2007 年第 2 期。

③ 金谷治校注：《藤原惺窩·林羅山》（日本思想大系·28），（東京）岩波書店 1975 年版，第 225 頁。

之人伦之明始，亲民亦始。”① 他将“明德”视为关于社会伦理之事：“‘明德’，乃君臣、父子、夫妇、长幼、朋友之五伦五典也。”② 他的这一基于社会人伦的思考，不仅其旨趣与林兆恩相同，就连其引证也与林兆恩惊人地相同。③

藤原惺窝对“在亲民”解释道：“‘在亲民’，正人伦而使上下相亲和睦。故孟子曰：‘人伦明于上，小民亲于下。‘亲’字云有亲爱养育之心，即养之义也。——私按，云‘明德’中有教之心，则亲民应有养民之义也，故应云亲爱养（育）。后生罪我知我，在此也。”④ 比起林兆恩、朱熹对其的片言少语，藤原惺窝结合日本社会的阶层状况和社会分工，详细解释道：“‘民’，士、农、工、商之四民之四业也。云‘亲’字里，有养育之心也。五典之外以教道为本，谓之异端，人主之所禁也。凡人伦，教、养之二，一日亦不可失也。不从教内，刑兵之二，必有失也。此二，弼教养之上有四（此句似有脱文——引者疑），先士升官位也，故选贤德与才能。此中才德以官位、贤德以位也。士，具贤德之二也。二者之具者，全才难能也。有其一，必举用。”⑤ 士农工商可以说是古代社会“民”的具体存在形态，亲民，即是要对构成社会主体的士农工商阶层给予必要的关怀和照料。具体言之，就是要对四民实施教养之法，通过人伦教养而使其具爱人之心。当然，对于不符礼教者，加以刑兵之法是必要的；而对于那些有才德者，则需要依才据德，委以重任，使得社会之礼、人伦之教更加合理化和秩序化，亦使四民体系益加完备和牢固。

“止于至善”，可以说是《大学》之道的根本诉求和终极关怀。藤原惺窝以为，善是人乃至宇宙自始至终贯穿其中的一种实存，“止于至善”乃是使善处于心之极处而不使其发生变化：“‘至善’，极处也。‘至’，指我心之极处也。止于我心之极处之至善而不移，《大学》之人无内外之差别而粲然也。”⑥ “‘至善’，阴阳未分之前、始、中、终，贯通一个善也。浑然在中、粹然至善者也。《系词》‘继之者善’、《中庸》‘不明乎善’，又

① 藤原惺窝：《大学要略·逐鹿评》卷上，《藤原惺窝集》，第 386 頁。

② 藤原惺窝：《大学要略·逐鹿评》卷上，《藤原惺窝集》，第 379 頁。

③ （明）林兆恩：《林子全集》亨部《大学正义纂》，书目文献出版 1998 年版，第 423 页。

④ 藤原惺窝：《大学要略·逐鹿评》卷上，《藤原惺窝集》，第 385 頁。

⑤ 藤原惺窝：《大学要略·逐鹿评》卷上，《藤原惺窝集》，第 379 頁。

⑥ 藤原惺窝：《大学要略·逐鹿评》卷上，《藤原惺窝集》，第 385 頁。

《孟子》‘可欲之谓善’，此皆至善之善者也。”① 在此，藤原惺窝的解释与林兆恩解释中的数句相同：“林子曰，浑然在中，粹然至善者。至善也，《系词》所谓‘继之者善’、《中庸》所谓‘不明乎善’，《孟子》所谓‘可欲之谓善’，此皆至善之善者也”②

（二）对“八目”的解读

藤原惺窝的“格物致知”论，多来自林兆恩的总结。而林兆恩对其的解释，基本上是对朱王之说的综括。

尤为特别的是，藤原惺窝对“诚”的解释，既释其本真义，又认识到“诚”所具有的形而上天道色彩。对于前者，他是这么解释的：

> 诚，有真实无妄之注。仅真实二字，则何事亦有人之无伪之诚之心得，故添无妄二字。无妄，我心清明，则善恶邪正镜中见，心诚明也。《中庸》之‘自诚而明，自明而成’有圣贤之差别，可合考。③

从哲学本体的角度来论述“诚”的作法，是宋明理学的一大创见，尤其是将其与天和天道问题作一体思考，无疑增加了“诚”的抽象色彩。藤原惺窝直陈：“诚即天之本体”，且将春夏秋冬四时运行之不乱比附为“诚”的表现形态。由于四时运行乃自然天道之实然，那么“诚”也自然合于天道。正因为天、天道以及天命是不可违抗的，对“君忠节、对亲行孝、对人施与慈悲”，就是天道自然，所以也应该是“诚”之必然：

> 何谓诚？无伪之谓诚。此是天之本体也。春、夏、秋、冬、土用，每年毛头次第不乱为诚。人生人、梅为梅、樱开樱花谓之诚。天之所限之为里无丝毫之伪，故天之本体谓之诚。我心乃天之所分，人而无为合自然之天道也。若有伪，则背于天而子孙灭。对君忠节、对亲行孝、对人施与慈悲，乃诚之源也。④

藤原惺窝的这种论述，很容易在宋明理学家的发言中找到依据。就

① 藤原惺窝：《大学要略·逐鹿评》卷上，《藤原惺窝集》，第386頁。

② （明）林兆恩：《林子全集》亨部《大学正义纂》，第423页。

③ 藤原惺窝：《假名性理》，第389頁。

④ 藤原惺窝：《假名性理》，第400頁。

“诚”论而言，藤原惺窝的解释，实不出宋明儒的论述范围。不过，向来对林兆恩之解素有好感的他，关于“诚”的解释，却并没有取林兆恩之论。①

需要说明的是，在整个江户时代，讨论“诚”的思想家并不多，江户前期更少，藤原惺窝的论述，属凤毛麟角。江户中后期，自伊藤仁斋始，才逐渐将“诚”等伦理话题置诸案头。由于在日语中，“忠”“信”“诚”以及“真”的训读是同一的，都读为“まこと”，学者们对其的论述，往往是将这几大概念混杂使用。可以肯定的是，藤原惺窝的发言，尽管受宋明儒影响甚大，但从整个有关“诚”论史来看，其论可以说是开启了日本伦理哲学——“まこと”论的先河。②

藤原惺窝对“正心”的解释，既吸取了程朱学的解释特色，又有林兆恩论述的鲜明痕迹。藤原惺窝认为：“正，即无邪。心，心之本体复于本心。正心二字，《大学》和《孟子》，依各人之说，有同异也。”③ 关于“心”的问题，确如藤原惺窝所说的那样，几乎所有“心”学的问题都引自《大学》和《孟子》。他对“心”以及“正心”的认识，比较倾向于陆王之论，但是又有所不同。他认为：“正其心，使其处本心之状而无邪也。”且把《孟子》中“必有事焉，勿正心”之“勿正心”与《大学》中的“所谓修身在正其心”进行了比较。在他看来，人所反应出来的忿懥、恐惧、好乐、忧患，是人通过外在身体而表现出来的内在心理特性，故而身亦即是心，是人本身所固有的实情。不过，圣贤可以通过各种手段和途径适时地自我控制并能恰当地调整身心状态，而凡俗之人易于为情感所左右，进而失其“本心”，所以对“心”就要有一个特别的要求，那就是要正心常存，不为外物所役：

> 心常存，如镜中之物自现，善恶不待力而现本也。心物所役，止于敬，则视而不见。与禅语“逐鹿猎士不见山”同也。失心之故，听而不闻，食而不知其味，不知其何也。④

① 参阅（明）林兆恩《林子全集》亨部《大学正义纂》，第 434—435 页。

② 王家骅：《日本儒学的特色与日本文化》，《日本问题》1988 年第 2 期。

③ 藤原惺窝：《大学要略 · 逐鹿评》卷上，第 388 頁。

④ 藤原惺窝：《大学要略 · 逐鹿评》卷下，第 402 頁。

在此，藤原惺窝把存心问题比作镜中映现，认为其与佛教中“逐鹿猎士不见山”之语同义。藤原惺窝拿佛教故事来说明儒家义理的作法，或与其自小处相国寺，良好的佛学修养有关；或是他受林兆恩也将“正心”问题与佛道之相关论述对接起来论证“三教同一”的启发有关。[①] 应该说，藤原惺窝对“正心”的解释，既汲取了程朱对“心”从认知功能上的解释，又吸纳了陆王心学一系将“心”与性、天、宇宙等结合起来寻求“心”之独立性、普遍性、超越性的形而上哲学思考，同时还引用佛教有关论述，对“正心”问题予以参证，不偏不倚，取折衷态度，深契“心”之多重意涵。

对于“修身”之“修”字的含义，藤原惺窝解释道：“修，正人伦而修其身。”[②] 他极为看重君臣父子夫妇兄弟朋友之五伦，认为“此五伦亦为人日日夜夜所行也。”[③] 故而“上从天子下至庶人，一切大学之道，以修身为本。此为先也。”[④] 可以看出，其释义乃杂糅了朱熹和林兆恩的解释。朱熹在解释“自天子以至于庶人，一是皆以修身为本”时，“一是”作“一切”解，[⑤] 藤原惺窝因袭之；而其“一切大学之道，以修身为本。此为先也”的识见则自林兆恩“大学之道又以修身为本而先之也”的论断。[⑥] 在藤原惺窝看来，亲爱、贱恶、畏敬、哀矜、敖惰这五者皆属于“人情”的范畴，对于修身来讲，若偏执于任何一端，不免就迷乱身心了。他还将将修身主体分为圣贤和凡人、有时还说“无产者（ムカイモノ）”。圣贤之人，察己知人、审时度势，中和方正，不偏于亲爱、贱恶、畏敬、哀矜、敖惰之五者中的任何一端；而凡人由于“好而不知其恶，恶而不知其好”，故容易偏于一端而行事。在此五者之中，亲爱为根本，贱恶、畏敬、哀矜、敖惰四者根于亲爱，亲爱也即是好恶。为了进一步阐述此理，藤原惺窝还引《论语·宪问》《论语·阳货》和《孟子·公孙丑》中的相关内容，

---

① 林兆恩有这样的论述：“林子曰：必有事焉者，以事心为事也。然心本正也，而亦奚待于正。故戒之曰：勿忘。既曰勿忘，则易失之助长，故戒之曰：勿助长。……林子曰：勿忘勿助，要诚真心。圣人见成，又曰：日用常行，勿求真心。元无所障，至虚至明。……老氏之火候也，孟子所谓勿忘助，释氏所谓不得勤不得怠者是也。”参阅（明）林兆恩《林子全集》亨部《孟子正义纂》，第479—480页。

② 藤原惺窝：《大学要略·逐鹿评》卷上，第388頁。

③ 藤原惺窝：《假名性理》，第401頁。

④ 藤原惺窝：《大学要略·逐鹿评》卷上，第391頁。

⑤ （宋）朱熹：《四书章句集注》，中华书局1983年版，第4页。

⑥ （明）林兆恩：《林子全集》亨部《大学正义纂》，第423页。

予以举例说明。

藤原惺窝分外看重“齐家”，以为《大学》之道，“齐家”是根本：“其根本乱，则无所云修末之事也。其可厚，若薄其家，则自其齐家之末处薄而不可厚也。大学之道，以齐家为本。其为先，是为本经业。”① “齐其家，家中人伦齐而和，则国比治也。”② 藤原惺窝对于“齐家”的具体内容和方法有进一步地阐发，提出齐家首要的是要有“家计”：“家有五人、十人、百人，分而应对，立于家计，是道也。分而不离，非道；分而给予金银亦非道也。无论质素，治家而施与慈悲，子孙中必有富贵之人见矣。”③ 在其看来，立于家计，对于家庭中财物的管理，不仅是关乎家道中兴的大事，亦是关乎国家之长治久安的关节。为了更好地管理家业，对于家人予以良好的金钱观教育意义诚不可谓小。而金钱的问题，说到底其实是一个关乎“心”的问题：“财宝多，则心受物役。——好财货、爱美人、溺享乐者，未有不灭者也。”④ 对于个体或家庭来说，慈爱之心，乃是不可或缺的重要要素；当把这种慈爱之心即“仁心”，扩大至家庭甚至是国家时，其对于家庭、或国家的兴衰存亡，意义重大：“主人一人有仁心，一国有仁而复及天下，同让也。又主人一人贪心，则一国乱也。乱，不惟兵乱，亦谓人伦次第破坏而人有恶心也。故孟子之梁惠王之说，以利为本，可知也。治乱兴亡，主君一人也。故一人愤事一人定国也。”⑤ 藤原惺窝进一步指出，由于尧舜作为一家之长、一国之主，以仁心齐家为政，天下庶民百姓皆以其为楷模而效仿实行，既而将善道推之四海之外，故能化育天下；而同样作为一家之主、一国之君的桀纣，暴戾恣睢，贪淫苛罚，以致其治下之民亦同桀纣般暴虐无二。两相适成对比的反例，在于告诉人们，君子只有严于律己、善心待人，才有资格要求他人端心正己；胸怀害人之心，亦必将为恶人所恶。如果忽视甚至漠视一家之中，妇女之存在，不仅家之不齐，而且还可引致“天下之大乱”，这也是藤原惺窝所分外强调的地方：“女子嫁于己而和，则其和及国人而教于一国。……引夫人女子之事，论五伦次第，或君臣为先，或父子，或长幼、朋友也。然以夫妇为

① 藤原惺窝：《大学要略·逐鹿评》卷上，第391頁。
② 藤原惺窝：《大学要略·逐鹿评》卷上，第388頁。
③ 藤原惺窝：《假名性理》，第403頁。
④ 藤原惺窝：《假名性理》，第403頁。
⑤ 藤原惺窝：《大学要略·逐鹿评》卷下，第405頁。

先，夫妇为先，则夫妇和而齐一家之和，人伦正而及于一国。”① 夫妇和父子之关系，小而言之，乃家庭人伦问题，大而言之，亦是关乎社会人伦、天下之兴乱。

故而，在一国之内，应该“为人君，止于仁；为人臣，止于敬；为人子，止于孝；为人父，止于慈；与国人交，止于信。”在藤原惺窝看来，这都是圣人之所践行而毫厘不爽的生命体验和人生总结，不能不明晓，亦不能不行之：“此五者，其目之大者也。学者能究此五者，知一切天下皆应止之事也。何谓敬止，止于常惺惺也。止至善也。君，止于仁；臣止于敬；子，止于孝；父，止于慈；与国人交，止于信，此皆诚意，不能不明也。”② 君主是一个国家的灵魂。这种理念，不惟在前近代的专制社会被奉为金科玉律、普世而行，而即便在当今的民主世界里，一个国家最高统治者的个人能力和品行也对一个国家的兴衰存亡具有重大影响。

藤原惺窝又进一步结合兴国与亡国之君的历史事实和历史教训，对于国君的品行修养进行了申述，指出心之絜矩是要把万民置于心中，要心中有大爱，视天下万民为己出；还要做到胸怀宽广，不以严刑苛法，乱施暴政；秦政十五年短命而亡被汉所代，就是最好的历史明证。

对国君来说，其主要表现为体恤民情，思民之所思，急民之所急，绝不能为一身一家之利或一时的欲望冲动扰民苦民。之所以有如此的要求和约束，是因为这都由人力所不可抗拒的“天道”所决定：“一国之君主，乃一国之父母，此由天道之所定也。为父母而使其国之民苦，则必受天罚；恶行重，一代毁；恶行轻，子孙亡。——虽此身一代安乐享忧，然子子孙孙受天之责，痛矣！五百年以来，无自身之功绩而炫富贵、夺权柄，役苦人民者，试思子孙之末！见目前之事而促衰者，多矣！”③ 在此，除了看到佛教“因果报应”说的影响外，他所主张的爱民仁民的思想也是千百年来儒家士人对明君的理想追求。

提及治国之明君，藤原惺窝极力推崇尧舜，认为尧舜之治乃千万年治世之表率、尧舜之道乃真儒道、尧舜乃真圣人：“尧舜禹，大圣人也。天下之大事，即安国、治平天下之外无他。”④

① 藤原惺窝：《大学要略·逐鹿评》卷下，第 406 頁。

② 藤原惺窝：《大学要略·逐鹿评》卷上，第 398 頁。

③ 藤原惺窝：《假名性理》，第 403—404 頁。

④ 藤原惺窝：《假名性理》，第 406 頁。

藤原惺窝对齐家治国平天下的论述，比较偏向政治行政管理和社会秩序维护的形而下的“器”制层面。其关于“齐家治国”论述的一个特点是，不离士农工商之四民社会实情，较少形而上学的哲学抽象。

藤原惺窝一生，始终与朝野保持着相当的距离。一个人的性格就是他的命运，此话虽有失偏颇，然而用在藤原惺窝身上应该是适当的。藤原惺窝“疾恶如风，见善若惊。道所不和，虽王公大人，有所不顾也”[①]。这种疾恶似风、见善而喜的童真本性与只要意见不合即可不屑王公大臣的洒脱豪情性格是绝对难以适应虚实叵测、真假难辨而又争名夺利的朝野诤争的。

尽管藤原惺窝没有在江户幕府担当过什么重要职位，但并不能就此而表明藤原惺窝对政情的不知乃至漠视。1604 年，藤原惺窝把自己的高足林罗山推荐给了刚刚君临天下的德川家康。林罗山受到德川家康重视且在幕府担当大学头等重要职务。这或许也是藤原惺窝政治思想和政治眼光的一种体现方式。

① 姜沆：《惺斎记》，國民精神文化研究所編《藤原惺窩集》，（京都）思文閣出版 1941 年版，第 16 頁。

第七章 儒学的异化形态
——林罗山的"理"论及其对"朱子学"的利用

从林罗山习朱子学而批判乃至否定朱熹"理气"论，复又运用朱熹理论排佛毁释，尔后受德川家康"法印"僧官，以朱熹"理"论为逻辑基点构建新一派"理当心地神道"的思想嬗变过程与学术取向来看，"朱子学"并没有成为他学术思想的核心和理论的最终归宿。由此看来，井上哲次郎所说的日本朱子学派仅是对朱熹学说的简单复述与丸山真男所谓林罗山乃"纯粹朱子学者""言论完全是对朱子学的忠实介绍"等说法，不免可信度有限。此一案例所折射出来的日本以"实用主义"与"民族主义"立场的问题意识来对待和处理外来文化的态度和方法，对于理解和认识日本吸收和消化异域文化的理论装置和思维模式，意义重大。

不少有关日本儒学和思想的研究论著，都予以林罗山极高的历史评价和学术定位，把他誉为"日本儒学的奠基者""近世朱子学的开山"。[①] 然而，井上哲次郎指出：包括林罗山在内的日本的"朱子学派不论有多少派别，它都是极其单调的、'同质的'。除了敷衍地叙述朱子的学说之外，别无其他。"[②] 丸山真男承此说继而径陈：林罗山乃"纯粹朱子学者"，其

---

① 对于林罗山的评价，中日学界的认识大致相当，相关研究可参阅高须芳次郎《近世日本儒学史》，（東京）越後屋書房1943年版；相良亨《近世日本儒教运动の系谱》，（東京）弘文堂1955年版；今中宽司《日本近世政治思想の成立：惺窝学と羅山学》，（東京）创文社1972年版；岩崎允胤《日本近世思想史序说》，（東京）新日本出版社1997年版；严绍璗《中日禅僧的交往与日本宋学的渊源》，载中国哲学编辑部《中国哲学》第三辑，生活·读书·新知三联书店1980年版；王家骅《儒家思想与日本文化》，浙江人民出版社1990年版；赵刚《林羅山と日本の儒学》，世界知识出版社2006年版；龚颖《"似而非"的日本朱子学》，学苑出版社2008年版。

② 井上哲次郎：《日本朱子学派之哲学》，（東京）富山房1915年版，第598頁。

“言说全然不超出对朱子学的忠实介绍范围，例如理与气……”① 事实上，若对林罗山的学问源自、思想走向、为学目的以及行事动机等诸多方面的情形作一体观瞻，不难觉察，林罗山的思想和学术风貌将会呈现出另一种面相来。本章拟以朱熹思想为参照，通过对林罗山思想和哲学核心“理气”论的梳理与“排佛毁释”行为以及整体学说走向的探讨，以期能为林罗山思想的真实情态以及“日本朱子学派”的学术性格等相关问题，提供某种说法。

第一节　“理气合一”：对朱熹“理先气后”论的反动

不可否认，林罗山不乏对朱子学的亲近与偏好，早年就读过朱熹的《大学章句》和《四书集注》，而且还就此作过公开演讲。据原念斋记载：“罗山年十八，始读朱子《集注》心服之，遂聚徒讲朱《注》。”② 林罗山自己也还提到过曾侍师于藤原惺窝听其讲授宋儒之学。③ 不过，按照源了圆的研究，林罗山读书四百四十余部，涉及诸子百家、汉唐注疏、史书佛经、兵学著作、本草医学以及日本古典，朱学著作仅是很少一部分。④ 从他的学术主旨来说，作为其哲学核心理念的“理气”论与朱熹的“理气”论也有着相当大的区别，几乎可以说是对朱熹“理气”论的彻底批判和反动。

“理”是朱熹哲学的核心概念，朱熹把“理”视为宇宙的根本，万事万物存在的依据：“合天地万物而言，只是一个理”⑤；“未有天地之先，毕竟也只有理。有此理，便有此天地。若无此理，便亦无天地。天人无物，都无该载了。有理便有气，流行发育万物”⑥；“宇宙之间，一理而已。天得之而为天，地得之而为地，而凡生于天地之间者，又各得之以为性，其张之为三纲，其纪之为五常，盖皆此理之流行，无所适而不在”⑦；“万一

① 丸山真男：《日本政治思想史研究》，（東京）東京大学出版社 1952 年版，第 35 頁。
② 原念斋：《先哲丛谈》，（東京）有朋堂書店 1928 年版，第 14 頁。
③ 京都史蹟会编：《林羅山文集》，（東京）ぺりかん社 1979 年版，第 464—465 頁。
④ 源了円：《近世初期実学思想の研究》，（東京）创文社 1980 年版，第 191—192 頁。
⑤ 黎靖德编：《朱子语类》第一册卷一，中华书局 1981 年版，第 2 页。
⑥ 黎靖德编：《朱子语类》第一册卷一，中华书局 1981 年版，第 1 页。
⑦ （宋）朱熹：《晦菴先生朱文公集》，商务印书馆 1912 年版，第 1282 页。

山河大地都塌陷了，毕竟理却在这里"[①]。从朱熹这些经典性的发言不难看出，理是不依赖于天地万物而永恒存在的，又是不依赖天地万物而独立存在的；世间万物都由理创生，都因理而存在；天地万物有成毁，而理则超然于成毁之外。

在朱熹的"理"学体系中，"理气"论居于主导地位。朱熹认为，理气各异，理产生气，气是理的一个载体，也是理的一种表现形态。"有是理，便有是气，但理是本"；[②] 而且理气之间泾渭分明："天地之间，有理有气。理也者，形而上之道也，生物之本也。气也者，形而下之器也，生物之具也。是以人物之生，必禀此气，然后有形。其性其形，虽不外乎一身，然其道器之间，分际甚明，不可乱也。"[③] "所谓理与气，此决是二物。但在物上看，则二物混沦，不可分开各在一处，然不言二物之各为一物也。"[④] 不惟理气迥异，即便是由理所产生的气，因条件及处境不同，其呈现也判然有别，即"理同而气异"："方付与万物之初，以其天命流行只是一般，故理同；以其二五之气有清浊纯驳，故气异。"[⑤] 形而上、下的理气虽然判然有别，但由于理内化于气，故而在极个别的时侯亦难以分清理气之先后，然而，就其本质而言，却仍然是理先气后："或问'理在先，气在后'。曰：'但推上去时，却如理在先，气在后相似。'"[⑥] 概而言之，朱熹理气说的关键有这三大要点：其一、天地之间，有理有气，而理是根本。其二、理是形而上之道，生物之本；气是形而下之器，生物之具。道器之间，分际甚明，不可乱。易言之，理气相殊。其三、理在物先，理在气先。[⑦]

林罗山思想的表达，与朱熹乃至中国哲学史上的大多数学者对其思想和学说的表达一样，也是通过对"太极""阴阳""理""气""心""性""体"等一些语词及其相互关系的阐释来展开。然而，细究却发现，作为林罗山哲学基础的"理气"论的构建工作，完全是在批判朱熹学说的基础上进行的。他曾经在给朋友田玄之的一封书信中毫不隐讳地坦诚了这一心

① （宋）黎靖德编：《朱子语类》第一册卷一，中华书局 1981 年版，第 4 页。
② （宋）黎靖德编：《朱子语类》第一册卷一，中华书局 1981 年版，第 2 页。
③ （宋）朱熹：《晦菴先生朱文公集》，商务印书馆 1912 年版，第 1044 页。
④ （宋）朱熹：《晦菴先生朱文公集》，商务印书馆 1912 年版，第 802 页。
⑤ （宋）黎靖德编：《朱子语类》第一册卷一，中华书局 1981 年版，第 57 页。
⑥ （宋）黎靖德编：《朱子语类》第一册卷一，中华书局 1981 年版，第 3 页。
⑦ 侯外庐：《宋明理学史》上卷，人民出版社 1984 年版，第 383 页。

迹："太极之中本有阴阳，阴阳之中未尝不有太极。五常，理也；五行，气也；亦然。是以或有理气不可分之论，胜（指林罗山——引者注）虽知其戾朱子之意，而或强言之。"① 在这里，林罗山用王阳明经常用来表达良知呈现于社会伦常和宇宙构成要素的哲学语汇"五常"和"五行"来解释理和气的相互关系。他认定，理中本来就有气，理气合一不可分："'理气一而二，二而一'，是宋儒之意也。然阳明子曰：'理者气之条理，气者理之运用'，由之思焉，则彼有支离之弊。由后学起则右之二语不可舍此而取彼也。要之，归乎一而已矣，惟心之谓乎！"② 而且，他还再三地引用王阳明的话来附和他的见解："理与气一欤？二欤？王守仁曰：'理者气之条理，气者理之运用'"；③"古今论理气者多矣，未有过焉者，独大明王守仁云：'理者气之条理，气者理之运用'"。④ 诚如大家所熟知的那样，尽管王阳明与朱熹都属于"理"学范畴，然而，王阳明却是理学内部朱熹的劲敌，在诸多方面都批判过朱熹。王阳明论理气的话不为多，但他认为理是气的条理，并非气的根本："精一之精以理言，精神之精以气言，理者气之条理，气者理之运用，无条理则不能运用，无运用则亦无以见其所谓条理者矣。"⑤ 王阳明的理气论与朱熹的相斥，林罗山便借用王阳明的话来质疑乃至否定朱熹的主张。然而，他很快又否定了王阳明的说法。

宽永十三年（1636年），林罗山在给朝鲜使者的书信中，指出："贵国先儒退溪李滉专以程张朱子之说，作四端七情分离之辨，以答奇大升。其意谓四端出于理，七情出于气，此乃朱子所云'四端理之发，七情气之发'也。末学肤浅，岂容喙于其间哉。退溪辨尤可嘉也，我曾见其答，未见其问。是以思之，其分理气则曰'太极理也，阴阳气也'，而不能合一，则其弊至于支离欤？合理气则曰'理者气之条理，气者理之运用'，而不择善恶，则其弊至于莽欤？方寸之心，所当明辨也。"⑥ 在此，林罗山一一指陈朱熹和王阳明理气说的弊端。朱熹主张的"太极理也，阴阳气也"的"理气相分"说，其弊在本体论上理气为二，不能合一，在功夫论上因不能归于一心故而易导致支离破碎；阳明"理者气之条理，气者理之运用"

① 京都史蹟会编：《林羅山文集》，（東京）ぺりかん社1979年版，第18頁。
② 京都史蹟会编：《林羅山文集》，（東京）ぺりかん社1979年版，第844頁。
③ 京都史蹟会编：《林羅山文集》，（東京）ぺりかん社1979年版，第832頁。
④ 京都史蹟会编：《林羅山文集》，（東京）ぺりかん社1979年版，第852頁。
⑤ （明）王阳明：《王阳明全集》，上海古籍出版社1992年版，第62页。
⑥ 京都史蹟会编：《林羅山文集》，（東京）ぺりかん社1979年版，第158頁。

的理气主和论，就社会道德而言，其病在于不辨善恶，不分理欲，无感性和理性之别，故而难免鲁莽而放荡不羁。显然，在这里林罗山一改往昔对王阳明理气说的表彰态度，转而批评王阳明理气合一说在道德实践中的流弊。由此也可以得知，林罗山的理气论，主“一”不主“二”，主“合”不主“分”，可称为一本论或一元论。[①]

林罗山的这种“理气合一”论的思维模式还深深地影响了他对朱熹关于性与理关系论述的质疑与批驳。朱熹认为，由于人与物所禀受的理是不同的，所以人与物之性就有差异。林罗山不赞成此种区分人物之性的理异性异说，主张“性理同一”：“性即理也，在天地亦同此理也，在人亦同，在禽兽亦同，在草木亦同，在万物亦同，性无二故也。……朱子以为‘知觉运动气也，仁义礼智理也’，‘气者人与物相同，而理者物不得而全也’，然则斥其明通与昏塞而言乎？不然，则天地人物理岂有二乎？性岂有异乎？”[②] 林罗山通过对朱熹说法的质疑，提出了自己的看法，认为理的表现有明通和昏塞之不同，而不是理的存在有不同，因此，天、地、人、物、草木和禽兽之理皆相一，性亦相同。

不难看出，林罗山主张的“理气一元论”的阐述工作从两方面展开：一是直接地对朱熹的“理气二元说”进行剥茧抽丝式的层层批驳，一是以“两面三刀”之法——假朱熹学说劲敌王阳明之手、遂而弃阳明学说，提出了自己的“理气一元论”意见。实言之，林罗山的“理气”说，不仅与朱熹的看法迥异，而且还站在了朱熹的另一面。然而，林罗山却并没有弃朱熹学说于不顾。相反，他的学术活动和政治眼光倒显现出了对朱学理论的熟谙把握与高超运用，亦即“排佛毁释”。

第二节　“排佛毁释”：对“朱子学”理论的运用

林罗山的排佛，曾受到过其师藤原惺窝的影响，而且还得其怂恿和鼓励。当林罗山去书问讯排佛事宜时，惺窝这样回复道：“来书所谓排佛之言，更不待劳颊舌。唐有傅大史、韩吏部，宋有欧阳子，余子不可胜计焉。程朱已往，诸儒先皆有成说，足下之所讲，余无斯意哉？”[③] 而有研究

① 陈来：《林罗山理学思想研究》，《哲学门》2002年第2期。

② 京都史蹟会編：《林羅山文集》，（東京）ぺりかん社1979年版，第345頁。

③ 国民精神文化研究所：《藤原惺窩集》卷上，（京都）思文閣出版1941年版，第138頁。

显示，其师藤原惺窝的排佛观念悉数渊源于朱熹的辟佛之论。[①] 林罗山便是在其师藤原惺窝的排佛论的基础上，以朱熹排佛论为原型，进一步将其推进和光大。

朱熹曾从两个方面对佛教进行过批判：一是，批判禅“空”的哲学形而上观念，“吾儒心虽虚而理则实，若释氏则一向归空寂去了”[②]。“释氏只要空，圣人只要实，释氏所谓敬以直内，则湛然虚明，万理具定，方能义以方外。”[③] “释氏则以天地为幻妄，以四大为假合，则是全无也。”[④] 一是，从社会伦理角度，批判佛禅悖仁义、逆伦常的出世主义，“禅学最害道。庄老于义理绝灭犹未尽。佛则人伦已坏。至禅则又从头将许多义理扫灭无余。以此言之，禅最为害之深者。”[⑤] 沙门不敬王者、不尽孝道、不讲伦理，其“罪”大莫甚：“佛老之学，不待深辨而明。只是废‘三纲五常’，这一事已是极大罪名！其他更不肖说。”[⑥]

林罗山悉数承袭和沿用了朱熹整套的辟禅话语、批判逻辑乃至论辩方式。林罗山之辟佛亦大致从两个方面展开：一是，指责佛教教义凿空作假之“虚”，“浮屠氏毕竟以山河大地为假，人伦为幻妄”，[⑦] 而且佛教经典中的故事，虚讹伪假，欺世骗人，即便是禅宗所言的不立文字之事亦是在诓骗世俗：“禅家所谓不立文字之意乎，呜呼，何躐等也！”[⑧] “若信禅则不立文字，四字何也？祖师语录何也？”[⑨] “呜呼！彼（指佛教——引者注）所谓道者，非道也；吾所谓道者，道也。道也于非道也无他，实与虚也”，[⑩] 总而言之，“佛虚儒实，勿用置疑。”[⑪] 一是，批判浮屠违背世间人伦纲常，毁坏道义教化。“佛氏之蔽心至于兹，酷乎。虎狼，仁也，以不

---

① 王明兵：《江户初期禅僧对“朱子学”的皈依与“脱佛入儒”》，《东北师大学报》2008年第1期。

② （宋）黎靖德编：《朱子语类》第八册卷一二十六，中华书局1981年版，第3015页。

③ （宋）黎靖德编：《朱子语类》第八册卷一二十六，中华书局1981年版，第3007页。

④ （宋）黎靖德编：《朱子语类》第八册卷一二十六，中华书局1981年版，第3012页。

⑤ （宋）黎靖德编：《朱子语类》第八册卷一二十六，中华书局1981年版，第3014页。

⑥ （宋）黎靖德编：《朱子语类》第八册卷一二十六，中华书局1981年版，第3014页。

⑦ 京都史蹟会编：《林羅山文集》，（東京）ぺりかん社1979年版，第672頁。

⑧ 京都史蹟会编：《林羅山文集》，（東京）ぺりかん社1979年版，第13頁。

⑨ 京都史蹟会编：《林羅山文集》，（東京）ぺりかん社1979年版，第14頁。

⑩ 京都史蹟会编：《林羅山文集》，（東京）ぺりかん社1979年版，第33頁。

⑪ 大桑齐：《羅山·貞徳〈儒佛问答〉：注解と研究》，（東京）ぺりかん社2006年版，第9頁。

食其子，故也。彼灭人伦而绝义理，啜羹不及放麑，况于此哉。与夫大义渡擷，杀其所生之母者，同大罪于天地之间，诚可惩也。”[①] 浮屠以“人伦为幻妄，遂绝灭义理，有罪于我道。故曰：事君必忠，事亲必孝，彼去君臣弃父子，以求道。我未闻君父之外别有所谓道也。故曰：吾道非彼所谓道也。”[②]

比起朱熹辟佛而与禅僧的交游唱和之言行表里不一来，林罗山的排佛，不仅言辞上多了几分激切，而且在行为上也显得更为露骨和直接。他首次致书担当尾州侯侍讲的当世之大学者吉田素菴时就径陈其排佛理念：“儒之胜佛也，犹水胜火。今之为儒者，犹以一杯之水救一车薪之火也，不熄则谓之水不胜火，此又与佛之甚者，是以至于佛火之燎原，世俗之惑也。”[③] 而且还对佛徒进行了辛辣的嘲讽：“观夫佛者，秃其头也，缁其服也，是异类也，何不疑彼而疑此乎？不疑与疑何也多也，多故佛常厌儒，是余所以水火之譬作也。其异类之不疑而随之，是余所以日雪之论出也。”[④] 同时，他又致信松永颂游，劝其不要学佛，“今足下学佛而不知儒，唯非不辨虚实而已，亦不得闻道学之为误过耳。昔张子厚，壮年访释氏，究其说，知无所得。……传曰：‘寂灭之教高而无实。’足下幸聚儿童，教以吕波，然则无惮改过，习授不以佛号，不以法华……如何如何，毋忽余言为幸。”[⑤] 可谓是动之以情、晓之以理。为了劝其弃佛，林罗山颇费苦心，几经操觚，驰书劝诱至 18 次之多，留存于世的《儒佛问答》记载了这一段插曲。最惹人注目的壮举，还数将已剃发退隐、潜居妙心寺、一心向佛的石川丈山劝诱还俗。[⑥] 诸如此类的事例，还可屡举。

然而，颇具反讽意味的是，如此对佛教雠意甚盛的“朱子学者”却于庆长十七年（1612 年）接受了德川家康的政治安排，剃发入寺，就“法印”僧官。[⑦] 如罗山这般前后判若两人者，衡估青史，着实不多见。而他的这一反常行为，也立即招来了儒者中江藤树的訾议与诋斥：“说儒者之道，徒饰其口，效佛氏之法，妄剃其发。旷安宅而弗居，舍正路而不由，

① 京都史蹟会编：《林羅山文集》，（東京）ぺりかん社 1979 年版，第 671 頁。
② 京都史蹟会编：《林羅山文集》，（東京）ぺりかん社 1979 年版，第 672 頁。
③ 京都史蹟会编：《林羅山文集》，（東京）ぺりかん社 1979 年版，第 12 頁。
④ 京都史蹟会编：《林羅山文集》，（東京）ぺりかん社 1979 年版，第 13 頁。
⑤ 京都史蹟会编：《林羅山文集》，（東京）ぺりかん社 1979 年版，第 32 頁。
⑥ 藤原（王）文亮：《圣人与日中文化》，社会科学文献出版社 1999 年版，第 1344 页。
⑦ 堀勇雄：《林羅山》，（東京）吉川弘文馆 1990 年版，第 128 頁。

朱子所谓能言鹦鹉也，而自称真儒也。……今肖佛者之形，居佛者之位，服佛者之服者，谓如之何？佛者而已矣。”[①] 而林罗山的行事动机，从他给其爱子林靖的私信中，可一揆其详：“韩昭不足言焉，如翟昙螺髻，观音宝冠，文殊绀发，乃至达摩赤髭，师范乌头，彭洪垂须，则浮屠未必剃发也。如泰伯、虞仲、仲雍、胥余之随时世，李耳之蓬累同室，救斗之被发，则古人未必不有时而脱冠也，故学者要知时。若夫杨朱拔一毛利天下而不为之，何知时欤？圣人之从周即从今也。”[②] 言下之意，浮屠剃发与世人脱官并没有什么绝对必然性。从何作何，最重要的是要“随时世”、要“知时”、要“从今”。易言之，准确地把握当世之政治动向和社会脉搏进而紧随时代潮流，对于一个学者来说，才是最为重要的。如果从德川家康于元和元年（1615 年）颁布的对寺庙土地、财产、设施、僧侣活动和僧侣与皇家关系问题等多方面有硬性规定的《禁中及公家诸法度》和《诸宗寺院法度》等旨在限制和打击僧侣阶层活动的一系列法案来看，林罗山的“排佛毁释”工作对于德川家康围剿与驱逐僧侣阶层在幕府机构中的政治势力所起到的舆论支持和理论导向作用，诚不可谓小。显而易见，林罗山并非以学术为志业而是以政治事功为鹄的，学术不是目的而是谋求政治发展的工具和手段。从这个意义上讲，对林罗山“为立身出世，弃学者之良知，选曲学阿世之路，乃典型御用学者”的酷评，[③] 也并非没有道理。

历史学家曾以极其强烈的好奇心探寻过林罗山“排佛毁释”行为得以生发的缘由。辻善之助归因于佛教檀家制度、本末制度的腐朽与寺院僧侣的自甘堕落；[④] 源了圆究其为林罗山学问的“实学化”倾向；[⑤] 丸山真男置论于林罗山对朱子学的偏好以及日本近世初期儒学的理论革新性；[⑥] 韩东育的概括是政治的需要与学者（林罗山）的迎合。[⑦] 一个较为综合性的提议似乎应该需要置诸于研究者的案头，予以积极的关注和思考，即：除了对林罗山以“朱子学”为理论武器的政治敏感与深邃目力迎合并且参与

① 中江藤樹：《林氏剃髪受位弁》，山井涌校注：《日本思想大系 29：中江藤樹》，（東京）岩波書店 1974 年版，第 16—17 頁。

② 京都史蹟会編：《林羅山文集》，（東京）ぺりかん社 1979 年版，第 772 頁。

③ 神谷胜广：《林羅山と知识の传播》，《名古屋文理短期大学纪要》1997 年第 22 号。

④ 辻善之助：《日本佛教史研究》第四卷，（東京）岩波書店 1984 年版，第 27—102 頁。

⑤ 源了円：《近世初期実学思想の研究》，（東京）创文社 1980 年版，第 255 頁。

⑥ 丸山真男：《日本政治思想史研究》，（東京）東京大学出版会 1952 年版，第 8 頁。

⑦ 韩东育：《日本“京学派”神道叙事中的朱子学》，《求是学刊》2006 年第 4 期。

了德川幕府对寺院僧侣势力膨胀进而干政事宜的围剿与驱逐工作的实况把握外，还应该觉察到他藉朱子学之“理”而构建新一派“理当心地神道”之学术取向及其背后的深层次考虑。

第三节 “理当心地神道”：学术走向及其背后的隐词

在朱熹庞大的哲学体系中，“理”是本体性的存在，具有不证自明的先验特性。惟此，它内可涵宇宙之因，外可延及于世间万物。丸山真男说：“朱子学的理，既是物理，亦是道理；既是自然，也是当然。在此，自然法则和道德规范连为一体。”① 正是“理”的这种含混特性，所以使林罗山将其纳入进了他的神道论中，并借资展开了他的神道体系建构。

按照朱熹的说法，“理”是宇宙的根本，是万事万物存在的前提和条件。林罗山对朱熹之“理”的运用策略是，将“理”比附于“神”，以“神”来置换“理”：“神道即理也。万事非理之外。理，自然之真实也。……以知此理为神道。”② 显然，这里“神＝理”，理与神的特性亦相类似：“神虽无形，有灵，气之为故也。一气不萌时，萌之后，此理本有。无音，无臭，无始，无终。生气生神之缘由，即是理也。”③ 若加之于罗山所主的“理气一元论”，也即可推论出“神气合一”或“神气一元”：“一而无形有灵，一切人无不受此神之气。万物之始，悉皆基于此神。”那么，何谓“神”呢？罗山对“神”之本体性给予了这样的规定：“神，天地之根，万物之体也。无神，天地灭，万物不生。唯人命也，魂也，具五行而不分，含万物而为一。有词根，故人生物生。若无根本，人物不可生。等于空，而不空虚，而灵也。云是无色无形之神，又云无始无终之理。有始终，有古今常之神道，故能为万物之始，又为万物之终。是神道奥义。”④ 继而复又以朱熹“理一分殊，月印万川”诠释理生万物的宇宙生成论模式，衍生出神道“国常立尊”创造诸神和世界万物的过程：“国常立尊，

① 丸山真男：《日本政治思想史研究》，（東京）東京大学出版社 1952 年版，第 25 頁。

② 林羅山：《神道传授》，平重道：《日本思想大系 39：近世神道论·前期国学》，（東京）岩波書店 1982 年版，第 45 頁。

③ 林羅山：《神道传授》，平重道：《日本思想大系 39：近世神道论·前期国学》，（東京）岩波書店 1982 年版，第 26 頁。

④ 林羅山：《神道传授》，平重道：《日本思想大系 39：近世神道论·前期国学》，（東京）岩波書店 1982 年版，第 44 頁。

一切诸神之根本也。”[①]“天地开时之神称国常立尊，天神七代之第一也。此一神分身而成诸神之总体，譬如天上之月一轮，万水皆映其影。”[②]遂尔，罗山又把“神”的普遍性推演到了世间民生，使其具有了人伦色彩和道德性征：“民，神之主也。所谓民，人间之事也。有人才崇神，若无人，谁崇神？然治民，敬神之本也。”[③]而“敬亦为一心之主宰。故有敬则神来格，若无敬则亡本心，故为空宅，神何为来？止唯敬乎？敬所以合于神明也。”[④]由于“心为宅，神为主”，[⑤]所以人必须要一心向善，以期合于神明：“为善，则我心随神，故符合天道。为恶，则我心背神，故受罪。诸神与人心之神，本同理故也。”[⑥]就这样，罗山抛出了自己的新一派“理当心地神道”，按照他的描述，那就是：“理当心地神道，此神道即王道也。心外别无神，别无理。心清明，神之光也。形迹正，神之姿也。政形，神之德也。国治，神力也。是天照大神以来相传、神武以来代代帝王一人统治之事也。”[⑦]

显然，林罗山的这一“理当心地神道”得益于朱熹庞大的理学体系甚多。林罗山也颇自负于他的这一创见。当他一一梳理评判完日本已有的本地缘起神道、两部神道和吉田神道这三部神道后，感慨道：“此上别有理当心地神道，人多不能知之。”[⑧]

林罗山的神道论述，还不惟止于此，更重要的恐怕莫过于他对日本国神国属性的论证与阐释。在他看来，由于神能创生万物，并且居于日本灵秀之峰、浩瀚之洋，日本之名便因其而得之，“惟吾邦之灵秀兮。神圣之所挺、生环以太洋海兮。耀阳谷之明、明名兹曰日本兮。”[⑨]由于“神灵之所挺生而复栖舍也，故推称神国”，所以日本的一切皆为“神物”，“其宝

① 林羅山：《神道传授》，平重道：《日本思想大系 39：近世神道论·前期国学》，（東京）岩波書店 1982 年版，第 26 頁。

② 林羅山：《神道传授》，平重道：《日本思想大系 39：近世神道论·前期国学》，（東京）岩波書店 1982 年版，第 3 頁。

③ 林羅山：《神道传授》，平重道：《日本思想大系 39：近世神道论·前期国学》，（東京）岩波書店 1982 年版，第 14 頁。

④ 京都史蹟会编：《林羅山文集》，（東京）ぺりかん社 1979 年版，第 804 頁。

⑤ 京都史蹟会编：《林羅山文集》，（東京）ぺりかん社 1979 年版，第 804 頁。

⑥ 林羅山：《神道传授》，平重道：《日本思想大系 39：近世神道论·前期国学》，（東京）岩波書店 1982 年版，第 12 頁。

⑦ 林羅山：《神道传授》，平重道：《日本思想大系 39：近世神道论·前期国学》，（東京）岩波書店 1982 年版，第 19 頁。

⑧ 京都史蹟会编：《林羅山文集》，（東京）ぺりかん社 1979 年版，第 863 頁。

⑨ 京都史蹟会编：《林羅山文集》，（東京）ぺりかん社 1979 年版，第 1 頁。

号神器，守其大宝则曰神皇，其征伐则曰神兵，其所行由则曰神道。”① 日本的历史延续，也是出自神的旨意与安排：“夫本朝者，神国也。神武帝继天建极已来，相续相承皇续不绝，王道惟弘，是我天神之所授道也。”②而且这种表现还是实实在在的，并非向壁虚构的，可证诸于史，求诸于文：“神也者，既记于国史，载于延喜，则其所由来久远，而有福于社稷，必不可诬，则不可不敬，不可不崇。”③ 故而，日本国的历史，亦即是一部神道传授的历史：“自人皇神武天皇以来千二百余年之间，守神国之风，更无别。”④ “日神之所以授皇孙而累世帝王禅继即位之时所以取则者，不在兹乎？若扩充之，虽尧舜禹之咨命亦何不追寻之乎？”⑤ “神武以来，皇统一种，百世绵绵，虽中华及异域，未有如此之悠久矣，美哉。”⑥

对于这一工作的意义，林罗山夫子自道曰：

> 中世寝微，佛氏乘隙移彼西天之法，变吾东域之俗，王道渐衰神道渐废，而以其异端离我而难立，故设左道之说曰伊奘诺伊奘册者，梵语也。日神者大日也，大日本国，故名曰日本国，或其本地佛而垂迹神也，大权同尘，故名曰权现，结缘利物故曰菩萨。时之王公大人，国之侯伯刺史信伏不悟，遂至令神社佛寺混杂而不疑，巫祝沙门同住而共居。呜呼神在而如亡，神如为神其奈何哉！……今我于神社考寻遗篇访耆老，伺缘起而证之旧事纪、古事记、日本记、续日本记、延喜式、风土记钞、古语拾遗文粹、神皇正统记、公事根源等之诸篇以表出之，其间又有关于浮屠者，则一字低书而附之，以令见者不惑也，庶几世人之崇我神而排彼佛也。然则国家复上古之淳直，民俗致内外之清净，不亦可乎！⑦

对于这一段话，罗山还特地对“王道”给予了诠解与强调：“神道乃

---

① 京都史蹟会编：《林羅山文集》，（東京）ぺりかん社 1979 年版，第 558 頁。

② 京都史蹟会编：《林羅山文集》，（東京）ぺりかん社 1979 年版，第 562 頁。

③ 京都史蹟会编：《林羅山文集》，（東京）ぺりかん社 1979 年版，第 117 頁。

④ 林羅山：《神道传授》，载平重道：《日本思想大系 39：近世神道论 · 前期国学》，（東京）岩波書店 1982 年版，第 37 頁。

⑤ 京都史蹟会编：《林羅山文集》，（東京）ぺりかん社 1979 年版，第 560 頁。

⑥ 京都史蹟会编：《林羅山文集》，（東京）ぺりかん社 1979 年版，第 650 頁。

⑦ 京都史蹟会编：《林羅山文集》，（東京）ぺりかん社 1979 年版，第 562—563 頁。

王道也，一自佛法兴行后，王道神道都摆却去。”[①] 由此亦可得知，他所谓的王道，并非久存于古代中国思想史上“王霸之辨”之语境中的“王道”，而是特指日本的天皇之道。他苦心孤诣、殚精竭虑地寻访神社、蒐集古语文萃、考诸旧迹史册，执意于排佛，构筑神道体系之目的，根源于西土东传而来的佛教对日本国脉、民族精神、政治意识形态的侵害与褫夺；遭此祸患，日本之神国属性殆庶于边缘与消褪之境，为复国体本色，不得不为之。确切地说，这一出自“实用主义”与日本“民族主义”立场的思考问题方式和叙述话语，[②] 应该才是罗山排佛、构建神道体系的隐遁之词与真实心迹。

从罗山习朱子学、尔后批判乃至否定朱熹“理气”论、复又运用朱熹理论排佛辟禅、以“理”论为逻辑基点构建新一派“理当心地神道”的思想嬗变过程与学术内在理路来看，“朱子学”并没有构成他思想学说的核心和理论的最终归宿。如果把它视作林罗山思想的核心和学说的最终归宿的话，那么，就会既无法对他学说和思想体系中大量的老学认识和兵学阐解以及由此而影响整个江户时代长达 260 多年的兵学热现象给予恰当的评判与合理的说明，[③] 也无法对林罗山排佛毁释、继而就“法印”僧官、沦为德川幕府御用学者的政治表现予以符合实情的理解与解释。由此看来，井上哲次郎所说的日本朱子学派仅是对朱熹学说的简单复述[④]与丸山真男所谓罗山乃“纯粹朱子学者”“言说全然不超出对朱子学的忠实介绍范围”[⑤] 等说法，不免可信度有限。客观地来讲，林罗山对朱熹学说表现出来的偏好与亲近，只能视为其学术成长道路和思想形成过程中的一个修炼性环节，或充其量只能说是一个重大的关节点。

通观 260 余年的江户时代，与林罗山对待朱熹学说之方法及态度相类者，不乏鲜见，如被纳入日本“朱子学派”的度会延佳乃伊势神道的复兴

① 京都史蹟会编：《林羅山文集》，（東京）ぺりかん社 1979 年版，第 804—805 頁。

② 韩东育：《“道统”的自立愿望与朱子学在日本的际遇》，《中国社会科学》2006 年第 3 期。

③ 林罗山关于老子的认识和对兵学的解读及其影响，有不少研究的著作。前者可参阅大野田《日本の近世と老庄思想——林羅山の思想をめぐって》［（東京）ぺりかん社 1997 年版］，后者可看前田勉《近世日本の儒学と兵学》［（東京）ぺりかん社 1996 年版］及其《日本近世思想史の构图：兵学と朱子学・兰学・国学》［（東京）平凡社 2006 年版］和野口武彦《江户の兵学思想》［（東京）中央公论新社 1999 年版］。

④ 井上哲次郎：《日本朱子学派之哲学》，（東京）富山房 1905 年版，第 598 頁。

⑤ 丸山真男：《日本政治思想史研究》，（東京）東京大学出版会 1952 年版，第 35 頁。

者、吉川惟足是吉田神道的光大者，就连被认为是“朱子学”纯度最高的山崎暗斋还是新一派神道——“垂加神道”的开创者，更遑论那些为数甚多的或考订神道法案，或著录神道书目，或整饬神道典册，或设坛讲授神道思想，在日本神道史上具有颇高的历史地位和相当的影响力，已被归入“日本朱子学派”的儒者们了。[①] 由此观之，林罗山一案，仅为冰山之一角。然而，其所折射出来的日本对待外来文化的“实用主义”与“民族主义”的思考问题方式，对于理解日本吸收和消化异域文化的理论装置和思维形态，意义诚不可谓小。

① 村冈典嗣：《神道史》，（東京）创文社 1982 年版，第 73—107 頁。

第八章　山崎暗斋的“脱佛入儒”及其佛教批判

山崎暗斋乃是日本近世思想史研究中不可绕行的重要人物之一。举凡日本近世之儒佛关系、神道勃兴、政教祭祀以及国体问题、甚至是近代日本民族主义理论渊源等诸问题，皆与山崎暗斋及其门下断不可分离。学界对山崎暗斋的研究，成果极为宏富，主要集中在这三大方面：（1）对山崎暗斋其人物思想形态和特质的研究，这方面的研究既有儒学方面的，也有神道史方面的；[①]（2）从东亚比较思想史学的角度，来探讨山崎暗斋思想的理论来源及其与中国朱子学和朝鲜朱子学的同与异；[②]（3）从政治学和政治思想史的角度，探讨山崎暗斋与日本近世政治统治和意识形态之关联以及对近代日本国民国家建设和民族主义的关系问题。[③]

---

① 对山崎暗斋其人物思想形态和特质研究方面的主要著作有：伝記学会编：《山崎暗斎と其門流》，（東京）明治書房1938年版；平重道：《近世日本思想史研究》，（東京）吉川弘文館1969年版；近藤啓吾：《山崎暗斎の研究》，（京都）神道史学会1986年版；近藤啓吾：《山崎暗斎の研究続》，（京都）神道史学会1991年版；近藤啓吾：《山崎暗斎の研究続々》，（京都）神道史学会1995年版；牛尾弘孝：《山崎暗斎》，（兵庫）山崎町教育委員会2005年版；田尻祐一郎：《山崎暗斎の世界》，（東京）ぺりかん社2006年版；澤井啓一：《山崎暗斎：天人唯一の妙、神明不思議の道》，（東京）ミネルヴァ書房2014年版。

② 从东亚比较思想史学的角度，探讨山崎暗斋思想的理论来源及其与中国朱子学和朝鲜朱子学的同与异方面的著作主要有：阿部吉雄：《日本朱子学と朝鮮》，（東京）東京大学出版会1965年版；高島元洋：《山崎暗斎：日本朱子学と垂加神道》，（東京）ぺりかん社1992年版；岡田武彦：《山崎暗斎と李退渓（岡田武彦全集22）》，（東京）明德出版社2011年版。

③ 从政治学和政治思想史的角度，探讨山崎暗斋与日本近世政治统治和意识形态之关联以及对近代日本国民国家建设和民族主义的关系问题方面的著作主要有：小林健三：《垂加神道の研究》，（東京）至文堂1926年版；小林建三：《国体思想史論》，（東京）国民評論社1942年版；後藤三郎：《闇斎学統の国体思想》，（東京）金港堂1941年版；尾藤正英：《日本封建思想史研究：幕藩体制の原理と朱子学的思惟》，（東京）青木書店1961年版；村岡典嗣：《日本思想史研究増訂》，（東京）岩波書店1975年版；衣笠安喜：《近世儒学思想史の研究》，（東京）法政大学出版局1976年版；村野豪：《日本イデオロギーの完成：山崎闇齋》，（高槻）出版樹々2001年版；朴鴻圭：《山崎暗斎の政治理念》，（東京）東京大学出版会2002年版；磯前順一、小倉慈司编：《近世朝廷と垂加神道》，（東京）ぺりかん社2005年版。

山崎暗斋“脱佛入儒”后，高扬儒学大纛，致力于朱子学的传播，且又与德川幕府进行政治合作，对近世日本的学术思想和意识形态构建产生了重要影响。从儒佛论争的东亚思想史视野予以考量的话，山崎暗斋佛教批判的理论话语和思维形态并没有溢脱出中国宋明理学“辟佛”论的藩囿，但从日本历史发展及其思想论争之变迁观之，山崎暗斋的佛教批判及其“脱佛入儒”行为，彰显出了日本近世由佛向儒的意识形态转变面向。

第一节　山崎暗斋的“脱佛入儒”

不少学者在探讨山崎暗斋“脱佛归儒”的原因时，大都以山崎暗斋在《辟异》中自述“二十五读朱子之书，觉佛学之非道，则逃焉归于儒矣”[①]之语以及山崎暗斋弟子水足安直在《山崎暗斋行实》中的“先生二十五岁。一日觉纲常伦理之外，别立教说道，固非理之正，而获罪于天之大者，奋然归儒”[②]，来概括其归儒的原因是受朱子学影响而认识到佛教之谬，既而生发出“脱佛入儒”之行为。这样的一种研究方式，对理解山崎暗斋“脱佛入儒”之思想转变，似乎也未尝不可。不过，细细思之，其难免会失去对很多历史细节的描述及其历史场景的构筑与呈现，故而也就无法对山崎暗斋“脱佛入儒”这一行为本身的复杂性予以多维透视。因此，笔者将鲜少被学者注意到的有关山崎暗斋“脱佛入儒”行为诱发的诸事件和人物再加审视，以期能呈现出山崎暗斋“脱佛入儒”的多维面向。需要说明的，譬如《先哲丛谈》所记载的一些事件，虽有一定的传说性，且也无法加以考证，但有其传闻总比没有要好很多，故对其也予以重视，希望能对相关细节有所补充。

山崎暗斋曾就“脱佛归儒”之缘由及经纬在不同场合作出过解释和说明：“夫程朱之学，始未得其要，是以出入于佛老，及其反求而得诸六经，岂用佛老也？其辟之也，有废纲常之罪也。若有可用之实，无可辟之罪，而阴用阳辟，则何以为程朱矣。朱子学讥温公吾排佛欲扶教之言，则可以观其不欺我也。吾幼年读四书，成童为佛徒，二十二三本于空谷之

① 山崎闇齋：《闢異》，鷲尾順敬編《日本思想闘諍史料》卷一，（東京）名著刊行會1969年版，第24頁。

② 水足安直：《山崎先生行実》，神道大系編纂会编《神道大系・論説編・12垂加神道（上）》，（東京）神道大系編纂会1984年版，第527頁。

书，作三教一致之胡论。二十五读朱子之书，觉佛学之非道，则逃焉归于儒矣。今三十二未能立，深悔吾之不早辨，又惧人之可惑，故此篇之述不得已也。”① 山崎暗斋的弟子水足安直在《山崎暗斋行实》中对其记载道：“先生生而锐敏聪明，八岁可默诵《法华经》。……成童出家修禅。移土佐，寄身吸江寺，称绝藏主。十二三岁以空谷之书作三教一致论。……宽永十九年壬午，先生二十五岁。一日觉纲常伦理之外，别立教说道，固非理之正，而获罪于天之大者，奋然归儒。”② 水足安直对其师山崎暗斋的记载，已经补充了山崎暗斋二十五岁在妙心寺和吸江寺学习佛法时而倾心于“三教一致”论的情况。这也说明山崎暗斋“脱佛入儒”并非源于二十五岁一时读朱子书而受朱子学之诱。该思想和行为过程的发生，非一蹴而就，有其时间上的延续性。

山崎暗斋在未曾逃离寺院即在寺庙修禅时，到底是怎么一个状态呢？山崎暗斋的另一高足植田艮背说：“灵社（指山崎暗斋、神道者号——引者注）初出家时，学天台宗，居玉叡山（比叡山）。后于妙心思塔中院学禅。”③ 从植田艮背的记述中，我们可以知道山崎暗斋为僧时主要是学天台宗，属于法华一系。

何以山崎暗斋幼时就被送往妙心寺学佛、他学佛如何、在寺庙学佛表现如何呢？从《先哲丛谈》及其他记载可知，山崎暗斋之所以被其父亲送到妙心寺主要是因为他桀骜不驯，难以管教，故将其托付给妙心寺，希望通过修禅而改变其性情：“暗斋幼时，桀骜不可制。父为托诸妙心寺。剃发，名绝藏主，乃一意修禅无懈怠。然性行犹不悛，尝与偷辈论议。暗斋强其理塞，即其夜窃，彼寝火纸帷。或读佛典，深夜忽拍案，放声大笑，众起怪问，曰：笑释迦虚诞。其豪迈不羁，皆此类也。”④

山崎暗斋在妙心寺学佛时，就已经显示出了天才般的行为，尤其是其记忆力超群，有过目不忘之能力：“妙心寺塔中，祖师法语一幅。大通院

① 山崎闇齋：《闢異》，鷲尾順敬編《日本思想鬪諍史料》卷一，（東京）名著刊行會 1969 年版，第 23—24 頁。

② 水足安直：《山崎先生行実》，神道大系編纂会編《神道大系・論説編・12 垂加神道（上）》，（東京）神道大系編纂会 1984 年版，第 527 頁。

③ 植田艮背：《艮背語録》，神道大系編纂会編《神道大系・論説編・12 垂加神道（上）》，（東京）神道大系編纂会 1984 年版，第 449 頁。

④ 原念斎（善）、東条琴台（耕）：《先哲叢談卷之 1—8（前）》，（東京）東学堂 1892 年版，第 39 頁。

住持曰：绝藏主，记忆超人。今日某处共学法语，记而可归。绝藏主曰：诺。心中已记！遂共与之行，看其秘藏法语否。反而问之，院主，绝藏主问曰：记之否。曰：然。唯疑一字之所。乃写之，疑之一字而正之，其他一字而无违。人皆奇。”① 山崎暗斋聪明颖悟，而又桀骜难驯，且“性行犹不悛”，使得众僧深为不满，“其（山崎暗斋）豪迈不羁，皆此类也。众议，欲逐之。当是时，土佐公子某居妙心寺。公子聪明有藻鉴，叹曰：此儿神姿非常，后当有为。乃遣之学于土佐吸江寺。时土佐有鸿儒小仓三省、野中兼山，共见暗斋亦深器之，而惜其陷异端，示之四子及程朱书，则大悦，蓄发归于儒，时年二十五”②。

上述所提及的小仓三省、野中兼山皆为土佐当世之儒者。山崎暗斋和小仓三省、野中兼山的关系问题，有不少学者和论著都作过探讨。③ 在此暂不多以赘语重复述之。笔者所注意到的山崎暗斋在土佐见到的曾有过“脱佛入儒”行为和经历的另一学者谷时中，却鲜见学者注意及之。《先哲丛谈后编》卷一记载道：谷时中其人“读书于州之高智真常寺，从亲鸾泒僧天室者学，遂从教剃发号慈冲，后住于真常寺。每聚淄徒讲说佛经之暇，好读经史，最喜汉魏传注。后悟其入释之非，然未得学之总摄，泛滥老佛。后闻南村轩适从程朱之训，百方千端，访求其书，始得语孟集注、学庸章句，朱子文集等读了，惭愧浮屠废弃人伦。于是乎，又蓄发还俗，改名素有，字时中，称大学，以儒与医教授高智。于时元和之初也。”④ 从其名“时中”两字，即可见其对儒学之倾心。谷时中“脱佛入儒”后，致力于程朱理学的传播与光大，在土佐之地，声名鹊起，从游者甚众。山崎暗斋也侍从左右，问学于谷时中，受到过谷时中的督导与教诲。这一记载透露出山崎暗斋“脱佛入儒”行为的发生，或也有着谷时中的影响。

另外，山崎暗斋所修禅的妙心寺的氛围也颇值得关注。之所以这么说，是因为京都妙心寺的“脱佛入儒”者，也不乏其人，似乎颇成一传

---

① 植田艮背：《艮背語録》，神道大系編纂会编《神道大系·論説編·12 垂加神道（上）》，（東京）神道大系編纂会 1984 年版，第 477 頁。

② 原念斎（善）、東条琴台（耕）：《先哲叢談卷之 1—8（前）》，（東京）東学堂 1892 年版，第 39 頁。

③ 参见溝淵忠広《南学と師道：谷秦山と南学の人々》，（東京）明德出版社 1958 年版，第 54 頁；寺石正路《南国遣事》，（東京）聚景園武内書店 1916 年版，第 219 頁。

④ 東条耕子蔵著，岡本行敏補訂：《先哲叢談後編》卷一，（東京）国史研究会 1916 年版，第 10—13 頁。

统。《先哲丛谈续编》卷二曾记载佐佐十竹其人亦受儒学启发，愤然毁破衣钵，谢绝其徒，蓄发还俗，作诗曰：“误入空门二十秋，改衣此日赴东州。功名富贵非吾愿，学业不成死不休。”① 在此氛围中，受“脱佛入儒”者之影响或诱导，也在所难免。川上孤山所撰著的《妙心寺史》对山崎暗斋修禅、“脱佛入儒”及尔后创立一派垂加神道之过程展开论述：“（山崎暗斋）师事四代将军家纲之傅保科正之（会津藩之祖），垂加神道派的开祖。最初居妙心寺，法号绝藏主，为大通院湘南的得度弟子。暗斋因天资豪迈，土佐侯善洞察其非凡，将之带回成为吸江寺的徒弟。当时土佐有谷时中门弟子野中兼山般的英杰等，绝藏主考究宗义教典之余暇，从是等之师，学外典经书，深深体得儒道的神髓，乃随意自笔《辟异》之文，贴于寺之门扉而去。尔后暗斋以破佛家自任，至为皇天论者垂加流派一家。”②

综上所述，可见山崎暗斋“脱佛入儒”行为的发生，至少有四大方面的原因：(1）性情使然，桀骜不驯而天资聪颖；（2）朱子学的魅力所诱导；(3）受当时土佐儒者所激发和影响；(4）所处妙心寺之氛围，特别是“脱佛入儒”者之例的存在。所以当山崎暗斋完成了“脱佛入儒”，以朱子学者的身份自立而独立地开坛讲学、传道授业时，一个朱子学的信徒也即诞生了：“我学宗朱子以尊孔子也，尊孔子以其与天地准也。《中庸》云：仲尼祖述尧舜，宪章文武，吾于孔子朱子亦窃此焉。而宗朱子，亦非苟尊信之。吾意朱子之学，居敬穷理，即祖述孔子而不差者，故学朱子而谬，与朱子共谬也，何遗憾之有？有吾所以信朱子，亦述而不作也，汝辈坚守此意而勿失。”③

对于山崎暗斋“脱佛入儒”，以儒士之身份立身行事、传道授业之行为，佐藤直方曾评论道：“元明世以儒名者不可枚举，而至窥圣学门墙，则方孝孺薛文清二人而已。朝鲜李退溪东夷之产，而悦中国之道，尊孔孟，宗程朱，其学识之所造，大非元明诸儒之俦矣。我邦中古崇儒道，王公以下，学者亦多矣，读之者亦岂为少乎？然未闻有知发明道学之正义，而为万世不易之准则者。近世独山崎敬义先生，读其书，尊其人，讲其学，博文之富，议论之实，识见之高，实非世儒之所及焉，盖我邦儒学正

① 参见東条耕子蔵《先哲叢談続編》卷二，岡本行敏補訂，（東京）国史研究会 1916 年版，第 180—183 頁。

② 川上孤山：《妙心寺史》卷下，（東京）妙心寺派教務本所 1921 年版，第 118—180 頁。

③ 山崎闇斎：《闇斎先生年譜》，日本古典学会編《山崎闇斎全集》卷四，（東京）ぺりかん社 1978 年版，第 82 頁。

脉之首倡也。”① 尾藤二洲也对山崎暗斋予以了极高的评价：“洙泗微言，闽洛至论，剖析敷畅，以阐斯文。阴阳仁义，礼乐鬼神，靡所不究，以启后人。于戏斯翁，儒林之宗。”② 显而易见，不管是将山崎暗斋称为日本“儒学正脉之首倡”的说法，还是誉其为“儒林之宗”之褒奖，山崎暗斋作为儒者的形象乃是当世及后世人的一贯看法。

第二节 《辟异》之文本构成与其“排佛”论

山崎暗斋在二十五岁时从妙心寺逃离，立志于朱子之学，实现了“脱佛入儒”。经五年，山崎暗斋于正保四年（1647 年）即三十岁时，抛出“排佛”之宏作——《辟异》，对佛教全方位地进行批判。这一批判佛教的行为，可视为其与佛教真正决裂而以一介儒士或朱子学的信徒昭告世人的宣言书。细加分析《辟异》会发现，就其构成的文献来源而论，可以说该作谈不上是山崎暗斋独自创造性的思想发明，而是朱熹、李退溪、薛敬轩、黄东发等朱子学者的“辟佛”言论的集合体，或许这可能即是山崎暗斋所言的“有吾所以信朱子，亦述而不作也。”③ 需要说明的是，山崎暗斋的作品基本上没有哪一本是其对儒家经典的研究和阐释性著作，而大都是将朱子学者的言论辑录后的集合成品。鉴于其作品特征，故先抛开知识产权保护和学术剽窃等现代性的学术规范之观念，不妨把山崎暗斋引述朱子学者的话当作其个人思想的一种表达和写作形态予以对待，并对其加以论析。

《辟异》成书于正保四年（1647 年），共 21 则，所引全为朱子学者的“辟佛”言论，其构成来源文献，列表如下：

表 8－1　《辟异》文献来源

	辟异	构成文献来源
1	小序	《论语大全》为政篇“攻乎异端”章中的“朱子曰”

① 佐藤直方：《韞蔵録》，板倉勝明編《甘雨亭叢書 4》（漢籍），出版不明，1845—1856 年版，第 11—12 頁。

② 尾藤二洲：《山崎暗斋先生画像讃》，大塚氏静子倹編，楠本孚嘉吉甫補：《日本道学淵源録》卷一，（東京）岡次郎 1934 年版，第 30 頁。

③ 山崎闇斎：《闇斎先生年譜》，日本古典学会编《山崎闇斎全集》卷四，（東京）ぺりかん社 1978 年版，第 82 頁。

续表

	辟异	构成文献来源
2	子曰攻乎异端	《论语》为政篇
3	或问攻乎异端	《朱子语类》卷二十四论语六“攻乎异端”章
4	胡云峰曰唐虞三代	《中庸大全》章句
5	或问中庸天命	《中庸或问》
6	白鹿洞书院揭示	《朱子文集》卷七十四
7	朱子跋黄仲朋友说曰	《朱子文集》卷八十一
8	论语课会说四	《朱子文集》卷七十四
9	或问大学之道	《大学或问》
10	薛敬轩曰	《读书录》卷一“四书当先以集注” 《读书录》卷二“又曰四书集注下小注” 《读书录》卷一“又曰四书集注章句” 《读书录》卷一“又曰朱子语录杂论”
11	黄东发曰	《黄氏日抄分类》卷三十六“读朱子之书” 《黄氏日抄分类》卷三十八“又曰门人所记”

山崎暗斋作《辟异》的主要目的是排佛，按其自述可知：“朱子学讥温公吾排佛欲扶教之言，则可以观其不欺我也。吾幼年读四书，成童为佛徒，二十二三本于空谷之书，作三教一致之胡论。二十五读朱子之书，觉佛学之非道，则逃焉归于儒矣。今三十二未能立，深悔吾之不早辨，又惧人之可惑，故此篇之述不得已也。”[①] 毫无疑问，“异”所指主要是“佛老”，但又不限于“佛老”：“异端不是天生出来，天下只是这一个道理，缘人心不正，则流于邪说，习于彼，必害于此。既入于邪，必害于正。异端不止是杨墨佛老，这个是异端之大者。”[②]“正道、异端，如水火之相胜，彼盛则此衰，此强则彼弱，熟视异端之害，而不一言正之，亦何以祛习俗之弊哉？观孟子所以答公都子好辩之问，则可知矣。”[③]

山崎暗斋批判“异端”的最终目的是为了确立“正道”，因为“正道”与“异端”势同水火，二者只能存其一。那么，辟“异端”后的

① 山崎闇齋：《闢異》，鷲尾順敬編《日本思想鬪諍史料》卷一，（東京）名著刊行會 1969 年版，第 23—24 頁。

② 山崎闇齋：《闢異》，鷲尾順敬編《日本思想鬪諍史料》卷一，（東京）名著刊行會 1969 年版，第 1 頁。

③ 山崎闇齋：《闢異》，鷲尾順敬編《日本思想鬪諍史料》卷一，（東京）名著刊行會 1969 年版，第 1 頁。

"正道"即与"异端"相对的"正道"又是什么呢？一言以蔽之，"正道"就是儒教所讲的"修道"以"成圣"："故所谓道者，不待外求，而无所不备。所谓性者，无一物之不得。故所谓道者，不假人为，而无所不周，虽鸟兽草木之生，仅得形气之偏，而不能有以通贯乎全体。然其知觉运动，荣悴开落，亦皆循其性，而各有自然之理。"① "惟圣人之心，清明纯粹，天理浑然，无所亏阙，故能因其道之所在，而为之品节防范，以立教于天下。使夫过不及者，有以取中焉。盖有以辨其亲疏之杀，而使之各尽其情，则仁之为教立矣；有以别其贵贱之等，而使之各尽其分，则义之为教行矣；为之制度文为，使之有以守而不失，则礼之为教得矣；为之开导禁止，使之有以别不差，则智之为教名矣。夫如是，是以人无知愚，事无大小，皆得有所持循据守，以去其人欲之私，而复乎天理之正。"②

辨清何谓"异端"、何谓"正道"是其"辟异"的首要原则，通过上述引文，大致可知山崎暗斋所谓的"异端"是以佛老为主体而又不合乎儒教之纲常的俗世官商百家之人。反言之，只要是不被程朱理学之伦理纲常和修身成道思想所认可的均可视为"异端"，不过，"异端"的主要对象还是"佛老"、特别是佛教。山崎暗斋对佛教之"异端"的解构和批判主要表现在这样几个方面，并以此逻辑而展开。

（一）认识到佛教与儒学的差异

出身于妙心寺的山崎暗斋不可能不对五山禅林禅僧们所主张的"儒佛一致"论的观念有所了解，而且倡导"儒释一致"论的禅僧大多都是寺庙之住持或前后座，在等级森严的佛教世界，惟住持或大德马首是瞻诚为常态。在"禅儒一致"论的禅林氛围中，山崎暗斋"辟异"佛教的首要工作是廓清佛教与儒学之异同，以驳五山禅僧"佛儒一致"之论。在山崎暗斋看来，佛教和儒学貌似相同，但是"貌同心异""似是而非"。之所以不同，是因为佛教和儒学两者所追求的"道"即终极目标以及修道手法和路径都不同："谢上蔡曰：吾曾举佛说与吾儒同处，问伊川先生，先生曰：恁地同处虽多，只是本领，不是一齐差却。……佛学之与吾儒同处，虽有略相似处，然正所谓貌同心异，似是而非者，不可不审。……明道先生所

① 山崎闇齋：《闢異》，鷲尾順敬编《日本思想闘諍史料》卷一，（東京）名著刊行會1969年版，第2頁。

② 山崎闇齋：《闢異》，鷲尾順敬编《日本思想闘諍史料》卷一，（東京）名著刊行會1969年版，第3頁。

谓句句同，事事合，然而不同者。真是有味，非是见得亲切，如何敢如此判断邪！圣门所谓闻道，闻只是见闻，玩索而自得之，之谓道，只是君臣父子，日用常行当然之理，非有玄妙奇特，不可测知，如释氏云：豁然大悟，通身出汗之说也。如今更不可别求用力处，只是持敬以穷理而已。参前倚衡，今人多错说了，故每流于释氏之说。先圣言此，只是说言必忠信，行必笃敬，念念不忘，到处常若见此两事，不离心目之间耳。”①

山崎暗斋分清佛教和儒学之差异，无异于为儒学确立了一个批判的对象，借用政治学的通俗话语“分清敌我”，确立批判的目标即佛教“敌人”之后，才能有的放矢，加以批判。

（二）对佛教违背社会伦理秩序的批判

对佛教违反“人伦”即社会伦理纲常的批判，是山崎暗斋的首要发力点。当然，这一点也最为明显，也是历来对佛教批判的第一骂词：“佛逃父出家，便绝人伦”，而且佛教徒自己不遵守君臣父子夫妇之人伦道德，还教唆他人破坏社会伦理道德，若世人皆如此，人类势必会中绝进而会消亡：“程子曰：释氏之学，更不消对圣人之学比较，要之必不同，便可置之。今穷其说，未必能穷得他，比至穷得，自家已化，而为释氏矣。今且以迹上观之，佛逃父出家，便绝人伦，只为自家得独处于山林，人相里岂容有此物。大率以所贱所轻施于人，此不惟非圣人之心，亦不可以为君子之心。释氏自己不为君臣父子夫妇之道，而谓他人不能如是，容人为之，而己不为，别做一等人。若以此率人，是绝类也。”②

（三）对佛教生死“轮回”观的解构

死生“轮回”是佛教“轮回”观的集中体现之一。在儒家看来，人生为大，死亦为大，故不仅要珍视自己的身体，死之后的魂魄也是人之存在的一部分，其乃阴阳聚散之理，生生不穷。佛教的轮回，因受“业报”观念所左右，被视为上代的轮回转世，这一观念注重来世的轮转而轻视今世之家庭社会，在伦理层面，亦可视为“不慈不孝”：“詹艮卿曰：天地间，其生生不穷者理也。其气聚而生，散而死。死者气也，气具于此，则理亦寓于此。故人之形体，为精气所寄之具也。精气聚，则属阳而为人，魂游

① 山崎闇齋：《闢異》，鷲尾順敬編《日本思想鬪諍史料》卷一，（東京）名著刊行會 1969 年版，第 5—12 頁。

② 山崎闇齋：《闢異》，鷲尾順敬編《日本思想鬪諍史料》卷一，（東京）名著刊行會 1969 年版，第 2 頁。

魄降；精气散，则属阴而为鬼。形体既亡，则精气亦散，而复聚为人哉！推而极之，气化真实，一往遂尽。……释氏谓人死而为鬼，鬼复为人，是不明天地阴阳之气，造化人鬼之理也。朱子尝喻月影在盆水里，除盆水，这影便无了。岂是这影又飞上天，去归月里邪？……呜呼！释氏又谓，死而精魂不散，复借父精母血，以生其形体，如此则父母之名，皆假托之具，以启天下后世，不慈不孝之心。其忍心害理之言，亦何其谬妄哉！”①

（四）对佛教破坏社会经济行为的揭露

佛教徒不从事生产、亦不向国家照章纳税，而且广建寺庙、藏匿违反犯罪之徒，此般行为，并非善举，可谓是社会的寄生虫，这是儒者常用来批判佛教不事生产而浪费国家资财之基本说辞。在朱熹的“排佛”论述中，从社会经济角度批判佛教的社会寄生性和反社会性，是其主要的“辟佛”论述之一。山崎暗斋不仅借用朱熹之言，批判佛教无助于社会发展和经济建设，还以此从佛教自传入中土后造成的社会大乱从历时性的角度对比尧舜禹无佛时代之情况而予以申论：“朱子曰：吾友且说，尧舜三代之世，无浮屠氏，乃比屋可封，天下太平，及其后有浮屠，而为恶者满天下。若为恶者必待死，然后治之，则生人立君，又焉用云。尝记前辈说：除却浮屠祠庙，天下便知向善，莫是此意。曰：自浮屠氏入中国，善之名便错了。渠把奉佛为善，如修桥道造路，犹有益于人，以斋僧立寺为善，善安在，所未除浮屠祠庙，便向善者。天下之人，既不溺于彼，自然孝父母，悌长上，做一好人，便是善。”②

（五）对佛教原理主义荒谬性即“无理”的批判

佛教虽以重思辨逻辑和求空无之境著称，但是其在儒家看来，不重视君臣父子夫妇朋友之社会伦理的任何观念都是“空”“迷心”的表现。佛教的理和心不以仁义礼智信为践行原则，故其“心”、其“理”并非“天理”和“真理”。真正的“天理”和“真理”是要落实到仁义礼智信之社会伦常实践中来，故山崎暗斋引朱子之言道：“朱子曰：禅学悟人，是心思路绝，天理尽见，此尤不然。心思之正，便是天理流行运用，无非天理之发见，岂待心思路绝，而后天理乃见邪？且所谓天理复是何物？仁义礼

---

① 山崎闇齋：《闢異》，鷲尾順敬編《日本思想鬪諍史料》卷一，（東京）名著刊行會 1969 年版，第 17 頁。

② 山崎闇齋：《闢異》，鷲尾順敬編《日本思想鬪諍史料》卷一，（東京）名著刊行會 1969 年版，第 20 頁。

智岂不是天理，君臣父子兄弟夫妇朋友，岂不是天理，若使释氏果见天理，则亦何必如此悖乱殄灭，一切昏迷本心而不自知邪？凡此皆近世沦邪说之大病，明者亦未能免俗，而有此言也。”①

由上观之，山崎暗斋借用朱子学者尤其是朱熹的言论来批判佛教，其论说并没有超出儒家对佛教批判的最基本的三个维度：其一、从社会伦理的角度，批判佛教违背君臣父子之社会伦常；其二、从社会经济的角度，批判佛教不事生产、不纳赋税，广建寺庙浪费资财之行为；其三、从哲学观念的角度，批判佛教的死生“轮回”和“空”的思想观念。这三种批判佛教的视角，基本上也是藤原惺窝、林罗山批判佛教的套路和作法。

通过上述社会伦理的角度、社会经济的角度和哲学观念的角度，山崎暗斋对被视为“异端”的主体佛教进行了批判。由于其“辟佛”的观念和作法并没有超过朱熹和藤原惺窝、林罗山等中日朱子学者，所以在排佛理论上并没有多少理论创新意义。山崎暗斋为排佛所作的《辟异》，更多的则是显示其与佛教的断绝和儒士身份的自我确立，其排佛态度以及宗奉朱子学的这一“朱子学者”身份才是最主要的，可以说其精神意义和象征意义大于其《辟异》之作的理论创新意义。稍显极端或坦率一点地说，《辟异》根本上就没什么理论创新可言。

第三节　神学政治与“中国”论述的生成

山崎暗斋实现“脱佛入儒”，以一介儒士身份立于世之后，其思想进路向两个方向迸进：一条进路是儒学，继续高扬朱子学之大纛；一条是神道，创立一派垂加神道。虽然山崎暗斋的习儒和垂加神道在其思想形成过程中，有先后次第之关系，但由于朱子学和神道二者在前后上并没有否定之关系，故最终导向神儒“妙契”、创建垂加神道，与此同时山崎暗斋不但没有放弃朱子学，还仍致力于朱子学的传播和与幕府朝廷的政治合作，所以从这个意义上来说，对山崎暗斋思想特质的把握，有必要从神道和儒学关系再加考量。

所有对神的世界的论述或解释，最终的目的其实都是指向人世，这是

---

① 山崎闇齋：《闢異》，鷲尾順敬編《日本思想鬭諍史料》卷一，（東京）名著刊行會 1969 年版，第 14 頁。

宗教神学的共同特点。山崎暗斋创立的垂加神道，本质上是一种政治神学。他所建构的神明世界，也即是他所主张的日本的政治秩序的表征。山崎暗斋的神道政治有两方面的核心内容：一是“神皇一统”，二是“万世一系”，而且二者相辅相成、往往纠葛在一起。

“神皇一统”的政治诉求在于说明天皇的神性起源，旨在为天皇即神作出论证。山崎暗斋主张“唯一神”理论，“唯一神”即“天皇”。这体现在他的《神篱磐境秘传》中：“神篱者，日守木也。磐境者，中也。……日守木者，日者日也，日继君也。守木者，覆护皇孙犹树木蔽翳天日也。儿屋命之训亦覆皇孙之义也。磐境者，中也（中者，天御中主尊之中。此君臣相守之道，君在上治下，臣在下奉上。表君臣合体守中之道，以号中臣也）。平坂者，无二念，诚一之胸中也。境坂同训，护中之坚固如千人所引磐石也。”① 如果将其论述做一简约化的处理，其结构和主旨可理解为：神 = 天皇，篱 = 皇居，殿 = 神皇共居处；守木者—神守护天孙 = 天皇—庇护臣子→日守木 = 天皇护佑臣民、臣民沐浴皇恩；故“磐境”成焉。磐境是对天皇统治臣民如磐石之牢固、坚不可摧的状态的比喻性描述。在至高无上的“唯一神”的护佑下，政治统治当如磐石，一方面坚不可摧、异常牢固，另一方面，“日继”而不辍，具有恒久性，故必须要恪守“君臣相守之道，君在上治下，臣在下奉上。”反之，任何不恪守君臣之道，违反和破坏神皇体系的行为和作法都是神意不允许的，将会遭受天谴、受到至高无上的神的惩罚。臣民遵从天皇的统治，也即是遵从神的旨意。这即是“神皇一统”的基本旨意。

“万世一系”是要证明天皇统治在历史事实和历史延续方面的合理性和合法性。在日本历史上，基本上没有哪个知识分子敢对天皇存在的合理性即神圣性发表不满言论，所以也就很少看到反对和否定“神皇一统”和“万世一系”者。神道之所以为日本皇室宗教，其主旨就是要论证和捍卫“神皇一统”和“万世一系”，伊势神道、吉川神道、吉田神道如此，山崎暗斋的垂加神道也是如此。山崎暗斋对“神皇一统”的论述，主要是对神道经典再解释，而他对“万世一系”的合理性和合法性的证明，主要通过历史事实和伦理道德予以说明。

特别一提的是，山崎暗斋对“万世一系”给予历史事实方面的证明，

① 山崎闇斎：《神籬磐境秘伝》，日本古典学会编《山崎闇斎全集》卷四，（東京）ぺりかん社 1978 年版，第 309—310 頁。

并不是以天皇在日本政治史上的行政治理和政绩功效为事实依据的，而是采取了“反证法”，即通过批评与“万世一系”相反的“易姓革命”的非正义性来证明“万世一系”的政治正当性。山崎暗斋在《土津灵神碑》中表达了对汤武“易姓革命”行为的厌恶：“欲得夷齐无怨之仁，厌闻汤武革命之意。”① 他对自商代汤武革命至唐宋明的改朝换代均持批评和否定态度。另外也可发现，朱子学中的君臣大义和名分观念为山崎暗斋对“易姓革命”的批判，提供了理论根据。山崎暗斋在批评孟子易姓革命的同时，极力提倡文王的“为臣至德”以论证“万世一系”的合理性。就此，山崎暗斋的高足佐藤直方将其师的观点清晰地表达了出来：“泰伯、文王、伯夷、叔齐乃万代忠臣之根。明此理者，日本也。日本受伊奘诺、伊奘册、天御中主之祚，传至今日而王不变，皆神之子孙也。……朝敌之意愿从未得逞，日本无论何时都有天子。”② 在此，需要说明的是学界对山崎暗斋的“汤武革命论”的理解和看法并不一致，一派认为山崎暗斋以肯定汤武革命的形式来反对幕府，另一派认为山崎暗斋参与了幕府政治活动，对幕府政治当持肯定态度。③

《先哲丛谈》卷三载：“（山崎暗斋）常问群弟子曰：方今彼邦以孔子为大将，孟子为副将，率骑数万来攻我邦，则吾党学孔孟之道者，为之如何？弟子咸不能答，曰：小子不知所为，愿闻其说。曰：不幸若逢此厄，则吾党身被坚手执锐，与之一战，擒孔孟以报国恩，此即孔孟之道也。后弟子见伊藤东涯，告以此言，且曰：如吾暗斋先生可谓通圣人之旨矣，不然安得能明此深义而为之说乎？东涯微笑曰：子幸不以孔孟之攻我邦为念，予保其无之。”④

这一逸闻，时常被研究者拿来对山崎暗斋的日本民族主义思想进行批判。山崎暗斋的高足浅见䌹斋在《靖献遗言讲义》中直言：“山崎先生曾

---

① 山崎闇斎：《土津灵神碑》，日本古典学会编《山崎闇斎全集》卷三，（東京）ぺりかん社 1978 年版，第 644 頁。

② 佐藤直方：《拘幽操序弁》，日本古典学会编《佐藤直方全集》卷三，（東京）ぺりかん社 1978 年版，第 138 頁。

③ 就此问题，可参见尾藤正英《日本封建思想史研究：幕藩体制の原理と朱子学的思惟》，（東京）青木書店 1961 年版，第 92 頁；近藤啓吾《山崎闇斎の研究》，（京都）神道史学会 1986 年版，第 206—207 頁。

④ 原念斎（善）、東条琴台（耕）：《先哲叢談卷之 1—8（前）》，（東京）東学堂 1892 年版，第 40 頁。

言，若唐（中国）欲使日本服从，尧舜文武作为大将来之，则以石火矢打溃是为大义也。即使欲以礼仪德化使我们从之，则亦不当为其臣下也。此乃春秋之道。我国之天下之道也。"① 就此，后藤三郎指出："在强烈的中国崇拜下，山崎暗斋断然抛出体现强烈爱国信念和刚健日本精神之此说，既为暗斋本领，亦为暗斋学之特质。强烈日本精神之保持者、主张者、实践者，此实乃暗斋之为暗斋、暗斋学之为暗斋学之所以然也。"② 从山崎暗斋桀骜不羁、率性而为，批判佛教，从妙心寺逃离出来行为来看，其有上述之誓于中国之抗衡的言行，诚属正常。山崎暗斋在以朱子"理一分殊"来论述"唯一理"问题时，就阐发过日本与中国抗衡而不亚于中国的"理"论支撑："本邦与支那，虽异域殊俗，而其道无二致焉。抑我神代之古也，犹彼三皇之世也。我神武之皇国也，犹彼唐尧之放动也。尝言宇宙唯一理，神圣之生，虽东西异域，万里悬隔，而其道自有妙契者存焉。是吾人所当敬信也。"③ 这一"理"论，为山崎暗斋提出日本抗衡中国以至"日本优越论"奠定了最高意义或"终极理论"支撑，因为"理"是唯一的，而中国与日本只不过均是"理"的"分殊"，那么中国和日本就不存在孰优孰劣和高下贵贱之别。

山崎暗斋的这一发现和论述，为"日本主义"或"日本优越论"在日本思想史上确立了逻辑起点。既然中国和日本同为孔孟之道的践履者，那么在理论意义上，二者应该是平行的。而且，如果考虑到日本的"神"性在属灵的天国即神的世界中的这一宗教特质，不仅是中国不曾有的，而且又是日本乃"神国"的证明，那么就很容易推导出"日本优越于中国"这一结论。所以，山崎暗斋对"中国"的褫夺就变得极具有"合理性"。那么，接来也就对山崎暗斋的如是发言可以理解了："太宗谓中国唐季之乱，岂惟唐季哉，秦汉已下皆然也。推上而极言之，则包牺氏没，神农氏没，黄帝、尧、舜氏作，汤武革命，若我国宝祚天壤无穷之神敕万万历历焉，则六合之间，载籍之传，译说之通，所未曾见闻也。且中国之名，各国自言，则我是中而四外夷也，是故我曰：丰苇原中国，亦非有我之得私也。

① 浅見絅斎：《處士劉因》，諸橋轍次、安岡正篤監修：《朱子学大系第12卷：朝鮮の朱子学·日本の朱子学（上）》，（東京）明德出版社1977年版，第235頁。

② 後藤三郎：《闇斎学統の国体思想》，（東京）金港堂1941年版，第107—108頁。

③ 山田思叔：《山崎闇斎年譜》，日本古典学会編《山崎闇斎全集》卷四，（東京）ぺりかん社1978年版，第410—411頁。

程子论天地曰：地形有高下，不适不为中，实至极之言也。”[①] 在此，山崎暗斋已经非常直率地对“中国”之名，为中国独有之私属性提出质疑，认为“中国之名，各国自言”，那么日本亦可以“中国”之名称之，视为“华”之“中国”。山崎暗斋在晚年时，确定了日本的“中国”或“中华”属性：“俗儒西土称中华，称中国，垂加翁晚年谓决非是。《日本书纪》曰西土、曰西地、曰大唐，是当从。翁每称美‘日出处’、‘日没处’之号。水户中纳言作《日本史》，亦谓中华尊而称之，非国号，不可书也，乃只称汉唐宋元，此得之。然《垂加遗草》亦不及改正，尤可恨也。”[②]

山崎暗斋的“中国/华夷”观念，被其高足浅见䌹斋继承下来，并作出了青出于蓝而胜于蓝的论述。山崎暗斋曾从“宇宙唯一理”“理一分殊”得出中国和日本共享“理”，不存在优劣高下之判，且加上“日本乃神国”之理由，从这双重角度提出日本亦可称“中国”。浅见䌹斋则对其师山崎暗斋的“中国/华夷”理论作出了进一步的说明。浅见䌹斋指出，将日本视为“夷狄”的作法，根本上是一种对“儒书”的误读，“中国/华夷”的称呼，并不是以地域来划分，而是以“大义名分”来划分：“中国夷狄之名，于儒书由来久矣。是故，在吾国儒书盛行。读儒书者，以唐为中国，吾国为夷狄。更有甚者，以生于吾夷狄之地而悲叹矣。甚矣哉！读儒书者，失其读书之本，不知名分大义之实，此诚可悲之至也。”[③] 若将日本视为“夷狄”，则“失其读书之本”，乃“可悲之至”。作为一个日本人，就要从日本的角度去理解“孔子之旨”和“春秋之道”。因为只要接受和实践“孔子之旨”和“春秋之道”，自然就是“中国”，倘若违逆“孔子之道”和“春秋之旨”，那么即便是孔孟诞生地的中国，也不见得就称得上是“中国”，“中国”与否的标准，不以地理方位来确定，而是要以文化来判定：“生于其国，则以其国为主，以他国为客。由是观之，当各有其国立处至称号也。学道者，学实理当然也。在吾国，若知春秋之道，则吾国即主也。……孔子若生日本，则日本春秋之旨当立也。是则学春秋之常

① 山崎闇斎：《文会筆録》，日本古典学会編《山崎闇斎全集》卷一，（東京）ぺりかん社1978年版，第473—374頁。

② 谷重遠：《禮：卷之15—雑著》，《秦山集（49卷）》，（東京）谷干城1910年版，第2頁。

③ 浅見絅斎：《中国弁》，西順蔵［ほか］校注：《日本思想大系31：山崎暗斋学派》，（東京）岩波書店1980年版，第416頁。

云者也。”“中国夷狄之名，此皆唐所付之名。若以其名称吾国，此皆效唐之作为也。唯以吾国为内，以异国为外，明辨内外宾主，则称吾国，云异国，又有何妨？该以不违反道理之故也。”①

在浅见䌹斋看来，“中国/华夷”由以产生的“华夷之辨”，其争辩的核心乃是确定“华夷之别”的标准。在一般儒者看来，由于孔孟和儒学的诞生地在中国，且中国也以“中国”“中华”或“华夏”称之，但浅见䌹斋却对此种以地理和诞生地为标准的“中国/华夷”认可标准产生不满，且提出严厉批判。因为各个国家因地理、风俗所限，自然有其不同，这是一种客观存在。但是，在接受和践行“孔孟之旨”“春秋之道”和“大义名分”等儒学思想之实践意义上，不应该具有高下贵贱优劣之区分。不管是什么样的国家，只要能够以“孔孟之旨”“春秋之道”和“大义名分”等儒教伦理纲常实现天下太平、国泰民安、文教昌盛，那么那个国家就是“中国”、就是“华”，就不应该称为“夷狄”：“中国夷狄之称谓之事，唐书中可见称日本为夷狄者。有学者不以为忤，反以此而惜之、愧之。因生于我夷狄之故，而自卑叹惋者，其识见何其陋也。比之于生我之国更宜于中国之称谓，更有何处可寻得？……有云：圣人亦有称夷狄者。然唐之圣人，无有以此称唐者。日本之圣人，理应以此，方为中国，以彼为夷狄而称之。”②

山崎暗斋和浅见䌹斋的“中国/华夷”论述，主要是从“大义名分”的角度来确定“中国/华夷”归属，以此来说明“中国”或“华”，不独属于中国，日本在文化发展和文化水平提高的情况下，完全也是可以自称“中国”或“华”的。③ 山崎暗斋和浅见䌹斋的这一论述方式，从文化本质的角度观之，可以视为“文化多元主义者”；从“道理”和“理”的角度而言，“孔孟之旨”“春秋之道”和“大义名分”等文化和思想观念，

① 浅見絅斎：《中国弁》，西順蔵［ほか］校注：《日本思想大系 31：山崎暗斎学派》，（東京）岩波書店 1980 年版，第 418—419 頁。

② 浅見絅斎：《靖献遺言講義》，有馬祐政、黒川真道編《国民道徳叢書》第 3 編，（東京）博文館 1912 年版，第 176—177 頁。

③ 就此，丸山真男曾指出：“朝贡观念只要未崩溃，中国就不可能接受近代国际法规。这种华夷内外观在江户时代是具有最大问题的范畴之一。一方面，若原原本本地承认中华思想，那么日本就会成为在文化上隶属于中国的‘东夷’。另一方面，要把日本作为‘中华’，就需要重新解读中华思想，而以日本的文化水平那是很难办到的。”（参见［日］丸山真男《丸山真男讲义录》第六册，唐永亮译，四川教育出版社 2017 年版，第 258—259 页。）

虽诞生于中国，但是一经诞生且经过传播，就具有了“共性”“普遍性”和“世界性”，属于思想文化领域的“共享产品”或“公共产品”。

如果把山崎暗斋和浅见䌹斋以及整个暗斋学派的“中国”论述置于整个16—17世纪的东亚世界，就会发现：此一时段，不论是日本，还是朝鲜，抑或越南，对“中国”或“华夷”思想都产生了不同寻常的认识和变化，这一变化，既有明清鼎革以来中国自身的变化，又与朝鲜、日本、越南各个国家的政治情势变迁对其思想家的影响有关。这一“中华思想”问题，颇值得东亚各国共同来研究。[①]

① 东亚世界的“中华思想”问题，极为复杂，但也极具思想魅力，颇值得探讨，新近的研究可参见張崑將《東亞視域中的“中華”意識》，（台北）臺大人社高研院東亞儒學研究中心2017年版。

第九章　儒者如何固守自我？
——松永尺五伦理思想之形成及其儒教实践

在日本思想史上，作为教育家的松永尺五，尽显儒者本色。他一生以私塾为基、传道授业，门徒愈五千，尤其是弟子及再传弟子木下顺庵、贝原益轩、安东省菴、泷川昌乐、冷泉为景、平岩仙门、泽田昌庵、新井白石、室鸠巢、雨森芳洲等皆为执江户儒学之牛耳者。所以，从某种意义上而言，认识江户日本儒者的形象和生存状态，松永尺五是一个绝佳的范本。

然而，关于松永尺五的记载又大都语焉不详，甚至一笔带过。之所以发生这种情况，应该说原因是多方面的：（1）他作为日本近世歌学贞门派缔造者松永贞德的次子，在贞德传略中，屡被提及，诚属正常；（2）他作为当时儒学大师藤原惺窝的高门弟子，诉诸史家之笔端，也为自然之事；（3）尽管其遗留文字有《尺五堂先生全集》和《彝伦抄》，但是大部分为诗文之作，所以很难从中概括和提炼出能反映他学术思想和代表性观点来；（4）虽然他门弟子众多，但不曾有过出仕为官的经历，故很难被载入官方史册。

作为松永尺五的主要著作汇编的《尺五堂先生全集》，在很长一段时间内不曾留传于世。与其师藤原惺窝之著作在日本主要图书馆与文库都有收藏①适成对比的是，迄今为止，松永尺五的著书，仅在日本国会图书馆、

① 藤原惺窝著作的一些善本和刻本，在日本著名大学的图书馆都有或多或少的收藏，这也从一个侧面反映了其著述的流布面和影响力。据不完全统计，东京大学大学院人文社科系文学研究部收藏有享保二年（1717 年）藤原未经编录的《惺窝先生文集》12 卷；大阪市立大学学术情报综合中心藏有天明八年（1788 年）的《千代茂登草》；筑波大学中央图书馆所收藏的藤原惺窝文稿为数最多：承应三年（1654 年）的《惺窝文集》（林罗山、菅玄同编汇）、宽永五年（1628 年）藤原惺窝训注的《春秋经》《书经》《礼记》《周易》《诗经》等儒家经典。

京都大学图书馆、国立公文书馆内阁文库和无穷会图书馆四处有其残本收藏，而且还都残缺不全：日本国会图书馆所收藏的《尺五先生全书》，十二卷十册，缺内卷、十一卷与十二卷；京都大学图书馆所收藏的《尺五堂先生全集》，共有八卷三册，欠缺卷二、卷十一和卷十二；国立公文书馆内阁文库所藏《尺五堂集》，二卷二册，还缺《坤》卷；无穷会图书馆收藏有《彝伦抄》。经德田武对前三地残本的分类汇总与校对稽考，以《尺五堂先生全集》为名，于2000年由唐鹅社（ぺりかん）出版发行。尽管该文集还有第十一卷和第十二卷之缺，但它作为人们了解松永尺五学术和思想情形的基本资料，意义不可谓小。

就松永尺五的研究而论，学界对其的关注则相对较少。大江文成之《松门之祖尺五及其子孙》当属对松永尺五最早有所关注的论作之一，[①] 该文对松永尺五家世谱系、学风流脉等问题，均一一揭橥，但其略有余，其详不足。其后，玉悬博之对《彝伦抄》进行了读解，以为松永尺五的不少说法都是陈北溪《性理字义》的翻版，很多地方无异于剽窃；[②] 今中宽司承此，指出尽管松永尺五《彝伦抄》有陈北溪《性理字义》的鲜明影响，但在日本近世《春鉴抄》《三德抄》与《彝伦抄》之三大抄本谱系中，自有其思想史的重要意义在。[③] 近来，木村昌文在对日本近世生死观的研究中，着力探讨了松永尺五对生死及生命的一些看法。[④] 事实上，倘若综合留存于世的关乎松永尺五的《尺五堂先生全集》和《彝伦抄》来看，松永尺五的思想面貌及其特色，还有进一步深探的必要性。从文献对接的角度察之，松永尺五在《彝伦抄》中对“命、性、心、情、意、诚、敬”概念的阐释明显来自陈淳《北溪字义》的解释。松永尺五所主张的儒释道三教调和与儒教“三纲五常”之伦理，贯穿于他践履儒者之“传道授业”的教书讲学的生命历程中。

---

① 大江文城：《松門の祖尺五とその子孫》，《本邦儒学史論攷》第三章，（東京）全国書房1944年版，第135—154頁。

② 玉懸博之：《松永尺五の思想と小瀬戸甫庵の思想》，家永三郎編《日本思想大系・28・藤原惺窩・林羅山》解說，（東京）岩波書店1975年版，第505—512頁。

③ 今中寛司：《江戸時代初頭に於ける教訓仮名抄について——春鑑抄・三徳抄・彝倫抄の思想史的系譜》，《史林（40—3）》1957年。

④ 本村昌文：《松永尺五の死生観》，《日本思想史研究（37）》2005年，第22—38頁。

第一节　松永尺五与藤原惺窝

松永尺五乃藤原惺窝之高徒，是毋庸置疑的。然而，与林罗山在藤原惺窝笔下处处留迹适成反差的是，松永尺五在其师的著述中，却是鲜有被提及。其中所记载的藤原惺窝与松永尺五的唯一一次诗唱之作，还是得益于林罗山的从中运作。该诗为：

因林道春请和遐年诗
林忠访我叩幽深，袖里遐年诗记游。
今日诗文期德业，花之春与秋之实。①

此诗写作之时间，并无明确记载。不过，根据龙川昌乐为松永尺五所做的《尺五堂恭俭先生行状》的记载，大致还是可以考证得出来的。其记曰："昔日林道春、堀正意、林永喜、菅田德庵于堀正意杏庵亭为诗赋之，曾吟游。时当中秋赏月，昌三先生亦在其席。林罗山子截'秋月扬明辉'之句，拈出于诗题，各阄之先生，得'秋'字，则赋之，立成矣。其三四句曰：'清谈尤胜十年学，风落林间黄落秋'是也。先生惟时，十一岁。林罗山以此诗，献惺窝师。惺窝师见之，惊异，爱其妙龄奇才，祝其远大，谓'喜！我亲族繁荣'，和之曰'林忠访我，扣神衣袖里，遐年诗记游。今日斯文期德业，花其春兮实其秋。'是载而在惺窝文集。"② 松永尺五，文禄元年（1592 年）生，明历三年（1657 年）卒，其十一岁，应是庆长七年（1602 年）。从所记可知，藤原惺窝对松永尺五之道德文章是欣喜有加，对其才学成就亦抱有相当大的祈望。由此，德田武推断，其或为松永尺五入藤原惺窝之门时所为。③ 如果从诗情来看，这种存在是可能的。

在松永尺五之孙昌琳为其所作的《尺五堂恭俭先生行状》中，曾有藤原惺窝惊叹松永尺五诗作之伟、且收受松永尺五为徒的记载："元年壬辰

① 國民精神文化研究所編：《惺窩先生文集》卷五，《藤原惺窩集》卷上，（京都）思文閣出版 1941 年版，第 79 頁。

② 松永尺五著，德田武編集・解説：《尺五堂先生全集》，（東京）ぺりかん社 2000 年版，第 240 頁。

③ 德田武：《尺五堂先生全集解題・解说》，（東京）ぺりかん社 2000 年版，第 12 頁。

诞先生于洛阳教业坊之宅。先生生（性）安静，幼不好弄戏。六岁丧母。自八岁读书精勤甚笃、日夜不倦，出父之歌海，入师之儒林，从事妙寿院惺窝公。惺窝公知其少年诚实简默，必成儒者之名而授与先生，以自所著深衣，十一能诗，佳句惊人。”① 从松永尺五所遗留的大部分文字皆为五律七绝与杂诗来看，其绝对可称得上是“佳句惊人”。事实上，如果从修辞、用典、遣词、意旨与审美等诸多方面做一个综合衡量和评判的话，松永尺五的诗作，无论就其数量而言，还是就其质量而论，均超越其师藤原惺窝甚远。从其家学渊源来讲，这是应该的，似乎也是必然的——作为一代歌学大师松永贞德之子，作诗作歌，乃家统使然。

龙川昌乐为松永尺五所做的行状，与松永尺五之孙昌琳所做的行状，就其内容而言，两者并无二致，只不过龙川昌乐的记载对松永尺五受教藤原惺窝之学更为详备。松永尺五“自八岁读书，甚笃日夜不倦，出父之歌海，入师之儒林，从事妙寿院惺窝公。惺窝公知其少年诚实简默，必成儒者之名显父母，以自所著深衣幅巾。是继道统之传，此其证也，云云。”又：“三十而请惺窝公，传周易河图洛书先天后天卜筮九图太极图，及书洪范九畴春秋奥义。是有一子相传之誓盟，不漏他子矣。云云。”② 从此可以确知，松永尺五侍师藤原惺窝所习，主要是儒学之业。而且，其所修习的《周易》《河图洛书》《太极图》《尚书》《春秋》等中国先秦典籍，从知识难度系数来讲，绝对是难于论孟之儒书。而《周易》《河图洛书》《太极图说》则正是宋明理学的哲学基础和形而上源头。或许正是通过此般入朱学之堂奥而非只止于宋学之虚表的学习，才将其与一般只知三纲五常的浅弊之儒区别了开来。这也正是世人皆谓松永尺五乃藤原惺窝真传弟子的真正缘由。③

然而，在藤原惺窝的文集中，却鲜有其高足松永尺五之名之事的详细记载。当然，在松永尺五文集中，也少有藤原惺窝之显现。不过，这不能说明师徒关系徒具虚名或有名无实。相反，松永尺五对藤原惺窝的师恩之情，他是时刻所不敢忘却的。通过其追悼藤原惺窝之挽词可略窥一斑：

① 松永尺五著，徳田武編集・解説：《尺五堂先生全集》，（東京）ぺりかん社 2000 年版，第 6 頁。

② 松永尺五著，徳田武編集・解説：《尺五堂先生全集》，（東京）ぺりかん社 2000 年版，第 240 頁。

③ 玉懸博之：《松永尺五の思想と小瀬戸甫庵の思想》，家永三郎編《日本思想大系・28・藤原惺窩・林羅山》解說，（東京）岩波書店 1975 年版。

悼惺窝师挽词七绝

千载真儒道学存，天乎丧轮泣招魂。

何看霁月濂溪水，难遇深衣独乐园。①

显然，松永尺五对于其师之逝，悲怆有加，以致于发出了“千载”“难遇”之叹。确乎，松永尺五的儒学修为，应该说完全来自于其师的授受，其留名于史，也离不开藤原惺窝的着力栽培。正惟于此，或许才有松永尺五在藤原惺窝逝世之三十三回忌日之时，才能写下如此怀念、感恩其师的悲壮诗篇：

惺窝先生三十三回忌日拈香并叙

庆安弟四重光单于无射旬有两日，惺窝先师之三十三回讳辰也。令嗣为景朝臣究礼奠之敬，尽祭享自诚。夫远者，人之所易忘也，而能追之，惟孝子仁人之至情也。先师者，本朝太辅道长公之世家，而定家乡之云孙也。自幼薙染入淄徒居万年山，禅窟有年于兹，天质英挺夙智朋哲应奉五行蘓颋，一览二妙备四德，并且眼界高明，胸宇开豁，闻往知来，即始见终，触排汉唐记诵之俗儒，尊崇宋元性命之道学，遂脱却嵩山少林之禅机，接得濂溪伊洛之道脉，解法衣，着司马之深衣，抛贝叶，讲晦庵之集注，始点和训于六籍，新极工夫于圣言。昔在延天之诞，膺图宏之才硕学之鸿儒，强记博识之词人，满上列下莫盛于斯。时寔文明之治世，学业之嘉运也。虽然夸佑俾鈆椠之挟夹，耽斗靡争妍之雕虫，刊陈落腐好文藻之绚糜回声，揣病恍诗章之精致，自厥以降，巨魁猾夏兵燹胁国文道学术业如玉，世乏人而不绝如缕，近代海内安泰奸贼绝迹。先师崛起，百世之下超迈千载，之上怀宝韬光。开三经于北肉，想元亮之隐栖存心，尊性养天下之广居，养孟子之浩然，谢绝世，故景师李愿中不足，越闽忙杀杜五郎，世无古今，地无远近，其心同，其理同，则圣圣一揆，何有异论乎？我国真儒之鼻祖，道学之滥觞，舍公其谁欤？伟哉！开来学之功，岂谫谫哉。……惟是孝思迫切之情无所不至乎哉。同制无言以备办香云：

① 松永尺五著，德田武編集・解説：《尺五堂先生全集》，（東京）ぺりかん社 2000 年版，第 77 页。

追远曾纯孝，敬同岁月加。
深衣温表德，道洗颢无邪。
文澜尊东海。官门联北家。
儒林根底同，生宝又生花。[①]

是文读来，一个感知是，与其说松永尺五是在尽弟子之孝，还不如说他在为恩师藤原惺窝谋求其在日本儒林、学界的历史地位。如果说藤原惺窝乃“我国真儒之鼻祖，道学之滥觞”与“开来学之功”勉强还算说得通的话，那么说他“百世之下超迈千载，之上怀宝韬光”就未免有点言过其实了。当然，作为弟子，敬奉师尊，铭记其恩，是应该的，亦是必然的。从中亦可确知的是，松永尺五作为藤原惺窝的弟子，继其师之志，续道统之绪，袭“深衣温表”之德，竭心尽力于儒门大业，藉而以期不负于恩师之厚望。

第二节　《彝伦抄》的主要思想与陈淳之《北溪字义》

由于《尺五堂先生全集》所收集的主要是松永尺五的五言和七言诗作，而这些诗作大为吟花弄月、游山玩水、饮酒把盏、送朋访友之作，这对于解读松永尺五学术思想、尤其是对于其儒学思想的了解，意义着实不大，故而在对松永尺五学术思想的把握中，《彝伦抄》就成了揭櫫其思想观念的主要史料依据。而事实上，松永尺五的遗留著作，除了《尺五堂先生全集》，也就剩《彝伦抄》了。

彝伦，即常理，最早出自《尚书・洪范》：“王乃言曰：‘呜呼，箕子！惟天阴骘下民，相协厥居，我不知其彝伦攸叙。”顾炎武《日知录・彝伦》曰：“彝伦者，天地人之常道……孟子之言人伦而已，能尽其性，以至能尽人之性，尽物之性，则可以赞天地之化育，而彝伦叙矣。”[②] 而松永尺五认为彝伦乃天道、天理，作《彝伦抄》之旨亦是为匡正世俗、拯救世道人心：“天理者，人心之固有也。道者，不待求之日用彝伦之外，舍此何求他哉？弗思之甚也，以兹以易悟之俚语说、纲常之大，尤使向之所谓童蒙

① 松永尺五著，德田武编集・解說：《尺五堂先生全集》，（東京）ぺりかん社 2000 年版，第 21—22 頁。

② （明）顾炎武：《日知录卷二・彝伦》，上海古籍出版社 2006 年版，第 91 页。

书生。迷异教、陷妖术者，粗知君臣父子之道，仁义礼智行若千万人之中，纵令百之十、十之一，也可奋然兴起而抵排异教攘斥妖术，钦崇正道，发挥儒风，则后世苒苒或有洋溢数列、施及万民，岂非世教之幸也乎。”① 由此可知，松永尺五所谓的《彝伦抄》，也即是他关于社会基本伦理的相关思考。如果对其思想内容作一总结的话，他的基本理念主要体现在这样三个方面。

（一）儒释道三教之平视与调和

松永尺五开篇即言三教问题。按照他的说法：“天地之间，大道有三：儒、释、道也。儒为孔子之道，释为释迦之道，道为老子之道也。我朝释迦之道繁昌，上下仅皈依。儒道虽有，成文字言句之沙汰也。或以读书作诗思为儒道。理学示人、阔人，以此行三纲五常，法孝悌忠信礼义廉耻。”②

值得注意的是，尽管松永尺五认为儒释道之“道”乃老子之道，但他有时也将其混为日本的神道。即便如此，他也往往是站在儒家的角度对神道进行儒学化的解读。他指出，士农工商之四民阶层划分，完全是日本自古作为神道国的产物。显然，这无疑是一种自民族中心主义的认识方式。不过，他在对待儒释道三教问题上，基本倾向还是积极支持“儒道”的：“今此国，可能会佛法繁昌，就佛法之教而言，也应该申行儒道之义也。”③

如果结合江户幕府对基督教的禁压政策来看，松永尺五对三教兼收并蓄的宽容态度已经是相当难能可贵了。江户幕府最初对基督教的禁压，是庆长十六年（1611 年），而松永尺五著述《彝伦抄》是在宽永十七年（1641 年），前后相差三十年，从此意义上而言，我们不能不对松永尺五的学术勇气和学术宽容给予积极的肯定。

（二）力倡儒教之三纲五常

三纲五常乃儒道之肝要，是松永尺五对儒学的一个基本态度。由于松永尺五对儒释道三教一致观念的执着固守，所以其对三纲的阐扬，就难免有儒佛之强拉郎配之现象出现：“三纲，君臣、父子、夫妇所身行之道也。

---

① 松永尺五著，德田武編集・解説：《尺五堂先生全集》，（東京）ぺりかん社 2000 年版，第 221—222 頁。

② 松永尺五：《彝伦抄》，家永三郎編《日本思想大系・28・藤原惺窩・林羅山》，（東京）岩波書店 1975 年版，第 304 頁。

③ 松永尺五：《彝伦抄》，家永三郎編《日本思想大系・28・藤原惺窩・林羅山》，（東京）岩波書店 1975 年版，第 305 頁。

释尊育净饭王之御子，君臣之道也；罗护罗，父子之道；耶轮陀罗女，夫妇之道也。”[①] 显然，松永尺五的这种作法，与其师藤原惺窝以及朱学之祖朱熹对佛教灭绝人伦的批判，大相径庭。究其实际，松永尺五的这种肆意附会，无论在事实上，还是逻辑上，都是不可通约的，所以其意义也自然有限。

就松永尺五的“五常”论述而言，其中亦不乏佛教禅语的鲜明痕迹。他将“仁”解为“心之德、爱之理”，以为儒家之“仁”与佛法“人人具足、个个圆成、直指人心、见性成佛”、“慈悲为利”、“戒杀生”等名异实同，均是在实行“仁道”。[②] 将“仁”解为“心之德、爱之理”的作法，完全是袭自朱熹“仁者，心之德、爱之理”的解释，而且他接着将“义”解为“心之制、事之宜”也同样是来自朱熹“义者，心之制、事之宜也”。[③] 同样，他对“仁义礼智信”之五常的理解，也几乎完全是来自于朱熹《四书章句集注》中的说法。比如他解“礼”为“天理之节文、人事之仪则”、“智”是“智之理、心之别，知是非邪正”、“信”为“无一不实”。[④] 当然，他也试图从佛法中为“仁义礼信”找出相当的对等戒律来，认为“仁”对应“慈悲”、“义”为“戒偷盗”、“礼”乃“戒邪淫”、“信”是“无妄语、绮语、恶口两舌”。难以思量的是，他并没有为“智”在佛法中找出对等的戒条来。小乘有五戒、八戒、二百五十戒，大乘有三聚净戒、十重四十八轻戒等，而他却不能从中择列出与“仁义礼智信”一一相对应的佛法戒律来。从“三教合一”论的视域观之，他的这种作法也是有理论渊源的。[⑤]

---

① 松永尺五:《彝伦抄》，家永三郎编《日本思想大系·28·藤原惺窩·林羅山》，(東京)岩波書店1975年版，第305頁。

② 松永尺五:《彝伦抄》，家永三郎编《日本思想大系·28·藤原惺窩·林羅山》，(東京)岩波書店1975年版，第305—306頁。

③ (宋)朱熹:《四书章句集注》，中华书局1983年版，第201页。

④ 松永尺五:《彝伦抄》，家永三郎编《日本思想大系·28·藤原惺窩·林羅山》，(東京)岩波書店1975年版，第306頁。

⑤ 参见晁迥:“儒家之言率性，道家之言养神，禅家之言修心，其理一也，何烦诤论?”又指出尽管“理”同，但佛教之理是高于儒、道之理的，故佛可涵容儒、道:“孔氏之教，在乎名器，如释氏之相宗也。老氏之教，在乎虚无，如释氏之空宗也。唯释氏之教，本乎性理，而兼该二教之事，方为臻极。”张商英拿用药疗疾做譬喻，认为三教虽同在救治众生迷失本性之病，但其方法和疗效皆不同:“三教之语以驱其惑者，药也。儒者治外，而佛者治内；儒者该博，而佛者简易。儒者使之求为君子者，治皮肤之疾也；道书使之日损、损之又损者，治血脉之疾也；释氏直指本根、不存枝叶者，治骨髓之疾也。……三教之书，各以其道善世砺俗，犹鼎足之不(转下页)

（三）心性论与陈北溪之《北溪字义》

在松永尺五看来，对“父子有亲、君臣有义、夫妇有别、长幼有序、朋友有信”之社会基本伦常规范的恪守，乃是社会正常运用的前提。如果从“成人”——人之所以为人的形而上诉求来看，除了对三纲五常的恪守外，对“命、性、心、情、意”等关乎人心性命理的彼岸世界的关注，也应该是人关注其自身存在的根本要求。这种思考，也即是朱子学对宇宙人生的基本关注点。在朱子学体系中，关乎心性命理的哲学概念，数目众多。松永尺五对其的认识，主要集中在“命、性、心、情、意、诚、敬”这七大核心概念上。

比如他对“命”的解释：“命，所受天也。有理有气，生成者谓之气，气之主谓之理，且理气不分也。万物受此理而谓之天道；万物受理之所谓之天命。人受此气，或富贵，或贫贱、或长寿，或短命，或恶运，或幸福，皆有之。其由气之长短厚薄所致也。此受之气或有变，又气有清浊之分，受清之气，成智者贤人；受浊之气，成弱者不肖者。受气之后又成气之所也。故学文，成贤人智者，此即学文之重要之所在也。”① 显然，松永尺五的这种“气质之性”说，有着朱熹思想的鲜明色彩。不妨一观朱熹之言：“人所禀之气，虽皆是天地之正气，但衮来衮去，便有昏明厚薄之异。盖气是有形之物。才是有形之物，便自有美有恶也。”“有是理而后有是气，有是气则必有是理。但禀气之清者，为圣为贤，如宝珠在清冷水中；禀气之浊者，为愚为不肖，如珠在浊水中。所谓‘明明德’者，是就浊水中揩拭此珠也。”② 两相对照，不难可以发现松永尺五的言论只不过是对朱熹发言的一个翻版或改写，就其思想深度而论，着实无甚新意。

关于“性”，松永尺五言道：“理与气之受谓之性。有性即有理，理出不离气。天地受之，谓之理，人受之谓之气。……此性，荀子见之恶、杨

（接上页）可缺一也”（晁迥：《法藏碎金录》卷九，《四库全书·子部·释家类》第1052册，台湾商务印书馆1982年版，第579页）；张伯端：“老氏以性命学，开方便门，教人修种，以逃生死。释氏以空寂为宗，若顿悟圆通，则直超彼岸；如其习漏未尽，则尚徇于有生。老氏以炼养为真，如得其要枢，则立跻圣位；如其未明本性，则犹滞于幻形。其次《周易》有穷理尽性至命之辞，《论语》有‘毋意、必、固、我’之说，此又仲尼极臻乎性命之奥也。……岂非教虽分三，道乃归一？奈何后世黄缁之流，各自专门，互相非是，致使三家宗要，迷没邪歧，不能混一而同归矣！（张伯端著，王沐浅解：《悟真篇浅解·自序》，中华书局1990年版，第1—2页。）

① 松永尺五：《彝伦抄》，家永三郎编《日本思想大系·28·藤原惺窩·林羅山》，（東京）岩波書店1975年版，第308頁。

② （宋）黎靖德编：《朱子语类》卷四，中华书局1981年版，第78页。

子见之善恶混、韩退之有上中下三品说、近代东坡云未有善恶。……此与佛法云作用是性相似也。儒者之言性善，自孟子而至周茂叔、程子，愈盛也。此性之外，有气质之性。天理之性与气质之性，理一而分殊也。最前有清浊之气。本分之性，尽善成恶；气质之性，有善恶。"[①] 在此，除了其所比附于佛法中的"作用是性"之论述外，实在很难再找寻得出属于松永尺五自己真正的思考，因为"天理之性""气质之性""理一分殊"均来自于朱熹的发言。

值得注意的是，松永尺五接下来对"心""情""意""诚"的阐述，则主要是袭自朱熹弟子陈北溪对理学核心概念的总结。

对于"心"，松永尺五谓道："心为身之主，性动之所谓之心，如石中有火就是性，由内而出，火之形之明即心也。性和知觉，心之名也。心从气来而不离理也。物体六根之作，食物饮水，知热知冷，是心也。此皆适理而心正；邪气存而心不正。心有体用，具众理之所谓之体；应万事，感而随通之所，谓之用。"[②] 陈北溪言："心者一身之主宰也，人之四肢运动，手持足履，与夫饥思食、渴思饮、夏思葛、冬思裘，皆是此心为之主宰。如今心恙底人，只是此心为邪气所乘，内无主宰，所以日用间饮食动作，皆失其常度，与平人异。理义都丧了，只空有个气，仅往来于脉息之间未绝耳。大抵人得天地之理为性，得天地之气为体。理与气合，方成个心。""心有体有用，具众理者其体，应万事者其用。寂然不动者其体，感而遂通者其用。体即所谓性，以其静者言也。用即所谓情，以其动者言也。"[③]

对于情，松永尺五言道："情，性之所动也，而有七：喜怒哀乐好恶欲。此七者，存于心而无过不及谓之情。有过不及者，谓之私欲。情本来好物。此七者之情，与人所生，不可缺也。"[④] 陈北溪解释为："情者，性之动也。在心里面未发动底是性，事物触着便发动出来是情。寂然不动是性，感而遂通是情。这动底只是就性中发出来，不是别物，其大目则为喜

① 松永尺五：《彝伦抄》，家永三郎编《日本思想大系·28·藤原惺窩·林羅山》，（東京）岩波書店1975年版，第308—309頁。

② 松永尺五：《彝伦抄》，家永三郎编《日本思想大系·28·藤原惺窩·林羅山》，（東京）岩波書店1975年版，第309頁。

③ （宋）陈淳：《北溪字义》卷上，上海古籍出版社1987年版，第10—11页。

④ 松永尺五：《彝伦抄》，家永三郎编《日本思想大系·28·藤原惺窩·林羅山》，（東京）岩波書店1975年版，第309頁。

怒哀惧爱恶欲七者。”“情者心之用，人之所不能无，不是个不好底物。”①

对于“意”，松永尺五指出：“意，心之所发也。思而心，性动而情，心动而发谓之意，由心而直出。”② 陈北溪认为：“意者，心之所发也，有思量运用之义。大抵情者性之动，意者心之发，情是就心里面自然发动。”③

对于“诚”，松永尺五解释道：“诚，真实无妄。从天地自然之理中出谓之诚。知诚之一字，而叫忠之一字。忠乃人之工夫上而言。天地之诚，夏热、冬冷，天道之诚。”④ 陈淳的阐释是：“诚字与忠信字极相近，须有分别。诚是就自然之理上形容出一字，忠信是就人用工夫上说。诚字后世都说差了，到伊川方云‘无妄之谓诚’，字义始明。至晦翁又增两字，曰‘真实无妄之谓诚’，道理尤见分晓。……诚字本就天道论，维天之命于穆不已，只是一个诚。天道流行，自古及今，无一毫之妄。暑往则寒来，日往则月来，春生了便夏长……”⑤

对于“敬”，松永尺五言道：“敬，心之明也。静而无事之时，常内明，动之时，心如其事之动，凡可谓心之不移。有‘一无适’之注也。敬，一心之主宰，万事之根本。”⑥ 陈北溪的阐述是：“程子谓‘主一之谓敬，无适之谓一’，文公合而言之，曰‘主一无适之谓敬’，尤分晓。……敬所以主宰统摄。若无个敬，便都不见了。惟敬，便存在这里。所谓敬者无他，只是此心常存在这里，不走作，不散慢，常恁地惺惺，便是敬。……无事时，心常在这里，不走作，固是主一。有事时，心应这事，更不将第二第三事来插，也是主一。……敬者，一心之主宰，万事之根本。”⑦

通过上述对松永尺五“命、性、心、情、意、诚、敬”这七大核心概念的阐释和发挥与朱熹及其弟子陈北溪的发言之间的文献性对接，我们可以断言，松永尺五的确是站在了朱子学在日本传播和发展的延长线上。当然，对此松永尺五无疑自身也有着清晰的认识，以为：“性命之书，奠切

① （宋）陈淳：《北溪字义》卷上，上海古籍出版社 1987 年版，第 12 页。

② 松永尺五：《彝伦抄》，家永三郎编《日本思想大系・28・藤原惺窩・林羅山》，（東京）岩波書店 1975 年版，第 309 頁。

③ （宋）陈淳：《北溪字义》卷上，上海古籍出版社 1987 年版，第 15 页。

④ 松永尺五：《彝伦抄》，家永三郎编《日本思想大系・28・藤原惺窩・林羅山》，（東京）岩波書店 1975 年版，第 310 頁。

⑤ （宋）陈淳：《北溪字义》卷上，上海古籍出版社 1987 年版，第 27 页。

⑥ 松永尺五：《彝伦抄》，家永三郎编《日本思想大系・28・藤原惺窩・林羅山》，（東京）岩波書店 1975 年版，第 311 頁。

⑦ （宋）陈淳：《北溪字义》卷上，上海古籍出版社 1987 年版，第 28—29 页。

焉；道德之学，莫详焉。”①

尽管松永尺五对其师藤原惺窝以及朱子学是崇拜有加、且誓志以弘扬性命道理之学为安身立命之所，一生锲而不舍，躬身实践。然而，其思想体系中蕴含着的佛教因素，也是异常明显的。他在其理学思想的理解和阐发过程中，不时拿佛法予以参比。比如他在对“心”的阐发中，指出朱子学之“心”与《法华经》中所谓的“三界惟一心、心外无别法”“地域天道皆我心、是仏非所知”大同而小异、殊途而同归。② 从学理的角度而言，松永尺五的这种比附或拟比并不是没有道理。事实上，朱子学的不少概念体系、论证逻辑和思想意旨都受过佛教哲学的重大影响，这已经被学界所证明。③ 从其思想主要倾向来看，其儒学者的身份和角色定位，则是毫无疑问的。

第三节　松永尺五的儒教实践之认知

与藤原惺窝和林罗山的思想倾向相较，松永尺五的思想几乎可以说是毫无特色。从思想体系建构来说，它既没有藤原惺窝儒教、道家、佛法乃至神道教相容并包的庞大规模，也没有林罗山以朱学为体而以神道为用所构建起来的一派“理当心底神道”喧人耳目；从思想特色来说，既无法与藤原惺窝思想的“折衷综合性”相提并论，又难望林罗山凌厉的“排佛释耶（基督教）”锋芒之向背。总而言之，就学术成就与思想贡献而言，松永尺五真是既无法超越其师藤原惺窝，亦难匹敌同门师兄林罗山。

然而，如果从学术实践或“产学联”转化的角度来衡量，作为一个教育实践家的松永尺五，才是他学术人生价值的实现形式，也是他历史存在的本真面貌。而这也是我们对其学术功绩予以定评的出发点和基本依据。这主要体现在春秋馆的开设与以此为据点而穷其一生所尽力于江户教育和人才培养。

春秋馆，乃松永尺五一生心血所寄之所。它由松永尺五于宽永五年（1628 年）开设，至第十代松永信藏于明治二十二年（1880 年）废校而

① 松永尺五著，德田武编集・解說：《尺五堂先生全集》，（東京）ぺりかん社 2000 年版，第 223 頁。

② 松永尺五：《彝伦抄》，家永三郎编《日本思想大系・28・藤原惺窩・林羅山》，（東京）岩波書店 1975 年版，第 312 頁。

③ 参见高建立《从心性论看朱熹对佛学思想的吸收与融会》，《齐鲁学刊》2007 年第 3 期。

终，前后存续达二百五十年之久。而其经营维持，自始至终，皆由松永家族担当。龙川昌乐对松永尺五开坛讲学的轰动场面有过这样的描绘：“开讲筵，门人倍多，官门槐宫得接孟邻，而访问不绝，冠冕佩剑满座上，车驾奴隶盈门巷。”[①] 这种盛况，衡之于江户讲堂、学寮之私塾，委实并不多见。而据大江文城的推算，至少有五千弟子曾受教于此校。[②] 松永尺五门下，人才辈出，诚为实情。如果从以下江户时代颇为著名的半数学者皆出自松永之门这么一个事实进行考虑的话，就不能不将“教育巨匠”的桂冠置于松永尺五的头顶。他们分别是：木下顺庵、平岩仙山、冷泉玄谭子、安东省庵、贝原益轩、宇都宫遯庵、龙川昌乐、夜间静轩、伊藤万年、三宅玄三、林厚庵、田生庵可敬、柴田良庵、杜宗之、田渊三轴、田代宗的……等知识人。而其中顺庵门下，又出现了新井白石、室鸠巢、雨森芳洲等江户中后期的儒者。如果除却这些儒者们，江户儒学势必会失去半壁江山。

对于松永尺五及其高徒木下顺庵培养弟子的教育功绩，柴野栗山曾道：“参谋大政，则源君美在中，室直清师礼，应对外国则雨森东伯阳、松浦仪祯卿，文章则祇园瑜伯玉、西山顺泰健甫、南部景衡思聪，博该则榊原玄辅希翊，皆瑰奇绝伦之材也。其冈岛达之至性、冈田文之谨厚、堀山甫之志操、向井三只气节、石原学鲁之静退、亦不易得者。而师礼之经术，在中之典型，实旷古之伟器，一代之通儒也。”[③] 从所褒扬的这些人物来看，其皆执江户学艺之牛耳者。

尽管松永尺五并没有留下有关对教育问题的本质性思考，当然其残缺不全的遗留文集中除了吟风弄月的满篇诗歌外，能够揭橥其思想面貌的相关资料也没有多少，然而，从开设春秋馆、招徒讲学、培养弟子，尤其是江户大批知识人都出自松永门下之史实观之，松永尺五绝对是一个难得的务实教育家。这，应该才是作为儒者的松永尺五本来的历史面貌。

从松永家族史的角度观之，自中世始，作为日本俳句和歌学家的松永家族就有着家族性的佛教法华信仰，以日莲宗为信奉对象，忠贞不二。而松永尺五却一改松永家族之佛教信仰，转而改投儒门，开设儒教私塾，招

---

① 松永尺五著，德田武編集・解説：《尺五堂先生全集》，（東京）ぺりかん社 2000 年版，第 240 頁。

② 大江文城：《本邦儒學史論攷》，（大阪）全國書房 1944 年版，第 147 頁。

③ 柴野栗山：《錦裡先生文集序》，转引自大江文城《本邦儒學史論攷》，（大阪）全國書房 1944 年版，第 150 頁。

徒讲学，宣传宋明理学。松永的这一“改换门庭”行为，无疑是对家族佛教信仰的背弃[①]。不过，倘若将他的这一“脱佛入儒”行为置于日本佛儒互争的思想背景下来观察，其“倒行逆施”倒也反映出了宋明理学传至日本、在江户时代所具有的思想魅力和理论革新意义。

松永尺五以春秋馆为志业，开日本江户时代儒者创办教育私塾之先河。稍后的不少的儒者都以松永尺五为楷模投身儒学教育事业，兴办私塾与书院，一时蔚然成风，如伊藤仁斋所创办的古义堂、中江藤树建立的藤树书院等。江户社会私塾教育的兴起，一方面打破了日本中世知识权力和思想教育由贵族与僧侣阶层所垄断的社会控制体系，另一方面“学在民间”之私塾教育的下行实践，使得社会风貌为之大变；思想与教育的自由发展，又进一步推动和扩大了社会的自由化程度。从某种意义上而言，江户儒者的教育实践活动乃是促使日本近世社会解放甚至是“近代化”启蒙的动力要因之一。

① 就此需要说明的是：2013 年 8 月，本人受台湾大学高研院黄俊杰先生之关照，参加台湾大学高研院举办的“东亚青年儒学研修营”活动，在所提交此篇论文口头发表结束的休憩时间，正在台湾大学高研院访学的日本思想史家前田勉先生就此篇论文与本人进行了交流。从松永家族史的角度理解松永思想，完全得自前田勉先生的意见，只可惜本人能力有限，所收集到的相关文献不足以支持更为深入和全面的论证，在此仅仅提及而已，更深入和全面的研究，以待将来。谨致谢忱！

第十章　江户初期儒者的“异端”论说与“道统”诉求

日本江户初期，无论是藤原惺窝、林罗山的“排佛”，还是山鹿素行、伊藤仁斋的“批朱”，“异端”论均是其进行学术批评的一大“理论武器”。“异端”所指的由佛教滑向“朱子学”的过程，本质上乃是日本近世学者借“朱子学”来提升日本本土宗教“神道”的过程。特别是在该过程中，“神道”日本对中华“道统”的诉求，体现出了日本在学术和思想层面上欲“与中华抗衡”进而寻求文化和精神自立的一种“去中国化”的“实用主义”和“民族主义”的文化心态。

虽然中国朱子学早在镰仓（1185—1333）就已东传日本，但其真正作为一派学术与思想势力影响日本社会却是始自出身京都相国寺和建仁寺的藤原惺窝与林罗山师徒二人“脱佛还俗”、高举“朱子学”大纛进而创建“京师朱子学”一派所进行的学术活动。由于藤原惺窝将其弟子林罗山推荐给了德川家康出任幕府学僧，林罗山及其子林鹅峰之“林家”一脉又曾参与了德川幕府的早期政治工作，所以学界在对朱子学与日本德川时代的研究中，往往由此认为朱子学被德川幕府所接受，朱子学成为日本德川幕府国家体制意识形态和近世日本社会的伦理规范；① 不过，亦有学者认为近世日本并没有哪一学派占据主导地位，而是一个由佛教、儒学、兵学、国学混杂的社会形态。②

---

① 丸山真男认为传至日本的朱子学在近世初期被德川家康接受，佛教势力消退，朱子学成为了日本德川幕府国家体制意识形态；比利时学者赫尔曼·奥姆斯（Herman Ooms/ヘルマン・オームス）承此说，认为朱子学不仅是日本德川幕府国家意识形态，而且还成为了日本近世社会的伦理规范。[参阅ヘルマン・オームス《德川イデオロギー》，（東京）ぺりかん社1990年版。]

② 黑住真认为，从国家祭祀和知识传承两方面来观察，朱子学并没有成为当时的国家体制性意识形态；前田勉则认为近世日本诸学派互有交融，呈杂居状态，并没有出现一家独占的思想情形；国内学者韩东育指出，朱子学被利用、被排挤和被抛弃的角色变化轨迹，恰凸显了江户日本学界的“道统”自立愿望和“去中国化”倾向。[参阅韩东育《从“脱儒”到“脱亚”：日本近世以来“去中心化”之思想过程》，（台北）台大出版中心2009年版。]

然而，倘若从朱子学在日本兴起即遭反弹以及日本近世学者最终的学术旨归皆指向“日本自民族中心主义”等思想变迁过程来考察，则上述研究者的意见就不免稍显武断了。故而，笔者尝试着从日本近世儒者有关“异端”问题的论述出发，对朱子学在日本近世初期的真实遭际进行把握。

第一节　“异端”论的异变

藤原惺窝和林罗山作为朱子的信徒，不仅借助朱熹“辟佛”论，大力排挤佛教，而且高举“朱子学”大旗，“深衣道服”[①] 谒见德川家康，为其讲解经史。他的这一行为，被学界视为日本儒学从佛教中独立出来的标志。对于佛教之“异端”“异学”，藤原惺窝深明洞察，且还告诫弟子：“异书者，先哲所戒。”[②] 孔孟之道，才是先哲之圣道，作为儒门弟子，理应时刻谨慎戒备，有所自省：“孔子曰：‘道不同不相为谋。’孟子曰：‘能言距杨墨者，圣人之徒也。’子释氏之流，而我圣人之徒，方当距之不暇，而反为道不同者谋也？无乃犯圣人之戒，而自陷于异端之归乎？”[③] 作为圣人之门生故吏，应该恪守自己的信仰，有自己的追求，无时不刻都应该向宋儒看齐：“宋儒之高明，诚吾道之日月也。”[④]

藤原惺窝及其弟子林罗山的“排佛”，受到了不少学者的肯定。就连同时代之朝鲜儒者姜沆都称赞其为日本之“宋贤”，[⑤] 周坦亦对藤原惺窝排斥佛教、“辩异端”予以赋诗称论道：“净几五更烛，深衣十副裙，异端能早辨，吾道既朝闻。”[⑥] 杏庵亦认为其“排异教”功莫大焉：“天恐纲常将晦湮，能令斯道与斯人。俄归华表千年鹤，罕见中原一角麟。六籍复明排异教，九京不起泣生民。”[⑦] 东舟子永喜认为藤原惺窝排“佛老”之学，

① 京都史蹟会編纂：《林羅山文集》，（東京）ぺりかん社 1979 年版，第 464 頁。

② 國民精神文化研究所編：《藤原惺窩集》，（京都）思文閣出版 1941 年版，第 149 頁。

③ 國民精神文化研究所編：《藤原惺窩集》，（京都）思文閣出版 1941 年版，第 288 頁。

④ 國民精神文化研究所編：《藤原惺窩集》，（京都）思文閣出版 1941 年版，第 153 頁。

⑤ 姜沆：《五经跋》，國民精神文化研究所編《藤原惺窩集》，（京都）思文閣出版 1941 年版，第 299 頁。

⑥ 周坦：《追悼文・无言排律一首奉追悼焉》，國民精神文化研究所編《藤原惺窩集》，（京都）思文閣出版 1941 年版，第 301 頁。

⑦ 堀杏菴：《追悼文・敬悼北肉騰先生》，國民精神文化研究所編《藤原惺窩集》，（京都）思文閣出版 1941 年版，第 303 頁。

为日本知识界带来新鲜血液，且使学界风貌为之一变：“古来讲六经者惟夥，或局于词章训诂之末技，未通圣贤之真学；或借异端浮屠之伪教，以同儒学之一揆。名儒行墨者也，先生慨叹，而发明性理，而四书六经尽以程朱之意讲之，攘斥佛老，而三纲五典悉以圣贤之道教之……是先生之力也。”①

藤原惺窝和林罗山将佛教视为“异端”“异类”的排佛论述，在扬弃佛教理论的同时，事实上，也将“朱子学”带入了近世日本的思想和学术界。而排击所谓“异端”“异类”之佛教的过程，也即是以朱熹学说为代表的宋明理学在日本兴起和传播的一个过程。

藤原惺窝和林罗山所继承朱熹“辟佛”之佛教“异端”“异类”等论说，对于日本近世初期的排佛意义重大。稍后的古学派之殿军人物山鹿素行亦认为朱熹及藤原惺窝和林罗山所攻击的佛教乃是一大“异端”、且还“甚于异端”：佛教“立轮回因果之说，令他恐惧之，立福田利用之教，令他利身，及其禅教悟性心，超生死，骂佛烧书，为理障之说，打破乾坤，脱体现成，直指人心。其高话作略，无所下言，故令他愚昧底，或利或惧，以诱我门，令他好理好学底，或立一指与一棒，以无所下手，于此无贤愚知不肖，称名专修，坐禅参学，尤异端之甚也。”②

但对于何为真正意义上的“异端”“异类”，山鹿素行倒是持比较开放的态度。在其看来，不惟佛教是“异端”“异类”，那些“非圣人之道”者亦皆可视为“异端”“异类”。按照山鹿素行的说法，世世都不可避免地存有背于“圣人之道”的“异端”，即便将佛教视作“异端”的儒学内部也有“异端”存在：“何世无异端？非圣人之道，而诬世惑民，是皆异端也。新安陈氏曰：孔子谓乡原德之贼，孟子谓其自以为是，而不可与入尧舜之道，则乡原亦异端也。”③ 同时，山鹿素行还进一步指出，尽管同样侍师圣人、且作为圣人之徒，但其学术源流以及行为表现倘若有驳杂不纯、品行不正者，亦应以“异端”视之：“杂学者，虽同师圣人，而其源与圣人不同，是所以为异端也。况学不师圣人，其教不正，乃杂学也，

---

① 东舟子永喜：《惺窝文集跋》，國民精神文化研究所編《藤原惺窩集》，（京都）思文閣出版 1941 年版，第 258 頁。

② 山鹿素行：《聖教要録》，田原嗣郎、守本順一郎校注：《日本思想大系 32：山鹿素行》，（東京）岩波書店 1970 年版，第 231 頁。

③ 山鹿素行：《山鹿素行集》卷六，（東京）國民精神文化研究 1931 年版，第 41 頁。

异端也。”①

若以“圣人之道”加以衡量，无疑佛教乃是名副其实的“异端”。在山鹿看来，佛教入华传教，其可谓是“异端”横行中华：“四夷亦各有所宗之教，然皆偏说术知，而不可及中国，故推以为异端。佛教者，西戎之教，留而入于中国也。……其所出戎夷，而其所教偏僻也，岂同圣人之道乎？”② 四夷偏于周遭的地理状态，决定了它只能产生极端的宗教和文化，本身即具有极端性格。佛教产生于西戎地带，偏僻的自然环境决定了它本身必定是一种偏邪的宗教，乃是不同于“圣人之道”的“异端”。显而易见，山鹿素行如此评定佛教之“异端”与“圣人之道”的差别，完全是基于“华夷秩序”观念之考量。

山鹿素行对于“圣人之道”和“异端”的划分，还不仅止于上述以“华夷秩序”观念为基准的考虑，最为重要的则是“圣人之道”不离日用伦常，可谓是一种“日用伦常之道”。正因为“圣人之道”是日用伦常之道，所以才符合世间人类生活的固有本性与伦理规范，山鹿素行将其称之为“人情”。具体说来：“凡不则天地、悖人物之情、废事业、弃法礼、不立教、弄心性之辈，皆异端也。……圣人则天地，异端游六合之外云云。圣人从人情而设道，异端矫人情、拂人情、纵人情。圣人以万物而为万物，使各尽其性，异端以万物为一体，或放下万物。圣人节欲，异端绝欲，或任欲。圣人体用文质共用，异端以体为事，以质为旨。圣人示学教，异端以自悟自证为事。圣人论日用，异端弄心性，是圣教异端差异处之大概也。”③

山鹿素行所明确指出的“异端”具有“绝欲”“任欲”以及“弄心性”特质，显而易见，其笔锋所指向的已不仅仅是“佛教”了，还将“朱子学”也视为“异端”“异学”予以指责和批判。察山鹿素行的相关论述可知，其对程朱理学的“异端”论批判，主要是将“朱子学”与“异端”之佛教作一体关联进行挞伐。概而言之，在山鹿素行看来，朱子学“弄心性”“阳儒阴禅”以及悖“日用伦常”等诸多方面是悖于“圣人之道”的。

---

① 山鹿素行：《聖教要録》，田原嗣郎、守本順一郎校注：《日本思想大系 32：山鹿素行》，（東京）岩波書店 1970 年版，第 232 頁。

② 山鹿素行：《山鹿素行集》卷六，（東京）國民精神文化研究 1931 年版，第 56 頁。

③ 山鹿素行：《山鹿素行集》卷六，（東京）國民精神文化研究 1931 年版，第 14 頁。

对于前者，山鹿素行指出朱子学所强调的“心性”“静坐默念”以及“未发已发”的论调，基本上和佛教无甚差别，唯一的差别也只不过是名目不同而已：“以真指人心、见性成佛为言，千差万别只以顿悟觉心性为要，是本原大乖戾而不正，其道其教竟背圣人之道。……因此先儒各要知性心，欲收拾本心，或事静坐默识，或迷鉴空衡平之地，或味未发已前之中，是与释氏所指示之本原，那个相差乎？只其名目不同耳，然乃本原相同，枝叶少异也，是世俗所谓三教一致之谓也。故曰：伊洛濂闽之大儒，亦其本原阳儒而阴禅也。”① 而且：“其论性之本然，则异端欲直指见性，程朱亦欲复本然之性，是其指一也。程朱之学，专持敬，味性善，真思天命之性，竟欲得鉴空衡平之地，其流静坐默契，而与禅之坐禅顿悟，尤不涉日用，甚高过来，是宋儒不觉陷禅机也。”②

对于后者“悖日用伦常”方面的问题，山鹿素行的发言更为直接，径言朱子学开口闭口即是“太极至理”，而缺乏足够的身体力行；在满口“理”论、“气”论的虚言论述中，却对关乎日用伦常之事视若茫然，居然连所常言及的“修身”“新民”亦难有真正意义上的解释与践行，若以此观之，则空谈性理命题的宋明儒学无疑乃是“异端之异端”：“孔门学者唯日用之切耳，今日开口则谈太极至理，下手则以寂然不动之事，是妮著一个理字，蔽塞偏倚，而不知圣人之道也。故力行日欠了，知仁月阙如。唯如泥塑人，学者以是为极，那个是修身，那个是新民，见来唯异端之异端也。圣学既泯，人人专意见，尤可叹息也矣。”③ 山鹿素行以此为标准对当世之学者务虚不就实的“异端”做法大加叱责：“今日学者痛病，只务实一事，不能进步，急责效验，故其志必倦而怠也。夫学知而不行，行而不力，则利口术数之徒也。……圣人之学皆在务实。实是浅近底，日用接物处事之间做将去也。只以知之高见，则无实地之可践，竟陷异端之说也。”④ 在山鹿素行的上述切言中，其所苛责的“今日学者”即是以宋明理学为安身立命之所在的“朱子学”者们。

① 山鹿素行：《聖教要録》，田原嗣郎、守本順一郎校注：《日本思想大系 32：山鹿素行》，（東京）岩波書店 1970 年版，第 233 頁。

② 山鹿素行：《山鹿素行集》卷六，（東京）國民精神文化研究 1931 年版，第 29 頁。

③ 山鹿素行：《聖教要録》，田原嗣郎、守本順一郎校注：《日本思想大系 32：山鹿素行》，（東京）岩波書店 1970 年版，第 391 頁。

④ 山鹿素行：《聖教要録》，田原嗣郎、守本順一郎校注：《日本思想大系 32：山鹿素行》，（東京）岩波書店 1970 年版，第 368 頁。

而古学派的另一位代表人物伊藤仁斋在山鹿素行所论的基础上，更是直言不讳地批判那些假以“圣人之道”为名而行“异端”之实的“学者”：“圣人之道，不高不卑，非难非易，通于天下，达于万世，而不得须臾离，实为中庸之极也。其以圣人为高而不可学者，固不知道焉。为近而不足学者，亦异端之流，益不知道者也。”① 如果说伊藤仁斋所批判的“学者”，范围还比较宽广的话，那么伊藤仁斋接下来的发言则直接指向“朱子学”，直陈那些所谓的“朱子学”者，批圣贤之伪装、举着圣人之道的大旗，却做着与圣人之道相背离的事情。仁斋将其直接定性为“俗儒”，并且指出这些“俗儒”们以假乱真、难以分辨，其害“酷于异端”：“俗儒之害，酷于异端。何者？异端之害，犹蛮夷之猾夏，俗儒之害，犹奸臣之在朝。……故曰：俗儒之害，酷于异端。盖异端之于吾儒，犹薰莸冰炭，其害自易见，而人亦以异物视之，苟吾学既明，则彼自退听，故其害浅矣。至于俗儒，已自附丽儒中，窃其号，被其服，而诵说其书，人亦以圣贤之徒待之，而不知其实道德之蟊贼。”②

伊藤仁斋对宋儒的批判，可谓入木三分，“异端”尚可分辨，而“俗儒”却伪装甚深，犹如奸人藏匿，让人难以觉察，无法驱逐。而伊藤仁斋之子伊藤东涯在其父对宋儒批判的基础上，对朱子学者们谈天玄地、寻“理”论“心”论“气”之无实际意义的虚妄玄谈，也进行了大肆的批判：“读者不求知其可知者，而强欲求知其不可知者，……必流于老庄异端之说。”③ 究其实际而论，伊藤东涯对朱子学的批判也主要是基于朱子学玄天玄地，在“道”上加上了“理”，将“理”作为本原性的一种存在。本来“道”就已经很难把握，再凭空添一“理”，就更难把握和触摸了。这跟佛教老庄所言的“空无”几乎如出一辙，没有什么分别，其认识也就陷入了佛老之“左道邪说”。

显然，从上述古学派之山鹿素行、伊藤仁斋以及伊藤东涯的态度可以看出，“异端”所指已经不只是佛教的代名词，就连朱子学也成为“异端”“异学”的一部分。而山鹿素行、伊藤仁斋、东涯父子之古学派将朱子学

---

① 伊藤仁斋：《語孟字義》，吉川幸次郎：《日本思想大系 33：伊藤仁斎・伊藤東涯》，（東京）岩波書店 1971 年版，第 27 頁。

② 伊藤仁斎：《古学先生文集》，吉川幸次郎、清水茂校注：《日本思想大系 33：伊藤仁斎・伊藤東涯》，（東京）岩波書店 1971 年版，第 333 頁。

③ 伊藤東涯：《古今学变》，吉川幸次郎、清水茂校注：《日本思想大系 33：伊藤仁斎・伊藤東涯》，（東京）岩波書店 1971 年版，第 415 頁。

视为“异端”“异学”加以批判甚至是驱逐，其理由则是宋明理学务虚蹈空的哲学底色，而在社会经世方面，更是与人伦日用悬若河汉、无丝毫实用价值，因“其趣向大概处于老佛之间”，故“尤异端之甚也。”① 在“实用主义”的古学派眼中，注重“理”论诉求而与日常生活事务关系甚微的朱子学，应该被视为与佛教同道的“异端”“异类”予以批判。

第二节 “道统”诉求及其背后

“异端”所指由“佛教”滑向“朱子学”，在某种程度上可以说，其反映了日本近世学者对朱子学认识与把握的深化。丸山真男指出：“朱子学的理，既是物理，亦是道理；既是自然，也是当然。在此，自然法则和道德规范连为一体。”② 确实，朱子学无所不涉、又无远弗届的理论化色彩，给近世初期的日本学者平添了不少迷雾。不过，如果严加审视藤原惺窝、林罗山利用朱熹理论“排佛毁释”、山鹿素行“批朱”行为，那么其背后的真实意图亦将不难觉察。

藤原惺窝的高足林罗山为其师所做的行状中却透露出藤原惺窝欲接“中华道统”的志向：“凡知先生者推称中兴之明儒，不知先生者妄以为无师无传。夫道一而已矣。人能弘道不可须臾离也，有见而知者有私淑者，有百世之下而兴起者有千里之远而一揆者，故百姓日用而不知。昔仲尼没千有余年周茂叔独接不传之统。道不在兹乎？故先生则是欤。”③ 林罗山将其师藤原惺窝视为“中华道统”的承继者和昭嗣者，而之所以要在文化和学术领域以“道统”继任者自居，缘由之一则是“与中华抗衡”：“本邦居东海之表，太阳之地，朝暾霞之所辉焕，洪涛层澜之所荡潏。其清明纯粹之气，锺以成人才。故气运隆盛之日，文物伟器，与中华抗衡。”④

为了“与中华抗衡”，藤原惺窝在其“道统”的抢争活动中，连“神道”都做了“朱子学”化的解读。如利用朱熹理气论、天道论、理欲说、

① 山鹿素行：《聖教要録》，田原嗣郎、守本順一郎校注：《日本思想大系 32：山鹿素行》，（東京）岩波書店 1970 年版，第 368 頁。

② 丸山真男：《日本政治思想史研究》，（東京）東京大学出版会 1952 年版，第 25 頁。

③ 京都史蹟会編纂：《林羅山文集》，（東京）ぺりかん社 1979 年版，第 467 頁。

④ 國民精神文化研究所編《藤原惺窩集》，（京都）思文閣出版 1941 年版，第 138 頁。

情欲论将神道《神代卷》解读为“右明三才总叙”“右明理中未发神”“右明气中已发神”“右明形器造化神”“右明天理奉教”“右明天理衣食”“右明人欲衣食”“右明理欲交战”等。[①] 而藤原惺窝更为直接的论述则是将“儒道”直接视为日本之“神道”：“日本之神道，悯万民，正我心，施慈悲而为极意，尧舜之道亦为极意矣。中国谓之儒道，日本谓之神道，名异而心一也。”而之所以将“神道”视为“儒道”，原因是佛教在日本的传播已将日本本土宗教“神道”的存在空间压缩殆尽，神道处于衰退和濒临灭亡的境地：“神武天皇之后之钦明天皇之时，天竺之佛法，渡之日本，听闻此异思之神变，寄人心而叹神道之衰也。”[②] 只有借助“圣人之道”，方可拯救处于垂死边缘的日本“神道”：“夫神之所学之道，先圣人之道也。所欲之教，先圣人之教也。于乎，神其道屈于昔日，而伸于今日。其教晦于昔日，而显于今日。于是，神始得为神。……神千载之精爽也，何其幸也哉。”[③]

为了进一步将“神道”论证为中华“圣人之道”，藤原惺窝从历史的角度予以追溯，认为日本神道正人心，以哀悯万民博施慈悲为极意，且与中国统辖四百余州的尧舜之道名异而心同。在具体的论证过程中，他还将不可考的天照大神所谓的“亲民、悯民”之“极意”及其真人真事作了一番勾述：“天照大神虽为日本之主，宫殿之筑乃茅葺。所食之物为玄米，居家而不饰食品而无珍稀之物，悯天下之万民也。神武天皇，守其规，行其道，至白川法皇而不知几千年之数，代代子孙以让天下，荣也。……神道，正直转念、悯万民而为其极意也。”[④] 其对悯民之“极意”的论述，虽然赶不上中国儒者以及诸多史书中的尧舜事迹那么清晰动人，但是至少使暧昧不彰、晦暗不明的天照大神其人其事显得愈加“真实”“逼肖”，同时也为其披上了亲民、悯民的道德人伦外衣，故而亦有了与中华“尧舜之圣人之道”相比肩的历史事实和德行资本。

而藤原惺窝的高足林罗山在继承其师“圣人之道＝神道”的论述基础上，将其“道统”意欲进一步强化，提出了“神道＝王道”的主张：“神

① 太田青丘：《藤原惺窝》，（東京）吉川弘文馆 1985 年版，第 158 頁。

② 國民精神文化研究所編：《藤原惺窩集》，（京都）思文閣出版 1941 年版，第 408 頁。

③ 國民精神文化研究所編：《藤原惺窩集》，（京都）思文閣出版 1941 年版，第 116 頁。

④ 國民精神文化研究所編：《藤原惺窩集》，（京都）思文閣出版 1941 年版，第 404—405 頁。

道乃王道也，一自佛法兴行后，王道神道都摆却去。”① 既然“神道即是王道”，那么有“神道”的地方自然就是“王道乐土”。由于“神道”本来就是日本的传统宗教，由此推之，日本就是“王道”之地，也即是“神国”：“神灵之所挺生而复栖舍也，故推称神国”，所以日本的一切皆为“神物”，“其宝号神器，守其大宝则曰神皇，其征伐则曰神兵，其所行由则曰神道。”② 由此论之，日本的历史延续，也是出自神的旨意与安排：“夫本朝者，神国也。神武帝继天建极已来，相续相承皇续不绝，王道惟弘，是我天神之所授道也。”③ 而且这种表现还具有事实性的历史传承和记载：“神也者，既记于国史，载于延喜，则其所由来久远，而有福于社稷，必不可诬，则不可不敬，不可不崇。”④ 故而，日本国的历史，亦即是一部神道传授的历史：“自人皇神武天皇以来千二百余年之间，守神国之风，更无别。”⑤ 故而，日本才是真正意义上“尧舜”之“圣人之道”的继承者和发扬光大者：“日神之所以授皇孙而累世帝王禅继即位之时所以取则者，不在兹乎？若扩充之，虽尧舜禹之咨命亦何不追寻之乎？”⑥ 从某种程度上来讲，此时此刻素以“圣人之道”自居的中国比起日本来也是逊色不少：“神武以来，皇统一种，百世绵绵，虽中华及异域，未有如此之悠久矣，美哉。”⑦

古学派之山鹿素行在藤原惺窝和林罗山师徒之“圣人之道 = 神道”“神道 = 王道”之“道统”申论的基础上，将相关论述更加推进了一步，直接认为已承嗣“道统”的日本其实已经变成了“中国”——“日本 = 中国”。之所以“日本”成为“中国”，是因为不仅“圣人之道”已于中国泯灭并转移到了日本，而且“日本”才是“道统”中华的真正继承者和实践者。在山鹿素行看来，伏羲、神农、黄帝、尧、舜、禹、汤、文武、周公所传之“圣人之道”，传至孔子，“圣人之统”已经殆尽，故后世学者继承的所谓“道统”皆为“异端”“异学”之统：“及周衰，天生仲尼。自

① 京都史蹟会编纂：《林羅山文集》，（東京）ぺりかん社 1979 年版，第 804—805 頁。

② 京都史蹟会编纂：《林羅山文集》，（東京）ぺりかん社 1979 年版，第 558 頁。

③ 京都史蹟会编纂：《林羅山文集》，（東京）ぺりかん社 1979 年版，第 562 頁。

④ 京都史蹟会编纂：《林羅山文集》，（東京）ぺりかん社 1979 年版，第 117 頁。

⑤ 林罗山：《神道传授》，平重道：《日本思想大系 39：近世神道论・前期国学》，（東京）岩波書店 1982 年版，第 37 頁。

⑥ 京都史蹟会编纂：《林羅山文集》，（東京）ぺりかん社 1979 年版，第 560 頁。

⑦ 京都史蹟会编纂：《林羅山文集》，（東京）ぺりかん社 1979 年版，第 650 頁。

生民以来，未有盛于孔子也。孔子没而圣人之统殆尽。曾子子思孟子亦不可企望，汉唐之间有欲当其任之徒，又于曾子子思孟子不可同口而谈之。及宋周程张邵相继而起，圣人之学，至此大变。学者阳儒阴异端也。道统之传，至宋竟泯没。”① 既然在中国大陆，“道统”已绝迹，那么“道统”之“中国”自然非“日本”莫属。

在山鹿素行看来，不仅在地缘政治上，“日本”成为“中国”，而且从历史发展角度言之，“日本”亦是“中国”。对此，其论述道：“盖中有天之中，有地之中，有水土人物之中，有时宜之中。故外朝（指中国大陆）有服于中土之说，迦维有天地之中也言，耶稣亦曰得天中。愚按：天地之所运，四时之所交，得其中，则风雨寒暑之会不偏，故水土沃而人物精，是乃可称中国。万邦之众，唯本朝及外朝得其中，而本神代，既有天御中主尊，二神建国中柱，则本朝之为中国，天地自然之势也。神神相生，圣皇连绵，文武事物之精秀，实以相应，是岂诬称之乎？本朝者，始有中柱中国之号。况神武帝制中洲，都墺区，共皆得其精秀。及平安城，选之极，中之至，一归神圣立国之道。”② 在山鹿看来，最主要的恐怕尚不止于以“中”来获得“中国”之称谓这么简单，毕竟地理意义的“中”之“日本＝中国”仅具有相对意义，只有衡至于历史源流与文化意义，“日本”才能真正地等于“中国”，其意义方才能显现出绝对的终极价值来。

对此，山鹿素行进一步又将目力指向“神道”：“皇祖高祖产灵尊，遂欲立皇孙天津彦彦火琼琼杵尊以为苇原中国之主。谨按：是以本朝为中国之谓也。先是天照大神在于天上曰：闻苇原中国有保食神。则中国之称自往古既有此也。”③ 既然“神道”自发轫处的“皇祖高灵”时，“日本”就已经是“中国”了，那么“日本＝中国”的命题便具有不证自明的历史终极意义。日本本来就是“万世一系”，具有“万世不易之皇统”，“道统”在“日本”本来就一直存续着，而所谓的“外朝”之“中国”历经数千年的“易姓革命”，何来真正意义上的千年不绝之“道统”呢？按照他的说法：“中国……皇统一立而亿万世袭之不变……异域之外国岂可企望焉乎？夫外朝易姓，殆三十姓，戎狄入王者数世。春秋二百四十余年，臣子

① 山鹿素行：《聖教要録》，田原嗣郎、守本順一郎校注：《日本思想大系 32：山鹿素行》，（東京）岩波書店 1970 年版，第 346 頁。

② 山鹿素行：《山鹿素行集》第六卷，（東京）國民精神文化研究 1931 年版，第 13 頁。

③ 山鹿素行：《山鹿素行集》第六卷，（東京）國民精神文化研究 1931 年版，第 12 頁。

弑其国君者二十又五，况其先后之乱臣贼子，不可枚举也。……唯中国自开辟至人皇，垂二百万岁。自人皇迄于今日过二千三百岁，而天神之皇统竟不违。”① 在此，日本之“皇统”俨然已经是“道统”，“天神之皇”才是“道统”的真正继承者。

从藤原惺窝、林罗山以至山鹿素行，无论是“排佛”，还是“批朱”，“异端”“异学”论的基调，都发挥出了“理论武器”的巨大作用。事实上，对于日本来说，由于佛教和儒教（朱子学）都属于非本土的外来宗教和文化形式，无论称佛教为“异端”，还是批朱子学是“异端”，对日本固有之本土宗教——神道来说，均可谓是“异端”。而藤原惺窝、林罗山、山鹿素行、伊藤仁斋以及伊藤东涯所做的“排佛”与“批朱”工作，只不过是以“异端”排挤甚至是驱逐另一“异端”。“异端”所指由佛教滑向“朱子学”的变迁过程，也即是日本近世思想家借“朱子学”来提升日本本土宗教“神道”的过程。“神道”日本对“道统”诉求，体现出了日本在学术和思想文化层面上欲“与中华抗衡”进而寻求文化和精神自立的一种“去中国化”的“实用主义”和“民族主义”的心态。由于在该“去中国化”的过程中，藤原惺窝、林罗山、山鹿素行、伊藤仁斋以及伊藤东涯等近世学者，均不自觉而又不约而同地表现出了一种对“中华文化”之“道统”的“功利主义”利用倾向和手段，且对后世影响深远，故而在寻求日本近代民族主义膨胀与扩大化的文化和思想源头时，日本近世初期的诸般“日本主义”的论述，诚应是一个无法绕行的探求日本“民族主义”的思想和文化课题。

---

① 山鹿素行：《山鹿素行集》第六卷，（東京）國民精神文化研究 1931 年版，第 29—30 頁。

终章　“佛教堕落论”与近世思想史问题再审视

西村玲曾在一篇研究普寂的论文中，开门见山地表达出了对日本佛学和思想史研究现状的不满：“始自丸山真男的战后日本思想史研究，主要从政治思想史的视点基于寺檀制度、本末制度对近世佛教进行理解和分析。其结果是，近世佛教只是处于起到了支持幕藩体制的政治和社会之作用的位置，在思想层面上的佛教则没有什么价值。历史社会学的研究，虽然对佛教在近世民众生活的支持予以了究明，但在近世佛教思想史研究层面，仍停留在近世佛教堕落史观阶段。”① 毫不夸张地说，自20世纪以降的日本中世和近世佛教史研究，无论是赞成和支持辻善之助的观点也好，还是反对和批判其说也罢，其“佛教堕落论”乃是理解日本中世向近世过渡期思想文化之形变最为重要的观点之一。关于丸山真男的日本思想史研究，渡边浩指出：“第二次世界大战以后对于日本思想史的所有研究都是在丸山的影响下展开的。……即使是反对他的人，也全都受到他的影响。”② 就儒佛关系而论，辻善之助侧重于佛教而提出的“佛教堕落论”和丸山真男聚焦于“徂徕学”而进行的近世政治思想史研究，仍是当下日本思想史研究领域需要批判和继承的重要理论遗产。

一　辻善之助“佛教堕落论”再审视

（一）辻善之助的“佛教堕落论”

概括辻善之助所提出的佛教禅僧自中世至近世的“堕落”，主要表现

① 西村玲：《德門普寂——その生涯（1707—1781年）》，《インド哲学仏教学研究（14）》，2007年3月。

② ［日］渡边浩：《渡边浩谈日本思想史研究》，《东方早报》2010年2月21日。

在五大方面：（1）恶僧集团和“下克上”之民众起义。恶僧主要指的是比叡山、东大寺、兴福寺、建长寺、圆觉寺等寺庙出现的具有武装能力的僧兵势力集团。这些具有一定武装能力的僧兵集团势力不仅在佛教内部比如建长寺和圆觉寺之间斗争，而且以庄园为中心组织农民“下克上”，掀起数次农民起义，其各个僧团之间的武装械斗时有发生，这一情况又进一步加剧了社会的震荡和动乱。（2）僧侣的犯禁与破戒。僧侣不遵守佛教之戒律，破坏“五戒”，尤其是僧侣饮酒作乐、狎妓嫖娼，而且公然于寺院之中开荤事、开酒禁，僧尼男女同宿通奸之事也不为少见。（3）男色事件。僧侣除公然违反佛教戒律外，还出现好男色之风潮，以少年僧童和沙弥为娈童同性之对象“喝食”，“绮罗铅粉”，锦衣玉食，生活作风亦放荡不堪，一些寺庙还出现蓄养歌舞伎和游女（即妓女）的现象。（4）追名逐利、卖官鬻爵。特别是五山之临济宗僧侣，与幕府朝廷关系较为密切，恋栈于功名权位，往往以金钱贿赂行事，公然买卖僧名职位，争名贪财，金钱利殖，五山禅林已为一权位名利场。（5）高利贷营收、贪腐成风。五山寺庙，基本都有庄园田地，负责寺庙经济账务之东班众、特别是都寺、都温等寺庙会计僧，不仅从其寺庙庄园获利，而且施放高利贷，进行商贸买卖，唯利是图，已为万金巨富商贾。以上五点大致为辻善之助“佛教堕落论”的主要内容。①

缕析辻善之助概括出的佛教“堕落”的五个方面的表现，就会发现禅僧的“堕落”主要集中在政治上的权力名位、经济上的贪财好利、生命本能上的情欲肆虐与失控状态，而这基本上都是受佛教“五戒”所约束和限制的“实体性”的外在表现。何以注重“未来世”的修行僧侣会如此沉湎于“现在世”的名缰利锁和个人情欲之中？临济宗禅僧所信奉的“禅法”是否不能提供佛教修行的最低限度的支持？禅宗的教义和传教是否在五山禅林的发展“变形”？

（二）中国视角：宋代的佛教“堕落”现象

对于该问题的理解，不妨将其置于东亚比较思想史学的视野下，考察一下宋代禅宗及其他佛教宗派是否也出现过“堕落”现象？

事实上，在宋代禅宗也出现了令人震惊的“堕落”现象。根据相关研究可知，宋代禅宗的“堕落”表现与日本南北朝室町安土桃山时代五

① 参见辻善之助《日本仏教史研究》第4卷（日本仏教史之研究続編下），（東京）岩波書店1984年版，第27—102頁。

山禅林的“堕落”情况不相上下。北宋晚期约束禅僧行为的《禅苑清规》一书的出现，就已经从一侧面说明禅僧僧戒已经废弛到不可不收拾之地步。《禅苑清规》云：“常年早归办道，不宜在外因循，财色之间，甚宜照顾。”① 《春渚纪闻》记载道：“檀门信徒，本为福田；造业愚夫，便同己物，或荡于酒色之费，或蓄为衣钵之资……天堂未就，地狱先成。”②“僧道入宅院，与妇人同起居而不知耻……世间如此等人，何异于禽兽。”③“往来僧官，每至，必呼尼之少艾者供寝。”④ 佛教僧侣之“堕落”已到了令人发指之境地，此般状况就连佛教中人亦不忍直视，永明延寿就对禅僧不守戒律之情况批评道：“神嗟末世诳说一禅，只学虚头，全无实解。……便说饮酒食肉不碍菩提，行盗行淫无妨般若。生遭王法，死堕阿鼻。”⑤

（三）禅宗“心”法的内在隐患

对上述僧戒废弛、淫乱不堪之“堕落”情况，不少研究者曾从朝政变动、社会动乱、商品经济发展、都市市井之风等多个角度进行过讨论。⑥ 不过，从禅宗思想自身发展、特别是“直指人心”“非心非佛”“平常心即道”“无相戒法”等“道而任心”的修禅方法自身的缺陷去寻找佛教“堕落”的内因或许才能抓住问题的关键。针对禅宗“道而任心”“非心非佛”等修行流弊，葛兆光解释道：“一旦‘非心非佛’到了无所顾忌的程度，连‘心’也不须维系的地步，那么，‘信’也随之而去。……在‘自然’、‘适意’的旗号下给七情六欲的放纵开一个方便之门。”⑦ 陈自力认为：“在这种禅学主张的影响下，不仅一般禅徒走上纵酒狎妓、娶妻纳妾的狂禅之路，就连一些堪称一代宗师的禅师也有‘不风流处也风流’的轶事。”⑧

荣西将临济宗传至日本，大力弘扬禅宗“心法”。在其《兴禅护国论》

① （宋）释宗赜编，苏军点校：《禅苑清规》，中州古籍出版社 2002 年版，第 56—57 页。

② （宋）何薳撰，张明华点校：《春渚纪闻》，中华书局 1983 年版，第 60—61 页。

③ （宋）黄光大：《积善录》，陶宗仪等编《说郛三种》，上海古籍出版社 1988 年版，第 972 页。

④ （宋）周密撰，吴企明点校：《癸辛杂识》别集上，中华书局 1997 年版，第 257 页。

⑤ （宋）释延寿：《永明寿禅师垂诫》，《万善同归集》，《大正藏》后附卷 48，第 993 页。

⑥ 相关研究可参见郭朋《宋元佛教》，福建人民出版社 1981 年版；郭朋《中国佛教思想史》，福建人民出版社 1995 年版；杜继文、魏道儒《中国禅宗通史》，江苏古籍出版社 1993 年版；杨曾文《唐五代禅宗史》，中国社会科学出版社 1999 年版。

⑦ 葛兆光：《中国禅思想史》，北京大学出版社 1995 年版，第 328—352 页。

⑧ 陈自力：《释惠洪研究》，中华书局 2005 年版，第 305—306 页。

中，除了主张要以禅法镇护国家之政治论外，对“心”及“任心”禅法亦极力提倡：“祖师不立文字，直指人心，见性成佛，所谓禅门也。取名字者即迷法，取相貌者亦是颠倒。本来不动，无物可得，是谓佛法。佛法只是在行住坐卧处，添一丝毫也不得，减一丝毫也不得。便恁么会去，更不费些儿气力。才作奇特玄妙商量，已无交涉。所以动则起生死之本，静则醉昏沉之乡。动静双忘，颟顸佛性。总不恁么，毕竟如何。”[①] 由于禅宗对“心”的过渡追求，或者可以直接说是“任心”而修业、弘法，那么一切都成为了“心法”的代名词，一切都可以在“心即佛法”的口实之下恣意妄为，那么还有什么不可以是“即心即佛”的内容呢？

可以说，禅宗在以“心”传法使得佛教得以广为传播和被人接受的同时，亦为其自身的“堕落”埋下了伏笔。

（四）近世佛教的“庶民性”

江户时代的佛教，失去了中世时期的主导性地位，不再是皇族、公家、武家和庄园主等权贵阶层的专享。其除了继续为皇族、公家、武家、大名和庄园主等权贵阶层祈福保佑外，也开始眼光向下，向中下层以及普通百姓开放，向其“说法”。这一时期虽然没有出现多少名僧和具有重大思想突破的佛教著作，但是因为眼光向下，向普通民众传播佛法，故而出现了很多面向大众的佛教“说话书”。这一情形，主要是因佛教面向庶民的教化和弘法，故有其“庶民性”色彩。

根据上田灵城的统计，江户时代出版的面向平民大众的佛教“说话书”在元禄六年（1693 年）至文化九年（1812 年）共有 39 部 185 卷。其中，元禄六年（1693 年）——元文五年（1740 年）共 23 部 141 卷，宽宝元年（1741 年）——文化九年（1812 年）共 16 部 44 卷，而元禄五年（1692）以前仅 7 部 29 卷。[②] 从佛教“说话书”在江户中期大为盛行的情况可以看出，佛教虽然受本末制度、寺请制度等限制，但其在社会底层的弘法和传播却得到了极大展开。这也从一个侧面反映出中世以服务国家权贵阶层的佛教，步入近世之后，也开始服务于庶民阶层。与中世的贵族佛教重视本觉、末法、往生等思想大为不同的是，近世佛教眼光向下、重心下移之后，非常重视现世利益，比如治病、救灾、延寿、获福、安产等与

① 荣西：《兴禅护国论》，《大正藏》第 80 册，（台北）财团法人佛院教育基金会出版部 2000 年版，第 11 页。

② 上田霊城：《近世仏教の庶民教化》，《密教文化（102）》1973 年。

平民百姓个人日常生活和现实情况较为密切的利益诉求。福神信仰、崇神信仰、流行神、缘日、开账、巡礼、灵验奇瑞、陀罗尼、念佛等形式在庶民阶层中颇为流行。

故而，从佛教“庶民性”的角度来看，中世佛教发展到近世，辻善之助所列举的佛教“堕落”的诸般事实，诚然存在，也不可否认，但是也应该认识到近世佛教在社会中下层庶民中间的传播和存在形态。

（五）“排佛论”的发展趋向

就其实际而论，佛教在传入日本的同时，排佛和批判佛教的思想理论与政治势力就已经出现了。由藤原惺窝、林罗山和山崎暗斋的排佛和“脱佛入儒”开启的近世排佛论一直延续到明治时期。明治时期的“废佛毁释”风暴可谓是排佛思潮发展的必然。

江户时期的排佛，始自藤原惺窝、林罗山和山崎暗斋这些佛教中人的内部自我爆发，其后蔚然成风，儒者批佛、兵学家批佛、神道家批佛、国学家批佛、兰学家批佛，可以说批佛一直贯穿于江户时代之始终。江户时代的诸多学者都有过或多或少、或尖锐或柔和的批佛，也留下了为数不少的佛教批判作品。[①] 江户时代的佛教批判思潮，前赴后继，最终激发了近代明治初期的“神佛分离”运动和“废佛毁释”风暴，特别是“废佛毁释”简直是一场灾难。兹事体大，留待以后进行深入研究，在此需要提及的是佛教批判的新的话语形态和方法论特征。藤原惺窝、林罗山和山崎暗斋等早期的佛教批判，主要观点和方法较为类同，基本不出程朱理学辟佛的理论范围和话语模式。

随着西洋兰学的传播和一些天才般人物（比如富永仲基）的出现，佛教批判出现了新的话语形态和方法论上的重大突破，主要表现在三大方面。

其一，神道学家以“日本乃神国”之立场对佛教进行批判。德川中后期，随着神道之勃兴，复古神道学家站在神道立场开始批判佛教。熊泽蕃山、平田笃胤、贺茂真渊、本居宣长等神道和国学者对“佛本神从”和“本地垂迹”说进行批判，同时也对佛教僧徒不祭神宫和不拜神祇之行为，痛加抨击。其中，一些学者还借用了儒家批判佛教违背社会人伦之道德主义、不事生产之现实主义进行批判，但在对其哲学原理主义批判时，主要

① 参见杨曾文《日本佛教史》，浙江人民出版社 1995 年版，第 556—557 页。

还是以神道之天御中主神以及显幽两界观念批判佛教的三世轮回、宇宙论、地狱极乐世界说等观念。从历史发展的“后视”视角观之，明治初期的神佛分离和废佛毁释运动都与神道学家对佛教的批判不可分离。或换言之，神道学家的佛教批判奠定了明治神佛分离和废佛毁释的理论基础，乃其舆论先导。

其二，以西方自然科学知识对佛教的批判，五井兰洲是该方面的代表。出身于开风气之先的怀德堂的五井兰洲，借助“兰学”之医学、天文学、地理等西方的自然科学知识，从科学观察和实证的角度批判佛教的宇宙观、六道轮回、须弥山、地狱极乐等诸多观念的“荒谬”和不实。另外，山片蟠桃以天文学之“地动”对佛教的宇宙、地狱、极乐世界、灵魂、佛性等观念进行批判。以西方的自然科学知识体系来解构和批判佛教知识论和价值体系的作法，有其西学东渐、接受西方“兰学”的时代背景，体现出“早期现代性”的时代特征。

其三，以文献考证法对佛教的批判。在日本思想史上，富永仲基对佛教的批判，主要有两大贡献：一是素为人熟知的“大乘非佛说”，二是以具有科学精神的“证伪的文献学例证法”证明佛教经典的“伪造”或伪经典性。虽然富永仲基年仅 31 岁就不幸病故，但其以“大乘非佛说”和对佛经伪书之考辨的佛教批判，前无古人，但却以开来者，开启了将佛教纳入现代科学的实证主义体系中加以研究的新的佛教史学科之滥觞，特别是他在《初定后语》中对佛典考察的“加上说”方法论和“大乘非佛说”，仍是迄今影响佛教史和思想史学研究的力说和方法论典范。

（六）对佛教“堕落论”的修正

就其实质而言，辻善之助的“佛教堕落论”也未尝不站在自江户以来的对佛教批判的延长线上。之所以这么说，是因为“佛教堕落论”本身也是对佛教的一种批判，而且是极为客观和深刻的一种全面性批判，其所引用的资料、使用的论据和科学实证主义的方法和态度，乃是近代科学学术研究范式的产物。这应该与辻善之助在东京帝国大学史学科所受学术训练有关。辻善之助的十卷本的佛教史研究，① 是一项具有开创性的佛教史学术研究。

在现代学术理念及其社会科学方法论的影响下诞生的宗教学学科，强

① 辻善之助：《日本仏教史研究》（10 卷），（東京）岩波書店 1984 年版。

调要以科学方法研究佛教。在宗教学的现代学术规范下，圭室谛成秉持“宗教乃社会之存在”之理念，从佛教的“社会性”出发对佛教展开研究，强调佛教的民众性和大众性：“进入江户时代，呈现出民众对佛教的极大关心。”① 那么民众对佛教的要求是什么呢？“从历史上来看，首先是治疗，次之是招福，再次之是十五世纪以来的丧葬。”② 圭室谛成主要从宗教社会学的视角去理解佛教之异变的原因。在其看来，与其说佛教“堕落”，莫不如说是佛教与社会发展产生了脱节或脱离，就此而言佛教其实是走向了“衰微”。而朱田听洲认为，近世佛教与幕府政治的结合，确实是客观的社会现实，但是也应该看到另一面：“从政治权力的规制解放出来的自由的民主自发的创意与经营之事实广泛存在。”③ 显然，仅仅瞩目于佛教与幕府政治之关系，无法全面地呈现出近世佛教的整体风貌。这确实也是辻善之助未曾论述到的。

从佛教信众即庶民性的角度来看近世佛教，就其本质而言，仍是“近代性”的视角。庶民性也即是近代化论中的“世俗性”问题，那由近代“世俗性”和“普世性”出发，近世佛教也具有了一定的“近代性”价值。柏原祐泉就此指出：“在探求佛教各宗如何面对以庶民生活伦理为中心的世俗伦理时，对于佛教在近世史中的作用和意义，要认真对待。”而且，柏原认为对世俗伦理的关心，可谓是“近世佛教的本质”④。持此类观点者，不乏其人，吉田真树就从佛教“庶民性”视角直接批判辻善之助。⑤

从幕府政治与宗教的关系来看，虽然德川政权实施的本末制度和檀家制度将寺庙置于幕府的政治统治之下，对寺庙和僧侣的活动进行严格限制和管制，但对于民众的佛教信仰却不加干涉，对寺庙和僧侣的管制，也只

---

① 圭室諦成：《日本仏教史概説》，（東京）理想社出版部 1940 年版，第 374 页。

② 圭室諦成：《葬式仏教》，（東京）大法輪閣 1963 年版，第 1 頁。

③ 竹田聴洲：《近世社会と仏教》，《竹田聴洲著作集〈葬史と宗史〉》第七巻，（東京）国書刊行会 1994 年版，第 156 頁。

④ 柏原祐泉：《近世庶民仏教の研究》，（京都）法蔵館 1971 年版，第 48 頁。

⑤ 参见吉田真樹《近世庶民仏教思想と和辻思想史図式の捉え直し（上）》，《思想史研究（12）》2010 年 9 月；吉田真樹《近世庶民仏教思想と和辻思想史図式の捉え直し（中）——『阿弥陀の胸割』を中心に》，《思想史研究（14）》2011 年 10 月；吉田真樹《近世庶民仏教思想と和辻思想史図式の捉え直し（下 1）——説経『刈萱』を中心に》，《思想史研究（17）》2013 年 4 月；吉田真樹《近世庶民仏教思想と和辻思想史図式の捉え直し（下 2）——説経『刈萱』を中心に》，《思想史研究（22）》2015 年 11 月。

限于僧戒比较高的住持或高位阶僧官，而对于地位较低的僧徒、乞讨僧（乞食坊主）和游僧则不加限制。正是一些不受限制的下级僧侣，以热诚的求道和弘法之心，对普通民众进行佛教教化和提供丧葬服务并辅以祈福方式来满足其宗教生活诉求。圭室文雄对此的研究，颇能细化和矫正过善之助的一些说法。① 另外，高埜利彦也发现一些神职人员、修验道者、阴阳师、占卜者等民间宗教人士，虽游离于国家政治权力体系之外，但在庶民阶层和民间发挥了积极的宗教作用。② 不管怎么说，幕府政治权力仍是理解江户佛教的前提，当然，如果抛开佛教僧团，也难以深入理解幕府体制，大桑齐就此提出“作为佛教世界的近世”之说。③ 而黑住真则以“复数”来概括和把握日本近世思想史的复杂特征，认为佛教也是日本近世思想谱系的重要组成部分之一，而这一点却被丸山真男所忽视。④

从日本思想史的发展观之，在中世，佛教占据思想史的主导地位和主流话语，而到了近世，朱子学、阳明学、国学、兵学、神道等流派和思潮粉墨登场，争鸣斗艳。佛教与各种思想流派，浑然杂居，则为江户思想史的实况。

二　丸山真男的近世思想史研究再审视

（一）“近代化论”与“原型论”

“近代化论”和“原型论”是丸山真男思想体系的两大支柱。就此，黑住真指出丸山的学术和思想立基于“近代主义—日本主义”框架，其“在与西方/近代的比较中，始终如一地带有日本的感觉，‘古层论’，便是

---

① 参见圭室文雄《江戸幕府の宗教統制（日本人の行動と思想—16）》，（東京）評論社1971年版；圭室文雄《日本仏教史——近世》，（東京）吉川弘文館1987年版；宇高良哲《紹介圭室文雄著「日本仏教史」近世》，《日本仏教史学（通号22）》1987年12月。

② 参见高埜利彦《近世日本の国家権力と宗教》，（東京）東京大学出版会1989年版；高埜利彦《近世の朝廷と宗教》，（東京）吉川弘文館2014年版。

③ 大桑齐：《寺檀の思想》，（京都）教育社1979年版；大桑齐：《日本近世の思想と仏教》，（京都）法蔵館1989年版；大桑齐：《日本仏教の近世》，（京都）法藏館2003年版；大桑齐：《民衆仏教思想史論》，（東京）ぺりかん社2013年版；大桑齐：《近世の王権と仏教》，（京都）思文閣出版2015年版。

④ 参见黒住真《近世日本社会と儒教》，（東京）ぺりかん社2003年版，第149—164頁；黒住真《複数性の日本思想》，（東京）ぺりかん社2006年版，第333—338頁。

这一思想延长线上的命题。”[①]

“近代化”论贯穿于丸山学术思想的始终。丸山在曼海姆和法兰克福学派思想的启发下，确定了“近代思维”的对立、矛盾和悖论性的“二元”特征，如东方与西方、传统与近代（现代）、外来与本土、正统与异端、内发与外发、普遍和特殊、非近代和近代等系列“反语”。当把“近代思维”作为评判标准来审视日本江户时代的各个思想流派时发现，由古学派思想家荻生徂徕及其弟子所形成的徂徕学派是最富有“近代性”色彩的思想流派。由于徂徕学派是“近代思维”在日本德川思想中的表征性存在，那么与徂徕学派相对立的或受徂徕学派批判的思想流派自然不具有“近代思维”特质或是作为一种与“近代”对立的“传统”而存在。而由于徂徕学派主要是在批判和解构朱子学的过程中表达自己的看法既而建构自身的理论体系和话语形态的，那么，朱子学无疑就是不具有“近代思维”的一种思想体系。按照丸山对朱子学的定性说法：“朱子学的理，既是物理，亦是道理；既是自然，也是当然。在这里，自然法则和道德规范已连为一体。……值得注意的是，连接着的双边关系并非对等，而是从属，即物理对道理、自然法则对道德法则的无条件服从。在这种情况下，对等性是不被承认的。”[②] 在被赋予“连续性思维”和“有机统一体”特征的朱子学体系中，自然、经济、历史、政治和伦理等浑然于一体，在思维形态上呈现出一种混沌性、模糊性、静态性、整体性等特点。而且，由于朱子学作为政治社会意识形态，内嵌于国家权力体系中，故在根本上缺乏走向“分化”和“独立”的可能性。而徂徕学在批判和解构朱子学的过程中，诸多具有“近代性思维”的“二元”对立渐次展现，比如天人相分、政教相离、圣凡相对、公私相别、物我相异等。[③] 可以说，整个日本江户政治思想的演变，就是由藤原惺窝、林罗山等建构起来的作为德川政权意识形态的朱子学体系，被反朱子学的“古学派”（山鹿素行、伊藤仁斋、贝原益轩、荻生徂徕、太宰春台、海堡青陵等）和“国学派”（贺茂真渊、本居宣长）渐次取代从而使得朱子学体系瓦解的过程。该过程，不仅是日本德川社会秩序和价值观念崩溃的过程，还是日本逐渐从传统走向“近代化”的过程。

① 黒住真：《複数性の日本思想》，（東京）ぺりかん社 2006 年版，第 41 頁。

② 丸山真男：《日本政治思想史研究》，（東京）東京大学出版会 1952 年版，第 25—26 頁。

③ 韩东育：《日本近世新法家研究》，中华书局 2003 年版，第 73—118 页。

尽管丸山真男在其成名作《日本政治思想史研究》中并没有论及“原型论”，但从其萌发到提出且不断地修正和完善也经历了数年的时间，大致可以认为在20世纪60年代以后由“原型”而“古层”至“执拗低音”渐次展开。[①] 由于“原型”源自精神分析的说法、“古层”系借用地质学的概念、“执拗低音”取自声乐学的专名，故从概念界定的角度而论，这一作法并不是一个能够揭示对象本质属性的思维形式，内涵不详，外延亦模糊，如果对其没有更进一步的阐述和说明，就很难把握其意象和拟物的明确所指。正惟如此，关于“原型论”争议不断。根据丸山真男在不同时期和不同场合的发言，大体可作如是之概观：日本思想史乃是不断接受外来思想并对其加以修正的历史；被不断接受和舍弃的外来思想和文化在日本人的心理和精神结构中形成了不同的层次，在“新生层”和“古层”相互激荡而发生作用的过程中，沉积于最下或最底层者即为“原型”。该“原型”由伦理意识的原型、历史意识的原型与政治意识的原型三部分构成。伦理意识的原型旨在说明日本善恶观念的灵性或神性来源，历史意识的原型意在凸显日本人的现世中心主义观念，政治意识的原型指明了日本“万世一系”的皇统神政理念。[②] 而且，这三大“原型”彼此交融，相互叠加，共同发生作用，在不同的历史阶段和具体事态中，表象和侧重亦有差异。不过，丸山“原型论”的目标指向却是非常明确，那就是试图要究明：何谓“日本”？日本为什么是这个样子？——即“日本性”（日本的なもの）。所以为了澄明“日本性”，需要理清“非日本”的东西。

“非日本的东西”，是相对于“日本性（日本的なもの）”而言的。从早期文明形成或文化发生学的角度观之，日本文明或文化并不具有原创性和自发性特征。而形塑日本民族文化、精神结构和思维定势的诸要素，在前近代主要来自于中国，近代以降则受西方影响。所以，就相当程度而言，一部日本思想文化史也即是“外来文化”如何“内化”而成为“日本的东西”即“日本性”固化而凸显的历史。由于日本在思想文化上“第一哲学”的阙失，[③] 所以日本需要在能够标识自我的原始宗教和神话系统中获得某种话语形态和文献支撑。就此，丸山一方面并不否定平行从中国或

---

① 参见水林彪《丸山古代思想史をめぐって》，《日本思想史学（32）》2000年。

② 参见韩东育《丸山真男“原型论”考辩》，《历史研究》2005年第1期。

③ 参见韩东育《日本对“他者”的处理模式与“第一哲学”缺失》，《哲学研究》2017年第6期。

经朝鲜半岛传至日本的儒释道文化，另一方面极力强调纵向的从天至地的“神皇”图式（太阳神—穀灵—皇祖神—天皇）。而且，纵向的“垂直结构”（高天原即天上—苇原中国即地上日本—根国即地下）体系在与横向的“水平结构”（佛教西方净土·蓬莱国—出云黄泉国·苇原中国）相争相合中，处于优势地位，甚至可以说是居于主导地位。为此，丸山从能代表日本国有文化的《万叶集》《灵异记》等文学和神话文献中提炼和萃取“日本性”。正是这些“日本性”要素，不断将外来文化“内化”而成为一以贯之的“日本精神”①。

丸山真男“原型论”所依托的史料和史实，基本上都来自日本创世神话和神道文献。由于以宗教和民俗呈现的这些资料和事实既无法证实又难以证伪，故只能通过阐释来体现出某种可能性。所以，丸山用以凸显“日本性”的“原型论”论述方式，不可能是一种实证性的学术形态，只能是一种本质主义或化约主义的阐释学，方法论的启发和价值意义远大于其论本身。

（二）对日本近世儒学的评价

丸山真男对日本朱子学作为德川政权意识形态的提法，在对日本近世儒学研究之时，往往受人指责最多。批评者大多都是将《日本政治思想史》作为标靶进行批判，问题是该作中的三篇论文均是其战前之作。如果仅仅将丸山在战前发表的论文当作标靶进行批判，那么就意味着对丸山真男思想的认识仍停留在丸山思想的早期发展阶段。在战后丸山担任东京大学法学部教授，讲授日本政治思想史时，对日本近世思想史有了更为系统性的思考，这一工作主要集中体现在他的日本思想史的课程教学中，即《丸山真男讲义录》。

从《丸山真男讲义录》可以看出，丸山真男并没有放弃儒教（朱子学）作为江户幕府政治意识形态的主张：“即便说近世儒教是一种体制意识形态，亦未必有误。”② 并对其申述道：“不可否认的是，江户时代儒教的思想位置与在此之前儒教的思想位置有着天壤之别。即使对儒家在日本思想史上的位置评价最低的津田左右吉博士也不得不承认儒教在德川时代的思想中占有极大的比重。在日本思想史上，一个时代的思想可以用‘教

---

① 参见丸山真男《原型·古層·執拗低音》，《丸山真男集》第12卷，第136—155頁。

② 参见丸山真男在《日本政治思想史研究·后记》，丸山真男《日本政治思想史研究》，（東京）東京大学出版会1952年版，第397頁。

义史’的方法来描述的，只有江户时代。在江户时代即使是反儒教的人也把儒教设定为正统，把自己放在与之相对立的一面，这是我的首次发现。一种思想压倒性地优越于其他意识形态，而其他意识形态被放在与这种思想的关系上来讨论，这样的时代只有江户时代（这一点与西方基督教思想与其他思想的关系相类似）。”①

丸山真男将儒教（朱子学）定性为正统，不仅是他作为近代知识人从“近代”视角去理解德川政权的政治意识形态，更主要的是他发现在江户时代那些反对儒教的人就已经把儒学当作德川意识形态来对待了。从五山禅林中以自我“剖腹产”的方式而解放出来的儒学，能够被德川政权所接受，并将儒者纳入到幕府智囊中枢，也并非一时之兴起。这一过程和缘由，中山久四郎作出过很好的概括和把握：“足利氏季世以来，天下多年战乱，既为全国国民所厌恶，没有人不想早日出现完全统一的和平时代。由于织田信长和丰臣秀吉之力，全国统一和平之机运渐起，且进而得如德川家康之非常人物与稀有之好运，统一了天下，以和平政策建立幕府，而维持和平，为了要支持注重阶级制度之封建的国家现状，要有文治，要有教学；又为要在有为转变之世，代替吸引人心之宗教的信仰，代替足利氏以来‘下克上’世态之势力的武力，因此道德、德义之力便成为必要了。而尊重和平秩序之礼乐，适合封建的阶级的世相，敬神崇祖，尽忠致孝，节制情欲，严禁争夺。这些规范意图的现世道德的儒教汉学，恰好适应了当时的要求。”② 从中可以看出，儒学之所以被德川幕府所接纳，主要原因是儒学提供了德川政权统一后的“执政”建设的“秩序化”要求。这一点，无论从神政、祭政，还是道统、治统和学统等方面，朱子学与佛教和其他思想流派相比，都具有绝对的优势：“相比其他意识形态，儒教不仅在思想上、在教育界中更是占据压倒性的优势，儒教的基础范畴不仅为一部分特权阶层所利用，而且也被广泛普及到社会中，成为人们观察宇宙和世间（世界）的一般视点。……也正因如此，江户时代的儒教与以往的儒

---

① ［日］丸山真男：《丸山真男讲义录》第六册，唐永亮译，四川教育出版社 2017 年版，第 223 页。

② 中山久四郎：《漢學》，誠文堂新光社編《日本文化史大系 · 第 9 卷〈江戸前期文化〉》，（東京）誠文堂新光社 1937 年版，第 135—136 頁。需要说明的是，本段引文源自朱谦之《日本的朱子学》（人民出版社 2000 年版）第 153—154 页，笔者依据朱谦之先生的注释，按图索骥，将其注释进一步精确，且对译文有一定的修正，但大体上仍以朱谦之先生的译文为主。

教有着本质的区别，在江户时代儒教是正统的意识形态。”①

儒学很早就传至日本，中世不仅有禅林的儒学，博士家和朝廷也习儒，而且朝廷还专门设立讲筵制度，定期学习四书五经等儒家经典，为何在中世儒学不能成为国家的正统意识形态呢？从思想史的角度观之，中世朝廷和博士家的儒学属于汉唐注疏之学，只有五山禅林的儒学属于宋明儒学。就此，丸山真男指出：在中世“一般来讲，思想界都处在佛教占压倒优势的统治之下。实际上，这一时期日本教育制度采用的是儒教的汉唐训诂学，相比培养官吏，这种制度实质上具有浓厚的贵族装饰性教育的色彩。而相较思想内容，这种制度就如汉唐训诂学的名称一样是以训诂为中心的，而训读的发音方法则是博士家族的家传秘籍。”除此之外，中世南北朝分裂，乱象丛生，天皇与幕府争斗时有发生，而且幕府内部的权力斗争也殊为激烈，这一情况为儒学进入政治意识形态领域创造了契机和可能：“在中世时期，儒学的注释研究是以京都的五山禅僧为中心展开的，他们都曾去过宋王朝，宋学（具体地说是朱子学）就是由这些人传入日本的，他们利用宋学对‘古注’所做的‘新注’在日本逐渐广为人知。”②由此可见，“新注”儒学即朱子学在日本的兴起和传播主要是得力于五山禅僧的努力，经五山禅僧的传播和推广，渐次成为一大不可小觑之舆论势力和思想流派。

但是，值得注意的是，在相国寺的藤原惺窝、建仁寺的林罗山和妙心寺的山崎暗斋“脱佛入儒”以儒士的身份试图接近德川幕府和政治权力时，尽管德川政权接受他们，但也并没有因其而排除佛教等其他的思想派别。这一点，丸山真男的观察和把握也相当准确：“德川家康接见藤原惺窝，启用林罗山，最后将林罗山的林家一派奉为幕府官学。然而，幕府、诸藩并不是将儒学特别是其中的朱子学作为排他性的体制原理来使用。……就每个人的信仰来说，无论是上层权力者还是普通民众都是对佛教深信不疑的。寺请制度归根到底是佛教在体制内的应用，从这一点也可以明确看出，政府权力者并没有排斥佛教。即便佛教出现了形骸化的情况，也不是幕府排他性地采用儒教造成的，而是统治者秉持的实用主义态

---

① ［日］丸山真男：《丸山真男讲义录》第六册，唐永亮译，四川教育出版社 2017 年版，第 220—221 页。

② ［日］丸山真男：《丸山真男讲义录》第六册，唐永亮译，四川教育出版社 2017 年版，第 220 页。

度造成的。”①

丸山真男在解读德川儒学的同时，也对与之处于对立面或关系极为紧张的佛教诸宗派势力作过观察，对其的一个观察和把握是：“无论是天台宗、真言宗等旧派佛教，还是净土宗、真宗、法华宗、临济宗、曹洞宗等镰仓佛教，在从织丰政权到德川政权的全国性政权的统一过程中，都同样被剥夺了社会自主性，不得已而沦为附庸性宗教，从而实现了王法、佛法关系的一大历史转变。总之，在当时佛法已经确确实实地从属于王法了。”② 佛教宗派历经织田信长、丰臣秀吉和德川家康之政权更迭，一家独大的局面已经消失，但僧侣教团势力仍不可小觑。儒学从佛教中独立出来作为一种新生的政治势力和思想流派，在德川政治系统中开始争夺其政治地位和思想市场。就从儒学的发展来看，林罗山等人不负众望，进入到了幕府，参与到德川政权的建设工作中。有意思的是，尽管林罗山进入了德川政权体系，但林罗山负责的文教工作却是管理佛教僧侣。实现“脱佛入儒”了的林罗山又不得不穿上僧伽，以儒家之政治手段对佛教等文化和思想工作进行管理。这确实颇具戏剧性，但政治就是如此，目的重要，为了达到目的的手段则更加重要。

尽管日本近世儒学的核心观念、话语形态和理论体系并没有超出程朱理学的基本框架和论述范围，但在日本特殊的时空条件下，又经日本学者的理解和重构，可以说“日本化”了的朱子学已经与德川政权体系及其意识形态有了相当的契合，这也是日本近世儒学的独特性所在。就此，丸山真男指出：“在德川时代，作为观察政治和社会的基本坐标，儒教本身占据着压倒性的优势，即使在教义上与儒教对立的国学的政治社会观也不得不大量依赖儒教。如果要尝试批判现实的政治和社会，除了想方设法发掘天道、天命之超越性的契机，或将现实的政治和社会与‘尧舜之治’相比照之外，几乎没有其他可能性。因此，人们竭力对儒教的范畴加以‘重新解读’。”③ 丸山真男对于他的这一观点是颇为满意和极为自负的：“江户时代儒教的思想位置与在此之前儒教的思想位置有着天壤之别。……在日本

① ［日］丸山真男：《丸山真男讲义录》第六册，唐永亮译，四川教育出版社 2017 年版，第 221 页。

② ［日］丸山真男：《丸山真男讲义录》第六册，唐永亮译，四川教育出版社 2017 年版，第 137 页。

③ ［日］丸山真男：《丸山真男讲义录》第六册，唐永亮译，四川教育出版社 2017 年版，第 286 页。

思想史上，一个时代的思想可以用‘教义史’的方法来描述的，只有江户时代。在江户时代即使是反儒教的人也把儒教设定为正统，把自己放在与之相对立的一面，这是我的首次发现。”①

对于丸山的近世思想史研究，批判者甚众。黑住真批评丸山“只是把西欧和日本捆绑在一起，而中国却未被连接。……中国不但被轻视，连最初还有的对中国和亚洲的关系，也消失了。”② 而泽井启一认为丸山的研究缺乏“东亚”视域。③ 子安宣邦认为丸山的研究“存在着一个围绕‘近代’而展开的抗争性话语图式，”其拥护的“近代”概念是被创造出来的。④

无论从何种角度作何种观察，近半个世纪以来的日本思想史研究，尤其是日本近世思想史研究，都从未游离和逸脱出丸山真男的笔触和思维痕迹。之所以敢如此断言，倒不是因为丸山著作的一版再版，⑤ 亦非他所博得的诸多声誉，而是考虑到日本思想史学界迄今所持守的“现代性观念”、“批判的系谱学”和“民族主义”等话语形态和研究范式，⑥ 仍然是“丸山模式（丸山モデル）”所蕴含或衍生出来的问题意识、思考立场和研究方法。

---

① ［日］丸山真男：《丸山真男讲义录》第六册，唐永亮译，四川教育出版社 2017 年版，第 223 页。

② 黒住真：《複数性の日本思想》，第 40 頁。

③ 参见澤井啓一《丸山眞男と近世/日本/思想史研究》，大隅和雄、平石直昭編《思想史家丸山眞男論》，（東京）ぺりかん社 2002 年版，第 148—156 頁。

④ 子安宣邦：《东亚论——日本现代思想批判》，赵京华编译，吉林人民出版社 2011 年版，第 223 页。

⑤ 参见韩东育《丸山真南的“原型论”与“日本主义”》，《读书》2002 年第 10 期。

⑥ 樋口浩造：《「江戸」の系譜学：江戸思想史方法論として（山田正浩先生・近藤譲治先生退職記念号）》，日本文化学科編《愛知県立大学文学部論集・56》2007 年号。

参考文献

一 基础文献

佛陀教育基金会：《大正新修大正藏》第80册，（台北）财团法人佛陀教育基金会出版1990年版。
国民精神文化研究所：《藤原惺窩集》，（京都）思文閣出版1941年版。
京都史蹟会：《林羅山文集》，（東京）ぺりかん社1979年版。
鷲尾順敬編：《日本思想闘諍史料》（第1—10卷），（東京）名著刊行會1969年版。
日本古典学会編：《山崎闇斎全集》卷四，（東京）ぺりかん社1978年版。
《日本思想大系·15·鎌倉旧仏教》，（東京）岩波書店1971年版。
《日本思想大系·16·中世禅家の思想》，（東京）岩波書店1972年版。
《日本思想大系·17·蓮如·一向一揆》，（東京）岩波書店1972年版。
《日本思想大系·18·おもしろさうし》，（東京）岩波書店1972年版。
《日本思想大系·19·中世神道論》，（東京）岩波書店1977年版。
《日本思想大系·20·寺社縁起》，（東京）岩波書店1975年版。
《日本思想大系·21·中世政治社会思想·上》，（東京）岩波書店1972年版。
《日本思想大系·22·中世政治社会思想·下》，（東京）岩波書店1981年版。
《日本思想大系·27·近世武家思想》，（東京）岩波書店1974年版。
《日本思想大系·28·藤原惺窩·林羅山》，（東京）岩波書店1975年版。
《日本思想大系·33·山崎闇斎学派》，（東京）岩波書店1980年版。

《日本思想大系·38·近世政道論》,(東京)岩波書店1976年版。
《日本思想大系·39·近世神道論·前期国学》,(東京)岩波書店1972年版。
《日本思想大系·48·近世史論集》,(東京)岩波書店1974年版。
《日本思想大系·57·近世仏教の思想》,(東京)岩波書店1973年版。
入矢義高校注:《新日本古典文学大系·48·五山文学集》,(東京)岩波書店1990年版。
山岸徳平校注:《日本古典文學大系·89·五山文學集·江戸漢詩集》,(東京)岩波書店1966年版。
上村観光編:《五山文學全集(第1—4卷、別卷)》,(京都)思文閣出版1992年(再版)。
神道大系編纂会編:《神道大系·論説編·12垂加神道》,(東京)神道大系編纂会1984年版。
玉村竹二編:《五山文學新集(第1—6卷、別卷1—2)》,(東京)東京大學出版會1967—1981年版。
諸橋轍次、安岡正篤監修:《幕末維、朱子学者書簡集》,(東京)明德出版社1975年版。
諸橋轍次、安岡正篤監修:《日本の朱子學(上下),(東京)明德出版社1975—1977年版。

二 五山文化及五山禅林研究论著

安良岡康作:《岩波講座日本文学史:第6卷·五山文学》,(東京)岩波書店1959年版。
北村沢吉:《五山文学史稿》,(東京)冨山房1941年版。
朝倉尚:《禅林の文学:詩会とその周辺》,(東京)清文堂出版2004年版。
朝倉尚:《禅林の文学:中国文学受容の様相》,(東京)清文堂出版1985年版。
朝倉尚:《抄物の世界と禅林の文学:中華若木詩抄·湯山聯句鈔の基礎的研究》,(東京)清文堂出版1996年版。
朝倉尚:《就山永崇·宗山等貴:禅林の貴族化の様相》,(東京)清文堂出版1990年版。

城市真理子：《室町水墨画と五山文学》，（京都）思文閣出版 2012 年版。
赤尾栄慶編：《建仁寺両足院聖教目録》（科学研究費補助金研究成果報告書［平成 19—22 年度］：建仁寺両足院に所蔵される五山文学関係典籍類の調査研究），（京都）国立文化財機構京都国立博物館 2011 年版。
村井章介：《東アジアのなかの日本文化》，（東京）放送大学教育振興会 2005 年版。
村井章介：《東アジア往還：漢詩と外交》，（東京）朝日新聞社 1995 年版。
村井章介：《日本中世の異文化接触》，（東京）東京大学出版会 2013 年版。
村井章介編：《東アジアのなかの建長寺：宗教・政治・文化が交叉する禅の聖地》，（東京）勉誠出版 2014 年版。
高橋範子：《水墨画にあそぶ：禅僧たちの風雅》，（東京）吉川弘文館 2005 年版。
高橋俊乗：《五山文學に見えたる村校に就いて》，［出版者不明］1932 年版。
戸田禎佑、海老根聰郎、千野香織編：《水墨画と中世絵巻》，（東京）講談社 1992 年版。
今關天彭：《五山中世の詩僧》，［出版者不明］1934 年版。
堀川貴司：《五山文学研究：資料と論考》，（東京）笠間書院 2011 年版。
林温：《鎌倉仏教絵画考：仏画における「鎌倉派」の成立と展開》，（東京）中央公論美術出版 2010 年版。
木下政雄編集：《墨跡と禅宗絵画》，（東京）学習研究社 1979 年版。
千坂嵃峰：《五山文学の世界：虎関師錬と中巌円月を中心に》，（東京）白帝社 2002 年版。
山本勉編：《運慶・快慶と中世寺院—》，（東京）小学館 2013 年版。
山藤夏郎：《「他者」としての古典：中世禅林詩学論攷》，（東京）和泉書院 2015 年版。
上村觀光：《禪林文藝史譚》，（東京）大鐙閣 1919 年版。
上村觀光：《五山詩僧傳》，（東京）民友社 1912 年版。
上村觀光：《五山文學小史》，（東京）裳華房 1906 年版。
市木武雄編：《五山文学用語辞典》，（東京）八木書店 2014 年版。
市木武雄編：《五山文学用語辞典》，（東京）続群書類従完成会 2002 年版。
粟野秀穂編：《室町時代の研究》，（東京）星野書店 1923 年版。

西尾賢隆：《中世禅僧の墨蹟と日中交流》，（東京）吉川弘文館 2011 年版。
小島毅監修、島尾新編：《東アジア海域に漕ぎだす・東アジアのなかの五山文化》，（東京）東京大学出版会 2014 年版。
小島毅監修、堀川貴司、浅見洋二編：《蒼海に交わされる詩文》，（東京）汲古書院 2012 年版。
岩山泰三：《一休詩の周辺：漢文世界と中世禅林》，（東京）勉誠出版 2015 年版。
蔭木英雄：《五山詩史の研究》，（東京）笠間書院 1977 年版。
蔭木英雄：《中世禅林詩史》，（東京）笠間書院 1994 年版。
俞慰慈：《五山文學の研究》，（東京）汲古書院 2004 年版。
玉村竹二：《日本の禅語録・8・五山詩僧》，（東京）講談社 1978 年版。
玉村竹二：《日本禅宗史論集（上）》，（京都）思文閣 1976 年版。
玉村竹二：《日本禅宗史論集（下之 1）》，（京都）思文閣出版 1979 年版。
玉村竹二：《日本禅宗史論集（下之 2）》，（京都）思文閣出版 1981 年版。
玉村竹二：《五山禪林宗派圖》，（京都）思文閣出版 1985 年版。
玉村竹二：《五山禪僧傳記集成》，（京都）思文閣出版 2003 年版。
玉村竹二：《五山文學：大陸文化紹介者としての五山禪僧の活動》，（東京）至文堂 1955 年版。
中川徳之助：《日本中世禅林文学論攷》，（東京）清文堂出版 1999 年版。
竹田和夫：《五山と中世の社会》，（東京）同成社 2007 年版。

三　日本思想史研究论著

阿部吉雄：《日本朱子学と朝鮮》，（東京）東京大学出版会 1965 年版。
柏原祐泉：《日本近代近世仏教史の研究》，（京都）平楽寺書 1969 年版。
村岡典嗣：《日本思想史上の諸問題》，（東京）創文社 1957 年版。
村井章介：《アジアのなかの中世日本》，（東京）校倉書房 1988 年版。
村上専精：《禅宗史綱》，（東京）富山房 1946 年版。
大倉精神文化研究所編：《日本思想史文献解題》，（東京）角川書店 1992 年版。
大江文城：《本邦儒學史論攷》，（大阪）全國書房 1944 年版。
大桑斉：《日本近世の思想と仏教》，（京都）法蔵館 1989 年版。

大桑斉、前田一郎編：《羅山・貞徳『儒仏問答』：註解と研究》，（東京）ぺりかん社 2006 年版。
大庭脩：《漢籍輸入の文化史：聖徳太子から吉宗へ》，（東京）研文出版 1997 年版。
大庭脩：《江戸時代における中国文化受容の研究》，（京都）同朋舎出版 1984 年版。
大野出：《日本の近世と老荘思想：林羅山の思想をめぐって》，（東京）ぺりかん社 1997 年版。
荻須純道：《日本中世禅宗史》，（東京）木耳社 1965 年版。
渡辺浩：《近世日本社会と宋学》，（東京）東京大学出版会 1985 年版。
岡田武彦：《江戸期の儒學：朱王学の日本的展開》，（東京）木耳社 1982 年版。
岡田武彦：《山崎闇斎と李退渓（岡田武彦全集 22）》，（東京）明德出版社 2011 年版。
高島元洋：《山崎闇斎：日本朱子学と垂加神道》，（東京）ぺりかん社 1992 年版。
高田真治：《日本儒学史》，（東京）地人書館 1921 年版。
高須芳次郎：《近世日本儒學史》，（東京）越後屋書房 1943 年版。
溝口雄三：《方法としての中国》，（東京）東京大学出版会 1989 年版。
古川哲史：《近世日本思想の研究》，（東京）小山書店 1948 年版。
和島芳男：《日本宋学史の研究》，（東京）吉川弘文館 1962 年版。
和島芳男：《中世の儒学》，（東京）吉川弘文館 1965 年版。
和辻哲郎：《日本精神史研究》，（東京）岩波書店 1992 年版。
和辻哲郎：《日本倫理思想史》，（東京）岩波書店 1952 年版。
河上麻由子：《古代アジア世界の対外交渉と仏教》，（東京）山川出版社 2011 年版。
戸頃重基：《近代日本の宗教とナショナリズム》，（東京）冨山房 1966 年版。
荒野泰典：《近世日本と東アジア》，（東京）東京大学出版会 1988 年版。
荒野泰典編：《近世日本の国際関係と言説》，（東京）溪水社 2017 年版。
榎本涉：《南宋・元代日中渡航僧伝記集成：附江戸時代における僧伝集積過程の研究》，（東京）勉誠出版 2013 年版。

菅原信海：《日本思想と神仏習合》，（東京）春秋社 1996 年版。
姜沆：《看羊録：朝鮮儒者の日本抑留記》，（東京）平凡社 1984 年版。
今井淳、小沢富夫編：《日本思想論争史》，（東京）ぺりかん社 1982 年版。
今枝愛真：《中世禅宗史の研究》，（東京）東京大学出版会 1977 年版，2001 年第 4 刷。
今中寛司：《近世日本政治思想の成立：惺窩学と羅山学》，（東京）創文社 1972 年版。
今中寛司、島田清共：《藤原惺窩》，（神戸）神戸新聞社、兵庫県教育委員会、三木市教育委員会 1962 年版。
津田左右吉：《シナ思想と日本》，（東京）岩波書店 1938 年版。
近藤啓吾：《山崎闇斎の研究〈続々〉》，（京都）神道史学会 1995 年版。
近藤啓吾：《山崎闇斎の研究〈続〉》，（京都）神道史学会 1991 年版。
近藤啓吾：《山崎闇斎の研究》，（京都）神道史学会 1986 年版。
井上哲次郎：《日本古学派之哲学》，（東京）富山房 1902 年版。
井上哲次郎：《日本陽明学派の哲学》，（東京）富山房 1900 年版。
井上哲次郎：《日本朱子学派之哲学》，（東京）富山房 1905 年版。
久須本文雄：《日本中世禅林の儒学》，（東京）山喜房佛書林 1992 年版。
堀勇雄：《林羅山》，（東京）吉川弘文館 1990 年版。
林岱雲：《日本禅宗史》，（東京）大東出版社 1938 年版。
鈴木健一：《林羅山年譜稿》，（東京）ぺりかん社 1999 年版。
牧野謙次郎述：《日本漢學史》，（東京）世界堂書店 1938 年版。
那波魯堂：《学問源流》，（大阪）大阪書房 1799 年版。
奈良本辰也：《江戸時代の思想》，（東京）德間書店 1966 年版。
奈良本辰也：《近世日本思想研究》，（東京）河出書房 1965 年版。
牛尾弘孝：《山崎闇斎》，（兵庫県）山崎町教育委員会 2005 年版。
平重道：《近世日本思想史研究》，（東京）吉川弘文館 1969 年版。
前田勉：《兵学と朱子学・蘭学・国学：近世日本思想史の構図》，（東京）平凡社 2006 年版。
瑞渓周鳳撰，田中健夫编：《新訂続善隣国宝記》，（東京）集英社 1995 年版。
山本命：《藤原惺窩の人と儒学》，私製、出版不明。
神鷹徳治、静永健編：《旧鈔本の世界：漢籍受容のタイムカプセル》，（東京）勉誠出版 2011 年版。
手島崇裕：《平安時代の対外関係と仏教》，（東京）校倉書房 2014 年版。
水口幹記：《古代日本と中国文化：受容と選択》，（東京）塙書房 2014 年版。
水口幹記：《日本古代漢籍受容の史的研究》，（東京）汲古書院 2005 年版。
斯文会編：《日本漢学年表》，（東京）大修館書店 1977 年版。
太田青丘：《藤原惺窩》，（東京）吉川弘文館 1985 年版。
天囚西村時彦：《日本宋学史》，（大阪）杉本梁江堂 1909 年版。
田尻祐一郎：《山崎闇斎の世界》，（東京）ぺりかん社 2006 年版。
田中健夫：《対外関係と文化交流》，（京都）思文閣出版 1982 年版。
田中健夫：《対外関係史研究のあゆみ》，（東京）吉川弘文館 2003 年版。
田中健夫：《前近代の国際交流と外交文書》，（東京）吉川弘文館 1996 年版。
田中健夫：《中世対外関係史》，（東京）東京大学出版会 1975 年版。
田中健夫：《中世海外交渉史の研究》，（東京）東京大学出版会 1959 年版。
田中健夫編：《前近代の日本と東アジア》，（東京）吉川弘文館 1995 年版。
王家驊：《日中儒学の比較》，（東京）六興出版社 1988 年版。
王小林：《日本古代文献の漢籍受容に関する研究》，（大阪）和泉書院 2011 年版。
尾藤正英：《江戸時代とはなにか：日本史上の近世と近代》，（東京）岩波書店 2006 年版。
尾藤正英：《日本封建思想史研究》，（東京）青木書店 1961 年版。
西尾賢隆：《中世の日中交流と禅宗》，（東京）吉川弘文館 1999 年版。
相良亨：《近世日本儒教運動の系譜》，（東京）弘文堂 1955 年版。
相良亨：《日本の儒教・1》，（東京）ぺりかん社 1992 年版。
相良亨：《日本の儒教・2》，（東京）ぺりかん社 1996 年版。
辛基秀、村上恒夫：《儒者姜沆と日本—儒教を日本に伝えた朝鮮人》，（東京）明石書店 1991 年版。
新川登亀男：《日本古代の対外交渉と仏教：アジアの中の政治文化》，（東京）吉川弘文館 1999 年版。
岩崎允胤：《日本近世思想史序説》，（東京）新日本出版社 1997 年版。
伊藤多三郎：《近世国体思想史論》，（東京）同文館 1943 年版。

衣笠安喜：《近世日本の儒教と文化》，（京都）思文閣出版 1990 年版。
衣笠安喜：《近世儒学思想史の研究》，（東京）法政大学出版局 1976 年版。
衣笠安喜：《近世思想史研究の現在》，（京都）思文閣出版 1995 年版。
永原慶二：《日本封建制成立過程の研究》，（東京）岩波書店 1961 年版。
宇野哲人：《朱子學の我國に及ぼせる影響》，（東京）岩波書店 1935 年版。
玉村竹二：《五山文學：大陸文化紹介者としての五山禪僧の活動》，（東京）至文堂 1955 年版。
原念齋：《先哲叢談》，（東京）有朋堂書店 1928 年版。
源了円：《江戸の儒学：『大学』受容の歴史》，（京都）思文閣出版 1988 年版。
伝記学会編：《山崎闇斎と其門流》，（東京）明治書房 1938 年版。
早川雅子：《宋学の日本的展開の諸相》，（東京）東洋書院 1997 年版。
澤井啓一：《山崎闇斎：天人唯一の妙、神明不思議の道》，（東京）ミネルヴァ書房 2014 年版。
中村元：《近世日本における批判的精神の一考察》，（東京）三省堂 1949 年版。
猪口篤志、俣野太郎：《松永尺五・藤原惺窩》，（東京）明徳出版社 1982 年版。
竹貫元勝：《日本禅宗史》，（東京）大蔵出版 1989 年版。
竹貫元勝：《日本禅宗史研究》，（東京）雄山閣出版 1993 年版。
竹貫元勝：《新日本禅宗史：時の権力者と禅僧たち》，（東京）禅文化研究所 1999 年版。
足利衍述：《鎌倉室町時代之儒教》，（東京）日本古典全集刊行会 1932 年版。

四 中文研究著述

［美］贝拉：《德川宗教：现代日本的文化渊源》，王小山、戴茸译，生活・读书・新知三联书店 1998 年版。
陈景彦、王玉强：《江户时代日本对中国儒学的吸收与改造》，社会科学文献出版社 2014 年版。
陈来：《仁学本体论》，生活・读书・新知三联书店 2014 年版。

陈小法：《明代中日文化交流史研究》，商务印书馆 2011 年版。
［日］大庭脩：《江户时代日中秘话》，徐世虹译，中华书局 1997 年版。
韩东育：《从“脱儒”到“脱亚”：日本近世以来“去中心化”之思想过程》，（台北）台大出版中心 2009 年版。
韩东育：《道学的病理》，商务印书馆 2007 年版。
韩东育：《日本近世新法家研究》，中华书局 2003 年版。
黄俊傑：《东亚儒学史的新视野》，（台北）财团法人喜玛拉雅发展基金会 2001 年版。
江静编著：《日藏宋元禅僧墨迹选编》，西南师范大学出版社 2014 年版。
李四龙：《美国佛教：亚洲佛教在西方社会的传播与转型》，人民出版社 2014 年版。
李威周：《日本古学派的哲学思想》，《日本哲学思想论集》，齐鲁书社 1992 年版。
李卓：《“儒教国家”日本的实像——社会史视野的文化考察》，北京大学出版社 2013 年版。
刘金才：《町人伦理思想研究：日本近代化动因新论》，北京大学出版社 2001 年版。
刘宗贤：《当代东方儒学》，人民出版社 2003 年版。
楼筱环、张家成：《元代普陀山高僧一山一宁》，宗教文化出版社 2009 年版。
楼宇烈：《东方哲学概论》，北京大学出版社 1997 年版。
［美］鲁思·本尼迪克持：《菊与刀》，吕万河等译，商务印书馆 1990 年版。
聂友军主编：《取醇集：日本五山文学研究》，上海交通大学出版社 2015 年版。
邵毅平编：《东亚汉诗文交流唱酬研究》，中西书局 2015 年版。
释觉多：《赴日元使一山一宁禅师及其禅法》，宗教文化出版社 2013 年版。
［日］丸山真男：《日本的思想》，区建英、刘岳兵译，生活·读书·新知三联书店 2009 年版。
［日］丸山真男：《日本政治思想史研究》，王中江译，生活·读书·新知三联书店 2000 年版。
［日］丸山真男：《丸山真男讲义录》第六册，唐永亮译，四川教育出版社 2017 年版。
王家骅：《儒家思想与日本的现代化》，浙江人民出版社 1995 年版。

王家骅：《儒家思想与日本文化》，浙江人民出版社 1990 年版。

王守华：《日本哲学史教程》，山东大学出版社 1989 年版。

王勇：《东亚坐标中的书籍之路研究》，中国书籍出版社 2013 年版。

王勇：《书籍之路与文化交流》，上海辞书出版社 2009 年版。

王勇：《中日“书籍之路”研究》，北京图书馆出版社 2003 年版。

王勇、大庭修主编：《中日文化交流史大系 9：典籍卷》，杭州人民出版社 1996 年版。

王中田：《江户时代的日本儒学研究》，中国社会科学出版社 1994 年版。

严绍璗：《汉籍在日本的流布研究》，江苏古籍出版社 1992 年版。

严绍璗、源了圆编：《中日文化交流史大系 3 · 思想卷》，浙江人民出版社 1996 年版。

严绍璗编著：《日藏汉籍善本书录》，中华书局 2007 年版。

[日] 永田广志：《日本哲学思想史》，陈应年等译，商务印书馆 1992 年版。

[日] 源了圆：《德川思想小史》，郭连友译，外研社 2009 年版。

[美] 约翰 · 惠特尼 · 霍尔：《日本：从史前到现代》，邓懿、周一良译，商务印书馆 1997 年版。

张岱年：《中国古典哲学概念范畴要论》，中国社会科学出版社 1987 年版。

张晓希等：《五山文学与中国文学》，中央编译出版社 2014 年版。

郑梁生：《元明时代东传日本的文献》，（台北）文史哲出版社 1986 年版。

朱莉丽：《行观中国——日本使节眼中的明代社会》，复旦大学出版社 2013 年版。

朱谦之：《日本的古学及阳明学》，人民出版社 2000 年版。

朱谦之：《日本的哲学史》，人民出版社 2002 年版。

[日] 子安宣邦：《江户思想史讲义》，丁国旗译，四川教育出版社 2018 年版。

后　记

本书是我完成的国家社科基金项目“日本禅僧‘脱佛入儒’历史过程研究”（项目批准号：12CSS004）的最终结项成果。该课题结项时得到了五位匿名评审专家的反馈意见。其中，承蒙四位评审专家抬爱，多肯定与褒奖之言，给予了“优秀”，当然也刀刀见血地指出了研究中存在的不少问题；而另一位评审专家在评审意见栏中仅简简单单地写了几句不痛不痒的话，也并没有提出什么问题，却下了“不予通过”的评审结论。但最终国家社科规划办却给予了“良好”的结项评定。

该课题原本是我在博士论文《藤原惺窝研究》的基础上，受导师韩东育教授在对日本近世徂徕学派研究中提出的“脱儒入法”说法的启发和影响下所提出的研究议题。其旨在从“儒佛”关系的视角对日本中世向近世思想之过渡和转型进行理解和把握，试图理清日本近世之“儒”是如何从中世佛教世界中蜕化出来，故聚焦于五山禅僧的有关儒教论述。但随着相关资料的收集和研究的推进，我发现自身确实轻视了该课题所具有的难度。因为我博士论文仅以藤原惺窝一人为中心展开研究，可由于该课题涉及庞大的中世五山禅僧群体和许多近世儒学者以及中日关系问题，所以在所涉范围、人物、内容以及思想基础等诸多方面均对我构成了挑战。尽管该课题形式上暂时结项，但仍将是我今后需要继续深究下去的领域。时下，迫于生存和考核的压力，只好忍痛删去课题结项成果的部分内容，勉力出版。在我看来，读书做科研，本就是一场人生的修行，拨云见日，心下澄明，看见光焰，自然喜乐，碰到挫折，就当渡了个劫。职是之故，我乐于接受批评，“善者吾善之，不善者吾亦善之”。

我自信自身是个好学之人。我能从身处河西走廊、与巴丹吉林沙漠紧邻的一偏远小村考入东北师大、历硕博而最终就职于母校的成长经历，似能证明这一点。我很喜欢且非常享受目前的教学科研工作，自由而令人欢愉。当然，能有这样一种生活和工作的享受，我不能不提及一个人，那就是我的老师——韩东育教授。如果说父母第一次把我带入了这个世界，那么韩老师可以说是改造我、引领我进入学术殿堂和开启我新的社会人生的"贵人"。我是2000年负笈东北求学，老师是2001年取得日本东京大学博士学位回到母校工作的，从我选修老师开设的《中国思想史》课程与他结缘于今已逾20年了。在这20年间，老师对我真可谓是"循循然善诱人，博我以文，约我以礼，欲罢不能。即竭吾才，如有所立卓尔。虽欲从之，末由也已"。在我论文发表、毕业留校、出国深造、课堂教学、项目申请、职称晋升等每一个成长环节，老师皆倾尽心力，甚至在生活工作、待人交往中的应对进退之道，也都耳提面命、谆谆告诫。有人的地方就有江湖，愈是知识精英充斥的地方愈甚。就此，我以为用"遮风挡雨"来形容，过于言轻了。只可惜，愚鲁如我者，似很难达到老师的期许，也将会永远无法报答老师的这份恩情。

我在东北师大求学工作的这20年间，得到了太多人的关心和帮助，所以需要感谢的人和提及的事实在是太多太多了，无法言尽。在该课题结项时候，因我暂不在校，齐畅副教授帮我递交资料，多有奔波！东北师大历史学院董灏智院长、郑升滨副院长、留日预校的卢丽教授时常督促和挂念书稿出版，要不凭我的拖沓和懒散，真不知又拖延到何时！同时，感谢这些年在体育馆经常与我打羽毛球的小伙伴们，要不我身体可能早就垮了！

衷心感谢中国社会科学出版社的编辑张湉老师为本书出版所付出的辛劳！

2022年5月